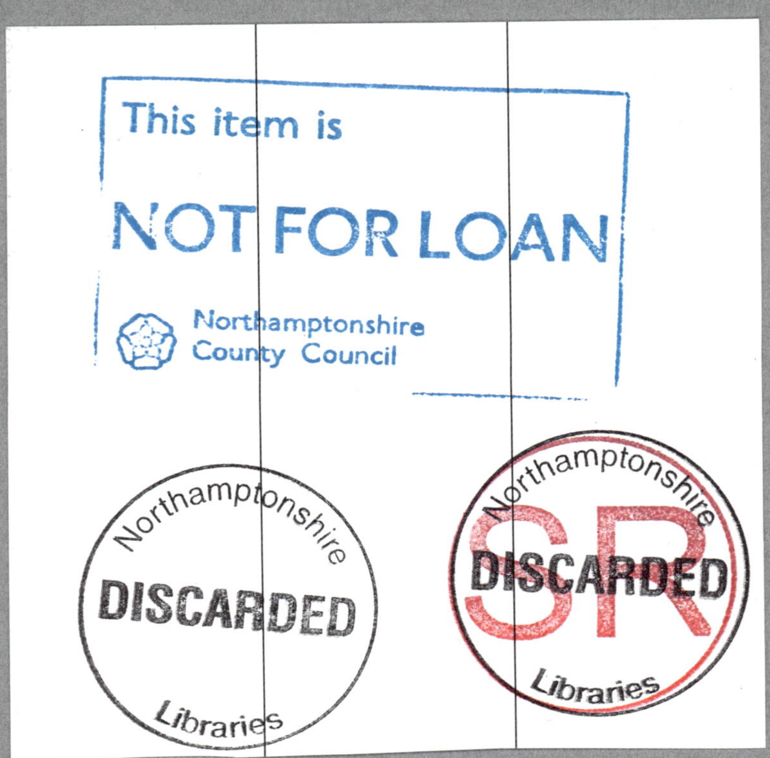

Jugendstil-Schmuck
// Art Nouveau Jewellery
aus Pforzheim // from Pforzheim

Impressum // Imprint

Autor // Author
Dr. Fritz Falk
Ehemaliger Direktor des Schmuckmuseums Pforzheim // Former Director of the Schmuckmuseum Pforzheim
Grafische Gestaltung // Layout
nalbach typografik, Stuttgart
Offset Reproduktion // Offset reproductions
Raff-digital, Riederich
Druck // Printed by
OAN Offizin Andersen Nexö, Zwenkau

Dieses Buch wurde gedruckt auf 100% chlorfrei gebleichtem Papier und entspricht damit dem TCF-Standard. // This book has been printed on paper that is 100% free of chlorine bleach in conformity with TCF standards.

Bibliographische Information Der Deutschen Bibliothek
Die Deutsche Bibliothek verzeichnet diese Publikation in der Deutschen Nationalbibliografie; detaillierte bibliografische Daten sind im Internet über http://dnb.ddb.de abrufbar.
// Bibliographical information: Die Deutsche Bibliothek
Die Deutsche Bibliothek lists this publication in the Deutsche Nationalbibliografie; detailed bibliographical data are available on the Internet at http://dnb.ddb.de.

ISBN 978-3-89790-280-0

Made in Germany, 2008

Besuchen Sie uns im Internet
Please visit our homepage
www.arnoldsche.com

Für A. V. R. St. P.

Wir danken für die freundliche Unterstützung dieses Projektes // We would like to thank the following for supporting this project:
Werner Wild Stiftung, Pforzheim

Bildnachweis // Photo credits

Die vorangestellten Buchstaben sind die Kürzel der ab S. 154 vorgestellten Firmen, die Ziffern verweisen auf die Objekte (keine Seitenzahlen) // The prefixes are the abbreviations of the firms introduced from p. 154 onwards, the numbers refer to the objects (no page numbers)

Antikschmuck-Mandala, Frankfurt am Main
F 47, KH 24, MM 36
Badisches Landesmuseum, Karlsruhe
S./p. 6; LB 84
Borsdorf Fine Art, Darmstadt
S./p. 150; F 12, F 28, F 34, F 36, F 43, F 55, F 62, KH 15, LB 12, LB 37, LB 56, LB 97, LB 98, LB 101, MM 29, O 1, O 18, O 19, O 22, O 23, O 31
Gützlaf-Antiquitäten, Berlin
F 3, F 5, F 14, F 17, F 21, F 22, KH 18, KH 22, KH 28, KH 29, LB 4, LB 30, LB 40, LB 51,LB 57, LB 58, LB 75, LB 77, LB 78, LB 93, VM 12, VM 19, O 6, O 9, O 26, S 1
Gulbenkian Foundation Lissabon / Lisbon
S./p. 126
Herr Kunst- und Auktionshaus, Köln // Cologne
F 9, F 40, KH 10
Hessisches Landesmuseum, Darmstadt
KH 3, LB 21, O 17
Robert Hiller Collection
LB 96
Ketterer-Auktion 1991
F 4, F 24, GF 5, GF 7, KH 19, KH 20, KH 26, KH 27, LB 48, LB 49, LB 92, LB 100, VM 11, MM 3, MM 21, O 7, O 11, O 12, O 27
Christina Lückerath Collection
F 54, F 58, GF 8, GF 9, LB 41, LB 45, LB 53, LB 55, LB 70, LB 71, LB 72, LB 81, LB 102, LB 106, O 3, O 14, O 24, O 25, O 28, O 29, O 36
Archiv Victor Mayer
S./p. 38, 39, 113; VM 2, VM 8, VM 9, VM 21
Mehlis Auktionshaus, Plauen
VM 18, S 3
Klaus Michel, Gießen
F 64, GF 10
Museum August Kestner, Hannover
LB 29
Museum Künstlerkolonie, Institut Mathildenhöhe, Darmstadt
F 6, F 8, F 25, F 26, F 29, F 35, F 44, F 45, F 50, F 51, F 53
Privatbesitz // Private collections
S./p. 101, 111, 112, 114, 120, 123, 124, 125, 126, 127, 132, 136, 137, 138, 139, 141, 142; F 1, F 60, KH 12, KH 13, LW 3, LW 8, VM 13, RW 20, DW 3
Quittenbaum Kunstauktionen München // Munich
F 13, LB 13, LB 36, LB 43, O 8, O 10, O 33, O 35
Ratz-Coradazzi Collection
F 2, F 11, F 18, F23, GF 6, GF 11, GF 12, GF 13, KH 11, KH 21, KH 23, KH 25, KH 32, KH 33, KJ 1, KJ 6, KJ 7, KJ 11, LW 2, LB 14, LB 23, LB 25, LB 38, LB 46, LB 47, LB 52, LB 54, LB 68, LB 73, LB 91, LB 94, LB 104, LB 105, LB 107, M 2, M 3, M 4, M 6, M 7, M 8, VM 4, VM 10, MM 14, O 2, O 4, O 13, O 32, O 37, S 4, FS 5, FS 6, FS 7, Z 18
Schmuckmuseum Pforzheim
S./p. 16, 20, 22, 23, 24, 25, 38, 45, 46, 59, 60, 61, 62, 65, 66, 67, 73, 76, 85, 92, 95, 111, 112, 113, 114, 118, 122, 124, 125, 127, 133, 142, 143, 148, 150; F 7, F 63, GF 1, GF 2, GF 4, LF 1, LF 3, LF 4, LF 5, KH 4, KJ 2, KJ 3, KJ 4, KJ 5, KJ 10, LW 1, LW 5, LW 6, LW 7, LW 9, LW 10, LB 17, LB 24, LB 99, LB 108, M 5, VM 1, VM 5, VM 6, VM 7, VM 14, VM 15, VM 16, VM 17, VM 22–VM 36, CM 1, CM 2, CM 4, CM 5, RW 1–RW 19, RW 21–RW 24, S 2, S 6, S 7, S 8, FS 1–FS 4, FS 8–FS 14, DW 1, DW 2, DW 4, W 1, W 2, W 3, Z 1, Z 2, Z 5–Z 17, Z 19–23
Spencer Museum of Art, Lawrence / KS (Hiller Collection)
LB 89
Tadema Gallery, London
S./p. 141, 151; F 10, F 15, F 16, F 27, F 30, F 31, F 33, F 38, F 39, F 46, F 48, F 56, F 57, F 59, F 61, F 65, F 66, GF 14, KH 1, KH 5, KH 6, KH 7, KH 8, KH 14, KH 17, KH 30, KH 31, LW 4, LB 2, LB 6, LB 19, LB 27, LB 28, LB 31, LB 32, LB 35, LB 39, LB 44, LB 50, LB 59, LB 60, LB 61, LB 62, LB 63, LB 64, LB 65, LB 66, LB 67, LB 76, LB 80, LB 82, LB 83, LB 85, LB 86, LB 88, LB 95, M 1, MM 1, MM 2, MM 4, MM 6, MM 10, MM 13, MM 15, MM 16, MM 17, MM 23, MM 24, MM 25, MM 26, MM 27, MM 28, MM 30, MM 32, MM 34, MM 35, MM 38, MM 39, MM40, MM41, O 20, O 21
Technisches Museum der Pforzheimer Schmuck- und Uhrenindustrie, Pforzheim
KJ 9
Van Den Bosch, London
S./p. 106; F 32, F 37, F 41, F42, F 49, KH 9, KH 16, LB1, LB 3, LB 7, LB 8, LB 9, LB 10, LB 11; LB 15, LB 16, LB 18, LB 20, LB 34, LB 42, LB 87, LB 90, VM 20, MM 5, MM 7, MM 8, MM 9, MM 11, MM 12, MM 18, MM 19, MM 20, MM 22, MM 31, MM 33, MM 37, O 15, O 16
Virginia Museum of Fine Arts, Richmond / VA (Formerly Kreuzer Collection)
LB 33, LB 69, VM 3, O 30, O 34, O 35
von Zezschwitz, Kunst und Design, München // Munich
F 19, F 20, KH 2, LB 22, LB 26, LB 74, LB 103, O 5, S 5

Für die Abdruckgenehmigung wurden die jeweiligen Rechteinhaber kontaktiert, einige konnten jedoch nicht ermittelt werden. Der Verleger bittet in solchen Fällen um Kontaktaufnahme. // As far as possible each copyright holder has been notified by the publishers. However, since we have not been able to contact all copyright holders, we therefore request any and all concerned to contact us in this matter.

ARNOLDSCHE art books are available internationally at selected bookstores and from the following distribution partners:
USA: ACC/USA, Easthampton, MA, sales@antiquecc.com
CANADA: NBN Canada, Toronto, lpetriw@nbnbooks.com
UK: ACC/GB, Woodbridge, Suffolk, sales@accdistribution.com
FRANCE: Fischbacher International Distribution, Paris, libfisch@wanadoo.fr
BENELUX: Coen Sligting Bookimport, Amsterdam, sligting@xs4all.nl
SWITZERLAND: OLFS.A., Fribourg, information@olf.ch
SOUTH AFRICA: George Thorne, george@stephanphillips.com
RUSSIA: MAGMA, Moscow, magmabooks@mail.ru
JAPAN: Yasmy International, yasy@yasmy.com
THAILAND: Paragon Asia Co., Ltd, Bangkok, info@paragonasia.com
AUSTRALIA/NEWZEALAND: Bookwise International, Wingfield, customer.service@bookwise.com.
CHINA: Book Art Trade Co., Shanghai, alice.jin@bookart.com.cn

For general questions, please contact ARNOLDSCHE Art Publishers directly at art@arnoldsche.com, or visit our homepage at www.arnoldsche.com for further information.

Fritz Falk

Jugendstil-Schmuck // Art Nouveau Jewellery

aus Pforzheim // from Pforzheim

Werner Wild Stiftung
ARNOLDSCHE

Inhaltsverzeichnis
// Contents

7 Vorwort
// Preface

11 Dank
// Acknowledgments

14 Was vorher war – Geschichte, Handwerk und Industrie, Stil und Form
// What used to be there – history, crafts and industry, style and form

28 „Do macht mer Fabrikande ..." – fünf typische Pforzheimer Lebensläufe
// "There we make industrialists ..." – five lives typical of Pforzheim

42 Doublé – ein „Pforzheimer" Werkstoff
// Doublé [rolled gold] – working with a "Pforzheim" material

48 Der Kunstgewerbe-Verein Pforzheim – Die Gestaltungswettbewerbe
// The Pforzheim Kunstgewerbe-Verein [Applied Arts Association] – The Design Competitions

56 Die Kunstgewerbeschule Pforzheim und ihre Professoren
// The Kunstgewerbeschule Pforzheim [Applied Arts School] and its professors

68 Rudolf Rücklin und *Das Moderne im Schmuck*
// Rudolf Rücklin and *Das Moderne im Schmuck [The Modern Style in Jewellery]*

80 Pforzheim und Paris – wechselvolle Beziehungen
// Pforzheim and Paris – fraught relations

88 Pforzheim in Paris – die Beteiligung an der Exposition Universelle 1900
// Pforzheim in Paris – showing work at the Exposition Universelle 1900

98 Pariser Vorbild – Pforzheimer Nachahmung
// Paris the model – imitated in Pforzheim

108 Ein Künstler für die Industrie – Georg Kleemann
// An artist for industry – Georg Kleemann

120 Der Fall Lauer & Wiedmann
// The case of Lauer & Wiedmann

134 Pforzheimer „Zeichner"
// Pforzheim "draughtsmen"

140 Die Weltausstellung in St. Louis 1904 – Ausklang des Jugendstils
// The 1904 St. Louis World's Fair – the swan song of Art Nouveau

146 Was danach kam
// The aftermath

Firmen // Companies

154 Theodor Fahrner

172 Gebrüder Falk

178 Louis Fiessler & Cie.

182 Karl Hermann (Hermann & Speck)

196 Kollmar & Jourdan

202 Lauer & Wiedmann

208 Levinger & Bissinger (Heinrich Levinger)

244 Martin Mayer

248 Victor Mayer

258 Meyle & Meyer

272 C. W. Müller

276 A. Odenwald

288 Rodi & Wienenberger

298 Mathias Scheidel

302 Fr. Speidel

308 D. F. Weber

312 Wild & Cie.

316 F. Zerrenner

326 Firmen-Stempel // Maker's marks

327 Namens-Register // Index of names

328 Literatur (Auswahl) // Literature (selection)

siehe/see S./p: 236, LB84

Vorwort
// Preface

Tausende von Schmuckstücken wurden tagtäglich hergestellt, von mehr als 14.000 Mitarbeiterinnen und Mitarbeitern in nahezu 500 Fabriken, Werkstätten und Ateliers. Schon um 1900 war Pforzheim das Zentrum der deutschen Schmuckindustrie mit einer geradezu einzigartigen Wirtschafts- und Sozialstruktur. Eine Fabrikstadt ohne Schlote, wie sie gelegentlich genannt wurde – schließlich gab es hier weder Kohlehalden noch Hochöfen, aber eine blühende Schmuckindustrie – produzierte Schmuck für Deutschland, für Europa und für die ganze Welt. Auf raffinierten Vertriebswegen wurde der Schmuck direkt, über Agenturen und eigene Firmenvertretungen auf allen Kontinenten verkauft. Selten allerdings wusste ein Schmuckkäufer in Amerika oder in Australien, selbst in Deutschland, dass es sich um ein Produkt aus Pforzheim handelte, das er gerade erworben hatte. >

// Thousands of pieces of jewellery were once made day in day out by more than 14 000 men and women employed at nearly 500 Pforzheim factories, workshops and studios. By around 1900, Pforzheim was the centre of the German jewellery industry and boasted a virtually unique economic and social structure. An industrial city without smoke-stacks, as it was occasionally called – after all, there were neither coal tips nor blast furnaces there. What was there was a flourishing jewellery industry, which produced jewellery for Germany, Europe and the whole world. A sophisticated marketing and distribution network ensured that Pforzheim jewellery was sold on all five continents directly, through agencies and through firm representatives. Rarely, however, was a purchaser of jewellery in America or Australia, or even in Germany for that matter, aware that what they had just bought was a product from Pforzheim. >

// Nicht immer waren die Ringe, Broschen, Anhänger, Ketten und Kolliers bezeichnet, viele trugen keine Herstellermarken, und manche wurden sogar erst im Ausland mit Stempeln, die aber keine Rückschlüsse auf ihren Ursprungort zuließen, versehen. Offensichtlich hatten nur wenige Hersteller ein wirkliches Markenbewusstsein, für die meisten war der geschäftliche Erfolg vorrangig, und so war es nicht wichtig oder gar nötig, eine Identifikation eines Schmuckstücks mit dieser oder jener Firma zu ermöglichen.
Wo sind all diese Schmuckstücke geblieben? Manches mag sich noch in der einen oder anderen Schatulle finden, unerkannt, vielleicht als Erinnerung an frühere Generationen wohl gehütet, mit einem sentimentalen „Touch" ein Jahrhundert lang bewahrt. Die meisten Stücke aber sind unwiederbringbar verloren, sie mögen eingeschmolzen worden sein, als sie nicht mehr aktuell waren, sie wurden möglicherweise umgearbeitet und haben jetzt nichts mehr zu tun mit dem, was sie ursprünglich einmal waren: eine zierliche Brosche zum Beispiel mit einem Frauenköpf-

chen in ornamentaler Umrahmung, ein Anhänger mit goldenen Blüten und farbigem Email, eine silberne Gürtelschließe mit einfachen Schmucksteinen oder mit einer Perle. Es ist bekannt, dass in Notzeiten nach dem Zweiten Weltkrieg Schmuckstücke zu Hunderten, gerade in Pforzheim, in den Schmelztiegeln der Scheideanstalten eingeschmolzen und so endgültig vernichtet wurden. Und darunter waren, wie man noch heute hört, viele Pretiosen aus dem Jugendstil!
Schon kurz nach seiner Blüte war man ihn leid geworden, diesen Stil, der um 1900 so modern gewesen war, der Vorbilder aus der Natur in ornamentaler Verwandlung und in stilisierender Geometrie zum vorherrschenden Thema gemacht hatte. Es waren auch nur wenige Pforzheimer Firmen gewesen, die sich in der kurzen Zeitspanne von 1898 bis 1905 konsequent dieser „neuen Kunst“ gewidmet hatten; die meisten produzierten weiter, was sie bisher hergestellt hatten, Althergebrachtes, das mit Sicherheit geschäftlichen Erfolg und Wohlstand, keinesfalls aber das Renommee besonderer Aufgeschlossenheit und Fortschrittlichkeit einbrachte. Und so ist es sehr schwierig geworden, mehr als ein Jahrhundert danach, einen Einblick und einen Überblick insbesondere in die Pforzheimer Situation der Epoche um 1900 zu bekommen. Wie war es denn damals, als die Belegschaft einer Doubléschmuck herstellenden Firma fast 1.500 Menschen ausmachte, die als qualifizierte Spezialisten in den unterschiedlichen Berufen der Schmuckherstellung beschäftigt waren? Wer waren die Unternehmer, die Tag für Tag die Voraussetzungen schaffen mussten, damit der Betrieb auch funktionierte, dass nicht nur produziert, sondern auch verkauft werden konnte? Wer waren die Ideengeber, die nach einer entsprechenden Ausbildung entweder selbstständig oder als angestellte „Zeichner“ ihre Kreativität einsetzten, um dem internationalen Schmuckmarkt immer wieder etwas Attraktives anbieten zu können? >

// The rings, brooches, pendants, necklaces and chokers were not always marked; many bore no maker's mark at all and some were stamped but not until they were in other countries and these stamps give no clue as to the country of origin. Only a few Pforzheim industrialists seem to have had real brand awareness. Since most of them gave priority to commercial success, it was not important or even necessary for a piece of jewellery to be identifiable as the product of this or that firm.
Where have all these pieces of Pforzheim jewellery gone? Some of them may still be in someone's jewellery box, unidentified, perhaps cherished as a memento of earlier generations, kept for a century as a "touching" testimonial to sentiment. Most of the pieces, however, have been irremediably lost. They may have been melted down when they were no longer in style or they may have been reworked so that now they have nothing more to do with what they originally were: a delicate brooch, for instance, with the head of a lady in a decorative frame; a pendant with gold flowers and coloured enamel; a silver belt buckle set simply with gemstones or with a pearl. It is well known that during the hard times after the Second World War, hundreds of pieces of jewellery, in Pforzheim especially, were melted down in the crucibles of the gold and silver refineries and thus destroyed. And among them, as you still hear today, were many precious Jugendstil pieces! Not long after its heyday, people were tired of that style that had been so modern around 1900, which had been mainly about the ornamental metamorphosis of nature and in stylising geometry. However,

only a very few Pforzheim firms had consistently devoted themselves to that "new art" in the brief time span between 1898 and 1905; most of them continued to produce what they had already been making: the stuff of tradition that is bound to have been commercially successful and brought prosperity but certainly did not enhance Pforzheim's reputation for openness to new trends and progress. Jugendstil was just a brief interlude for Pforzheim as it was elsewhere. It was soon decried; it was regarded as an aberration and even the finest pieces of Art Nouveau were removed from the display cases at leading museums and banished to the repositories. Not until the 1950s was this art movement again esteemed and appreciated. >

// Auch für Pforzheim war der Jugendstil eine nur kurze Episode geblieben. Er war bald verpönt, man empfand ihn als einen Irrweg, und selbst Spitzenstücke des Art Nouveau wurden aus den Vitrinen bedeutender Museen entfernt und in die Depots verbannt. Erst in den 1950er Jahren setzte eine erneute Beachtung und Wertschätzung dieser künstlerischen Bewegung ein.
Kaum eine der um 1900 so erfolgreichen Firmen existiert heute noch. Niemand kann mehr Auskunft geben über die Bedingungen, über die Hintergründe der damaligen Arbeitsprozesse, über die Rivalität unter den einzelnen Firmen, auch nicht über Ereignisse, die über Erfolg oder Misserfolg entschieden. Nur wenige Daten sind in öffentlichen Archiven und Bibliotheken erhalten geblieben; kaum eine Pforzheimer Firma hat ein eigenes Archiv angelegt, und wo dies doch geschehen war, wurden die Unterlagen von Bomben und Feuer im Februar 1945 vernichtet. Seltene glückliche Umstände haben hier oder dort etwas bewahrt, das doch noch einen Blick ermöglicht in die sehr spezielle Situation dieser Stadt und ihrer Schmuckindustrie.Und dennoch, der Versuch, rund 100 Jahre zurückzublicken, wurde unternommen. Im Vergleich zu den riesigen Mengen von Schmuck aus Gold, Silber und aus Doublé, mit Edel- oder mit Glassteinen, mit Perlen und deren Imitaten, mit und ohne Email, die alle damals in Pforzheim hergestellt und in alle Welt vertrieben worden sind, ist das, was entdeckt, aufgespürt und gefunden werden konnte und nun hier – von nur 18 Firmen – vorgestellt wird, gerade zu minimal. Auch hat sich herausgestellt, dass von Herstellern, die einmal einen großen Namen trugen, aber sehr einfachen und billigen Massenschmuck produzierten, nahezu nichts mehr zu finden ist. Höherwertige Schmuckstücke wurden doch eher bewahrt, das eine oder andere in Familienbesitz, manches in liebevoll und kenntnisreich zusammengestellten privaten Sammlungen, in Museumskollektionen und vor allem noch im Kunst- und Antiquitätenhandel.
So gering die Ausbeute für dieses Buch im Moment auch erscheinen mag, möglicherweise öffnet diese Publikation zum einen die Augen und die Sinne, vielleicht auch die eine oder andere private oder öffentliche Schatzkammer, so dass wir noch mehr erfahren können über den „Jugendstilschmuck aus Pforzheim". Allen, die damals dafür tätig waren, die heute bei den Recherchen geholfen haben und durch ihre Unterstützung dieses Buch ermöglicht haben, sei diese Arbeit gewidmet.

Fritz Falk
Im Herbst 2008

// And thus it has become very difficult indeed, more than a century later, to command an overview of the situation at Pforzheim in the era around 1900. What was it like then, when the workforce of a firm manufacturing doublé jewellery numbered almost 1500, skilled specialists in the various aspects of jewellery-making? Who were the entrepreneurs who day in day out had to create the conditions for keeping the business going, for ensuring that not only did production continue without a hitch but that the wares sold? Who were the people with the ideas who, after suitable training, either deployed their creativity in self-employment or as "draughtsmen" on the payroll in order to keep on providing the jewellery market with attractive articles?
Hardly any of the firms that were so successful in 1900 exist today. There is no one to provide information on the conditions, the background of the working process then, on the competition between individual firms, or on the events that decided success or failure. Only a small amount of data has survived in public archives and libraries; only rarely did a Pforzheim firm maintain archives of its own. Where this was done, the documents were destroyed by bombs and fire in February 1945. Rare fortuitous circumstances only have saved something here and there that can give some insight into the very special situation that prevailed in Pforzheim and its jewellery industry.
Still, the attempt to look back some 100 years has been made. What has been discovered, tracked down and found to be presented here – the work of only eighteen firms – is minimal indeed by comparison with the vast quantities of gold, silver and doublé jewellery, set with precious stones or glass, with pearls and simulated pearls, with or without enamel, all of it made then in Pforzheim and sold to the world. Nor has very much to speak of survived particularly of the products of those manufacturers who once enjoyed such great reputations but actually produced very simple, even cheap, jewellery. It was the more valuable pieces that tended to be preserved, some of them handed down in families, some in lovingly amassed and knowledgeably tended private collections, in museum collections and above all on the art and antiques market.
As meagre as the harvest for this book may currently seem, it is still possible that this publication may, on the one hand, open eyes and minds, perhaps also the doors of some private and public treasure chambers, so that we may learn more about "Jugendstil jewellery from Pforzheim". The present work is dedicated to all those who once worked for the Pforzheim jewellery industry, who today have helped in researching it and have made this book possible through their support.

Fritz Falk
Autumn 2008

Dank
// Acknowledgments

Mein erster und vornehmster Dank gilt Ulrike von Hase-Schmundt. Mit ihrer bahnbrechenden Arbeit zum Thema *Schmuck in Deutschland und Österreich 1895–1914* hat sie die Grundlagen für jegliche weiterführende Beschäftigung mit dem nahezu unerschöpflichen Thema geschaffen. Speziell dem „Jugendstilschmuck aus Pforzheim" hat sie in mehreren Aufsätzen, Katalogbeiträgen und einem weiteren Buch ihre kompetente Aufmerksamkeit gewidmet.
In Pforzheim möchte ich Cornelie Holzach (Schmuckmuseum Pforzheim), Anett Post-Hafner und Hans-Peter Becht (Stadtarchiv Pforzheim), Radegunde Lehr (Stadtmuseum Pforzheim), Alfred Schier und Simone Flumm (Technisches Museum der Pforzheimer Schmuck- und Uhrenindustrie), sowie Günter Beck, Karl Adolf Daub, Manfred Fleischfresser, Stephan Gellert, Ursula Güthlein, Falk Hermesmeier, Rainer Kollmar, Ulrich Kollmar, Ute Krüger, Herbert Mohr-Mayer, Heide Nies, Gerhart Odenwald, Marianne Ottow, Harald Pfrommer, Bettina Schönfelder, Harald Vischer, Heinz und Anna-Maria Weik und Inge Weser für ihre Unterstützung danken. >

// First and foremost, I owe a great debt of gratitude to Ulrike von Hase-Schmundt. With her groundbreaking work on jewellery, *Schmuck in Deutschland und Österreich 1895–1914*, she has laid the foundation for all further study of what is virtually an inexhaustible subject. In particular, she has brought to bear her competence and her concentrated focus on "Jugendstil jewellery from Pforzheim" in several essays, numerous catalogue entries and an entire book.
In Pforzheim, I should like to thank Cornelie Holzach (Schmuckmuseum Pforzheim), Anett Post-Hafner and Hans-Peter Becht (Stadtarchiv Pforzheim), Radegunde Lehr (Stadtmuseum Pforzheim), Alfred Schier and Simone Flumm (Technisches Museum der Pforzheimer Schmuck- und Uhrenindustrie) as well as Günter Beck, Karl Adolf Daub, Manfred Fleischfresser, Stephan Gellert, Ursula Güthlein, Falk Hermesmeier, Rainer Kollmar, Ulrich Kollmar, Ute Krüger, Herbert Mohr-Mayer, Heide Nies, Gerhart Odenwald, Marianne Ottow, Harald Pfrommer, Bettina Schönfelder, Harald Vischer, Heinz and Anna-Maria Weik and Inge Weser for their unswerving support. >

// Für die Bereitstellung von Bildmaterial danke ich dem Spencer Museum of Art, Lawrence/KS, dem Museum Künstlerkolonie, Institut Mathildenhöhe, Darmstadt (Renate Ulmer), dem Hessischen Landesmuseum Darmstadt (Wolfgang Glüber), dem Kestner-Museum Hannover (Wolfgang Schepers) und dem Badischen Landesmuseum Karlsruhe (Reinhard Sänger), sowie den Kunst- und Auktionshäusern Herr (Köln), Mehlis (Plauen), Quittenbaum (München) und von Zezschwitz (München) und den Galerien Antikschmuck-Mandala (Frankfurt am Main), Borsdorf Fine Art (Darmstadt), Gützlaf-Antiquitäten (Berlin) und Schmuck und Antik Klaus Michel (Gießen).

Den Sammlern M. und H. Händel, Robert Hiller, Christina Lückerath sowie Astrid Ratz-Coradazzi und Mario Coradazzi danke ich für die gute Zusammenarbeit. Aus dem Katalog *Deutsche und österreichische Schmuckarbeiten 1900–1960*, den Beate Dry-von Zezschwitz und Graham Dry 1991 für die Ketterer Kunst KG erarbeiteten, konnte ich zahlreiche Abbildungen übernehmen, ebenso aus dem im Jahre 2000 bei der Arnoldschen Verlagsanstalt erschienenen Buch *Jugendstil Gürtelschließen, Sammlung Kreuzer.* >

// Further, I should like to express my gratitude to the following for placing pictures at my disposal: the Spencer Museum of Art, Lawrence, KS, the Museum Künstlerkolonie, Institut Mathildenhöhe, Darmstadt (Renate Ulmer), the Hessisches Landesmuseum Darmstadt (Wolfgang Glüber), the Kestner-Museum Hannover (Wolfgang Schepers) and the Badisches Landesmuseum Karlsruhe (Reinhard Sänger) as well as the art and antiques dealers and auction houses Herr (Cologne), Mehlis (Plauen), Quittenbaum (Munich) and von Zezschwitz (Munich) and the Antikschmuck-Mandala (Frankfurt am Main), Borsdorf Fine Art (Darmstadt), Gützlaf-Antiquitäten (Berlin) and Schmuck and Antik Klaus Michel (Gießen) galleries.
For their commitment and co-operation I thank the collectors M. and H. Händel, Robert Hiller, Christina Lückerath, Astrid Ratz-Coradazzi and Mario Coradazzi. Moreover, I have been fortunate indeed in being permitted to print numerous illustrations from the catalogue *Deutsche und österreichische Schmuckarbeiten 1900–1960*, which Beate Dry-von Zezschwitz and Graham Dry compiled for Ketterer Kunst KG in 1991, and from the book *Jugendstil Gürtelschließen, Sammlung Kreuzer,* published by Arnoldsche Art Publishers in 2000. >

// Sonya und David Newell-Smith (Tadema Gallery, London), sowie Carola und Jan Van Den Bosch (Van Den Bosch, Specialists in Fine Silver and Jewellery, London) ist besonderer Dank abzustatten. Ohne deren exzellente Kenntnisse und ihre großzügige Bereitschaft, aus ihren umfangreichen Archiven Bildmaterial zur Verfügung zu stellen, wäre dieses Buch nicht zustande gekommen.
Winfried Stürzl und Rüdiger Flöter haben den Bestand aus dem Schmuckmuseum in Pforzheim in brillanten Fotos festgehalten. Silke Nalbach und Karina Moschke ist die schöne Buch-Gestaltung zu danken. Zusammen mit meinem Freund, dem Verleger Dieter Zühlsdorff, ist uns ein Standardwerk zum Schmuck in Deutschland gelungen.
Zu guter Letzt gilt der Werner Wild Stiftung, vertreten durch Erich Bähner, Gert Hager, Konrad Maier und Werner Wild, der nachdrückliche Dank von Autor und Verleger. Gemäß dem Ziel, Pforzheimer Kulturprojekte zu fördern, haben sie einen wesentlichen Beitrag zum Gelingen dieses Werks geleistet.

Fritz Falk

siehe/see S./p: 238, LB89

// My particular thanks go to Sonya and David Newell-Smith (Tadema Gallery, London) as well as Carola and Jan Van Den Bosch (Van Den Bosch, Specialists in Fine Silver and Jewellery, London). Without their profound knowledge of the field and their generosity in placing pictures from their extensive archives at my disposal, this book could not have been written.
Winfried Stürzl and Rüdiger Flöter have captured the pieces in the Pforzheim Jewellery Museum in brilliant photographs. Silke Nalbach and Karina Moschke are responsible for the handsome design of this book. Together with my friend, publisher Dieter Zühlsdorff, we have succeeded in producing a standard work on jewellery in Germany.
Finally, both the author and publisher acknowledge their indebtedness to the Werner Wild Stiftung, represented by Erich Bähner, Gert Hager, Konrad Maier and Werner Wild. With the laudable aim of promoting Pforzheim cultural projects, they have contributed substantially to ensuring the success of the present work.

Fritz Falk

Was vorher war – Geschichte, Handwerk und Industrie, Stil und Form // What used to be there – history, crafts and industry, style and form

Pforzheim, eine kleine Stadt am nördlichen Rande des Schwarzwaldes – zu Beginn des 18. Jahrhunderts hatte sie nicht einmal 3000 Einwohner und 100 Jahre später (im Jahre 1810) waren es ungefähr 5500 –[1], sollte zum Zentrum der deutschen Schmuckindustrie werden. Im Jahre 1767 erteilte der badische Markgraf Karl Friedrich den Unternehmern, besser gesagt den windigen Abenteurern, rastlosen Projektemachern und extravaganten Fantasten mit Kunstverstand, Bildung und Geschmack[2] Amadée Christin aus der Schweiz und Jean François Autran aus Orange in der Dauphiné – dieser war als Uhrenhändler über Genf und Bern letztlich in die Markgrafschaft Baden gekommen – das Privileg, im Pforzheimer Waisen- und Siechenhaus eine Werkstätte für feine Stahlwaren (Quincaillerie) und Uhren einzurichten. Noch im selben Jahr wurde dort – ebenfalls unter staatlicher Obhut des Markgrafen – die Herstellung von Schmuckwaren (Bijouterie) aufgenommen. Der Genfer Uhrmacher Jean Viala, ferner Paul Preponier, ein Fabrikant für feine Stahlwaren aus Thun in der Schweiz, und ein tatkräftiger Kaufmann, der in England geborene, aus einer Hugenottenfamilie stammende Jean Jacques (Johann Jakob) Ador, schufen die Voraussetzungen für die frühe Bedeutung und spätere Weltgeltung Pforzheims als Hauptstandort der Schmuckherstellung in Deutschland.

Es hatte als merkantilistisch geprägte Unternehmung begonnen: Die „Arbeitsidee der Aufklärung“[3] war mit Sicherheit eines der Gründungsprinzipien für die Pforzheimer Schmuckindustrie. Die Arbeitskraft der Insassen des Waisenhauses – es waren nicht nur elternlose Kinder und Jugendliche, sondern auch Geisteskranke, anderweitig Behinderte und sogar Straftäter – sollte sinnvoll und nutzbringend eingesetzt werden. Bemerkenswerte frühe Resultate dieser grundsätzlich erfolgreichen Bemühungen, die allerdings auch manche herben Rückschläge zu überwinden hatten (politische und wirtschaftliche Turbulenzen machten den ersten Pforzheimer Schmuck- und Uhrenherstellern sehr zu schaffen)[4], waren schon um 1800 die internationalen Geschäftskontakte zu vielen Teilen der damaligen Welt. Diese waren nicht zuletzt Johann Jakob Ador zu verdanken, der als Hugenotte seine vielfältigen familiären Beziehungen in Europa wirkungsvoll und nachhaltig einzusetzen wusste, so z. B. zu seinem Vetter Jean Pierre Ador, einem der Hofjuweliere von Katharina der Großen in Sankt Petersburg.

Schon wenige Jahrzehnte nach der Gründung der ersten Uhren- und Schmuckwerkstätten hatten die Pforzheimer „Fabrikanten“, die sich schon sehr früh diesen Titel gaben, obwohl oft nur wenige Mitarbeiter die ganze Belegschaft ihrer „Fabrik“ bildeten, bemerkenswerte Erfolge zu verzeichnen. Man konnte in Paris und Wien, in London und Konstantinopel, in Russland, Holland und in der Schweiz Schmuck und Uhren aus Pforzheim kaufen. Die Messen in Leipzig und Frankfurt wurden regelmäßig von den Pforzheimer Schmuckherstellern beschickt; erfolgreiche Geschäfte wurden dort abgeschlossen, nicht zuletzt deshalb, weil die strenge *fürstliche Kontrolle* garantierte, dass die Pforzheimer Goldwaren *nicht unter 14 Karat halten* durften(5). *Die Pforzheimer Goldwaren, die hauptsächlich in Uhrketten, Ringen und Ohrringen, Halsschnallen, Pretensions, Berloques und Medaillons bestanden, hatten bereits einen solchen Stand an Vollkommenheit erlangt, daß sie den feinsten Pariser und englischen Waren nicht nachstanden*(6). Pforzheim wurde damals gelegentlich als das „kleine Genf" bezeichnet.

Hatte die Stadt, als der Grundstein für die spätere Weltgeltung als Schmuckmetropole gelegt wurde, kaum 5000 Einwohner, so wuchs die Bevölkerung Pforzheims schon in der ersten Hälfte des 19. Jahrhunderts beträchtlich an. Mit der Anzahl und Größe der Schmuck herstellenden Betriebe – es waren 1777 vorübergehend 20, 1800 29 und nach manchen wirtschaftlichen Krisen während der ersten Hälfte des 19. Jahrhunderts im Jahre 1850 immerhin wieder 22 Unternehmen mit insgesamt über 1100 Beschäftigten(7) – ergab sich in den letzten beiden Jahrzehnten des 19. Jahrhunderts ein immer größer werdender Bedarf an qualifizierten Mitarbeitern und Mitarbeiterinnen, die nicht mehr alleine aus den in Pforzheim selbst ansässigen Menschen rekrutiert werden konnten. Aus den umliegenden Dörfern, bis weit in den Schwarzwald hinein, kamen die Goldschmiede, die Edelsteinfasser, die Polisseusen und all die anderen, die in den zwischenzeitlich schon weitgehend spezialisierten Berufen der Schmuckindustrie tätig waren. >

Der Gründer der Pforzheimer Schmuck- und Uhrenindustrie, Markgraf Karl Friedrich von Baden ›› Das Waisen- und Siechenhaus, die Keimzelle der Pforzheimer Schmuck- und Uhrenindustrie, um 1850 // The founder of the Pforzheim jewellery and watch industries, Karl Friedrich, Margrave of Baden ›› The orphanage and hospice, the nucleus of the Pforzheim jewellery and watch industry, ca 1850

// Pforzheim, a small town on the northern fringes of the Black Forest – in the early 18th century it had a population of fewer than 3000 that a century later (in 1810) had grown to about 5500(1) – would become the centre of the German jewellery industry. In 1767 Karl Friedrich, Margrave of Baden, granted a patent to entrepreneurs to found a workshop for fine steel wares (quincaillerie) and watches in the Pforzheim orphanage and infirmary. Or rather, he granted the patent to unsound adventurers, restless project grabbers and extravagant dreamers with an understanding of art, who possessed both education and taste(2). They were Amadée Christin of Switzerland and

Jean François Autran from Orange in the Dauphiné, who had arrived in the margraviate of Baden via Geneva and Berne. That same year the making of jewellers' wares (bijouterie) commenced, again under state supervision of the Margrave. The Geneva watchmaker Jean Viala and Paul Preponier, an industrialist who had manufactured fine steel wares in Thun, Switzerland and an enterprising merchant – Jean Jacques (in German Johann Jakob) Ador, the scion of a Huguenot family in England – laid the groundwork for the early importance and later worldwide reputation of Pforzheim as the main hub of jewellery-making in Germany.

It all began as a mercantilistic business. The "Enlightenment work ethic"(3) was certainly one of the founding principles of the Pforzheim jewellery industry. The workforce was recruited from the inmates of the orphanage, who were not just children and adolescents without parents but also the mentally ill, people with other disabilities and even criminals. It was to be deployed in a rational and utilitarian manner. The early fruits of those essentially successful endeavours were far-flung business ties as early as 1800 to many parts of the then known world. There were of course, some bitter setbacks to be overcome (the earliest Pforzheim jewellery and watchmakers were plagued by political and economic upheavals)(4). Those business ties were not least the work of Johann Jakob Ador. As a Huguenot, he had widely ramified familial links in Europe and was able to make effective long-term use of them. One was his cousin, Jean Pierre Ador, a court jeweller to Catherine the Great in St Petersburg.

Only a few decades after the first watch and jewellery-making workshops had been established, the Pforzheim "industrialists", who thus styled themselves very early on although they often had only a few employees representing the workforce at their "factories", were scoring remarkable successes. It was possible to buy jewellery and watches made in Pforzheim in Paris and Vienna, London and Constantinople, in Russia, the Netherlands and in Switzerland. Pforzheim jewellery manufacturers regularly showed their wares at the Leipzig and Frankfurt trade fairs. Deals were concluded there with great success, not least because the stringent *princely quality control* guaranteed that Pforzheim gold wares were *not* permitted *to have a fine gold content of less than 14 carats*(5)*. The Pforzheim gold wares, which consisted mainly in watch chains, rings and earrings, chokers, prétens[t]ions, breloques [trinkets] and medallions, had already attained such a state of perfection that they were not inferior to the finest Paris and English wares*(6). Pforzheim was occasionally dubbed "little Geneva" at that time.

Taschenuhr aus der Werkstatt des Genfer Uhrmachers Pierre Viala, um 1770 //
A pocket watch from the workshop of the Geneva watchmaker Pierre Viala, ca 1770

Even though the city had a population of barely 5000 at the time the cornerstone was laid for its later world renown as a jewellery metropolis, the Pforzheim population grew considerably as early as the first half of the 19th century. The number and size of the businesses that made jewellery – in 1777 there were twenty of them for a while; by 1800 twenty-nine and, despite several economic crises during the first half of the 19th century, there were nonetheless by 1850 once again twenty-two businesses employing a total workforce of over 1100(7) – led in the last decades of the 19th century to such a growing need for qualified men and women workers that they could no longer be recruited in sufficient numbers from among the residents of Pforzheim. Goldsmiths, diamond mounters, women who polished gold and members of all the other, by then for the most part highly specialised professions within the jewellery industry came from hinterland villages as far away as deep in the Black Forest. >

// Die noch vor den Schmuckwerkstätten in Pforzheim etablierte Uhrenherstellung musste zu Beginn des 19. Jahrhunderts eingestellt werden. Vermutlich war die mangelnde Bereitschaft, neue „Technologien" zu nutzen und moderne Herstellungsmethoden einzusetzen, ausschlaggebend für den Misserfolg der Pforzheimer Uhr. Erst 100 Jahre später, zu Beginn des 20. Jahrhunderts, wurde die Uhrenproduktion in Pforzheim wieder aufgenommen.

In der zweiten Hälfte des 19. Jahrhunderts feierte die Schmuckindustrie ihre größten Triumphe. Beginnend mit dem Jahr 1858, als es in Pforzheim 42 Betriebe zur Schmuckherstellung gab, wuchs deren Zahl deutlich an, so dass schon bald danach – im Jahre 1864 – 190 Firmen mit mehr als 6000 (!) Mitarbeitern registriert waren(8). Ein Höhepunkt während der sogenannten Gründerjahre war 1873 erreicht, als 425 Schmuck herstellende Betriebe insgesamt 7841 Personen beschäftigten. Die Jahre um 1860 brachten eine starke Ausweitung der internationalen Geschäftsbeziehungen. Handelsreisende und Kaufleute aus Pforzheim waren in Mittel- und Südamerika (z. B. in Mexiko, Havanna, Rio de Janeiro und Bahia) und in Südafrika (Kapstadt) aktiv. Konstantinopel und der Vordere Orient mit Persien waren lukrative Absatzmärkte für den Pforzheimer Schmuck. Über Auslieferungslager in Berlin, Hamburg und New York wurden Nord- und Südamerika zusätzlich erschlossen. Das Pforzheimer Kontor in Amsterdam war für die Kontakte zu Südostasien, so zum Beispiel für das damalige Holländisch-Indien, zuständig. Selbst in Australien konnte man zu jener Zeit „Bijouteriewaren" aus Pforzheim kaufen. Dass Schmuckkunden in nahezu allen europäischen Ländern Pforzheimer Erzeugnisse erwerben konnten, war geradezu selbstverständlich(9); oft wussten diese allerdings nicht, dass die Schmuckstücke in Pforzheim hergestellt worden waren(10).

Nicht zuletzt der Krieg zwischen Deutschland und Frankreich 1870/71 mit den umfangreichen von Frankreich aufzubringenden Reparationszahlungen und eine daraus folgende vorübergehende Hochkonjunktur brachten breiten Bevölkerungsschichten in Deutschland einen bisher nicht gekannten Wohlstand, der es erlaubte, dass sich auch das Bürgertum und selbst einfachere Bevölkerungskreise einen „Luxus" leisten konnten wie nie zuvor. Zwangsläufig profitierte davon eine Industrie, die solche Luxusgüter produzierte. In Pforzheim traten vermehrt mutige Männer in Erscheinung, die immer neue Werkstätten gründeten, aus denen manche große Schmuckfabrik entstehen sollte.(11)

Doch es sollte so nicht weitergehen: Das neue Jahrzehnt brachte schmerzliche Rückschläge – schon fünf Jahre danach war die Anzahl der Betriebe auf 257 gesunken. Nicht zuletzt waren wirtschaftliche Turbulenzen wie der Wiener Börsenkrach, der sich in ganz Europa nachhaltig ausgewirkt hatte, schwerwiegende Gründe für existenzbedrohende Entwicklungen. Doch auch die nicht immer den Wünschen der Käufer entsprechende, von Zeitgenossen gelegentlich und sicher nicht ganz zu Unrecht bemängelte Qualität mancher Erzeugnisse hatte negative Auswirkungen auf die Pforzheimer Konjunktur.

Nicht aufgeben – das war jedoch die Devise, der sich die engagierten Pforzheimer verpflichtet fühlten. In Paris und Wien – Pforzheim liegt auf fast halber Strecke zwischen diesen europäischen Metropolen – und auch in Deutschland ging es wieder aufwärts. In vielen großen Städten gab es bedeutende Juweliere und auch manche Werkstätte für preiswerten oder gar billigen Schmuck. Man musste sich mit enormen Anstrengungen gegen große Konkurrenten behaupten, so zum Beispiel auf der Wiener Weltausstellung von 1873, wo manches sehr attraktive Schmuckstück aus Pforzheim zu sehen war. Neues und Innovatives waren mehr denn je gefragt, und so gibt es Mitte der 1880er Jahre Hinweise darauf, dass Schmuck aus Pforzheim – Form und Handwerk betreffend – inzwischen *höchste Vollendung* aufweise! Denn neben der bisher vorherrschenden Fabrikation von Bijouterie einfacher und mittlerer Qualität war nun auch die Fertigung feinen und feinsten Goldschmucks aufgenommen worden.(12)

Eine Handelskammer war bereits 1853 eingerichtet worden, und im Jahre 1877 erfolgte die folgenreiche Gründung sowohl der Kunstgewerbeschule als auch des Kunstgewerbe-Vereins, zweier Institutionen, die schon bald im Hinblick auf die gestalterische und handwerklich-technische Ausrichtung des Pforzheimer Schmuckes von eminenter Bedeutung werden sollten.(13)

Wagemut im positiven Sinne, Innovations- und Risikobereitschaft sowie unerschütterliche Zuversicht waren Eigenschaften, die manchen jungen Pforzheimer und auch solche, die von außerhalb zugereist waren, veranlassten, ein eigenes „Geschäft“ zu eröffnen. Deutlich wuchs die Zahl der Pforzheimer Schmuckfabriken während der beiden letzten Jahrzehnte des 19. Jahrhunderts an, so dass im Jahr 1900 – nachdem 1897 mit 518 Firmen ein Höchststand erreicht worden war – immerhin 498 Schmuck herstellende Betriebe mit mehr als 14 500 (!) Mitarbeitern (ca. zwei Drittel männliche, ein Drittel weibliche Bijouteriearbeiter und Bijouteriearbeiterinnen) registriert waren.

Tausende in der Schmuckindustrie Beschäftigte kamen sechs Tage pro Woche als Pendler, sogenannte „Rassler“, von den umliegenden Dörfern, wo zusätzlich ungefähr 1200 Personen für die Schmuckfabrikation als Heimarbeiter tätig waren, in die Stadt. Die vielen Angestellten in den sogenannten Hilfsgeschäften, in Edelstein- und Perlhandlungen, in Großhandlungen und Vertriebsfirmen, in den Doublé herstellenden Fabriken, in den Banken, die Gold und Silber, später auch Platin lieferten, und in den Scheideanstalten erhöhten die Gesamtzahl der für den Schmuck in Pforzheim Tätigen noch beträchtlich. Durchschnittlich beschäftigte jeder Schmuckbetrieb rund 50 Personen. Im Jahre 1895 hatte Pforzheim ungefähr 35 000 Einwohner, um die Wende vom 19. zum 20. Jahrhundert waren es schon 45 000 geworden.

Obwohl es keine genauen Hinweise über das Aussehen frühester Pforzheimer Produkte gibt – leider haben sich keine eindeutig auf Pforzheim zu beziehende Schmuckstücke aus dem 18. Jahrhundert erhalten –, darf davon ausgegangen werden, dass die hier während der ersten Jahre gefertigten

feinen Stahlwaren, Taschenuhren (einige wenige Pforzheimer Uhrwerke sind ohne ihre Gehäuse erhalten geblieben) und auch der Schmuck dem entsprachen, was allgemein zur Zeit des späten Rokoko, des frühen Klassizismus und des Empire in Europa „à la mode" gewesen war.
Trotz ihrer nicht immer seriösen Geschäftspraktiken – es hatte manchen berechtigten Dissens zwischen den Unternehmern in Pforzheim und dem markgräflichen Hof in Karlsruhe gegeben –, waren die ersten Schmuck- und Uhrenmacher Persönlichkeiten, denen man weitreichende Kenntnisse der internationalen Moden, der Stile, der Künste und der sozialen wie politischen Umstände ihrer Zeit nicht absprechen darf. Sie waren vor ihrer Pforzheimer Zeit viel in Europa unterwegs und beruflich tätig gewesen; sie waren mit Sicherheit bestens informiert über die Wünsche, Bedürfnisse und den Geschmack ihrer potenziellen Kunden, und sie handelten danach. So kann zum Beispiel davon ausgegangen werden, dass die von Jean Viala in Pforzheim hergestellten Taschenuhren nicht viel anders ausgesehen haben als die Uhren, die in der Genfer Werkstatt seines Bruders Pierre Viala entstanden sind. Die in Pforzheim anfangs produzierten Quincaillerien wurden als „englische Stahlwaren" bezeichnet, und so ist die Annahme berechtigt, dass sie genauso aussahen wie die in England hergestellten auch. Überall in Europa war der Schmuck zu jener Zeit vom Louis XVI-Stil – ein letzter Ausläufer des Barock mit ersten Merkmalen von Klassizismus und Empire – geprägt. Man kann davon ausgehen, dass die weltgewandten und kenntnisreichen Unternehmer der ersten Jahre ihr „Design" so anlegten, dass sie einem möglichst großen Kundenkreis die Produkte anbieten konnten, die die Kunden kannten und deshalb auch aus Pforzheim erwarteten. >

// Watch-making, which had been established in Pforzheim even before the jewellery workshops, was forced to shut down by the early 19th century. Presumably lack of willingness to use the new "technologies" and employ modern manufacturing methods were the paramount reasons for the failure of the Pforzheim watch. Not until a century later, in the early 20th century, did watch production resume in Pforzheim.
The jewellery industry celebrated its greatest triumphs in the latter half of the 19th century. From 1858, when there were forty-two jewellery-making businesses in Pforzheim, the number of such businesses grew so rapidly that soon afterwards – by 1864 – 190 firms employing a total workforce of more than 6000 (!) were registered.[(8)] A high point of what are known as the founder years (Gründerjahre) was attained in 1873, when 425 jewellery-making businesses employed a total workforce of 7841.
The years shortly before and after 1860 saw international business links considerably broadened. Travelling salesmen and merchants from Pforzheim were active in Central and South America (for instance in Mexico, Havana, Rio de Janeiro and Bahia) as well as in South Africa (Cape Town). Constantinople and the Near East including Persia were lucrative target markets for Pforzheim jewellery. North and South America were opened up via transshipment warehouses in Berlin, Hamburg and New York. The Pforzheim office in Amsterdam was responsible for contacts to south-east Asia, for instance to the former Dutch East Indies. Bijouterie wares from Pforzheim were even marketed in Australia at that time. It really went without saying that Pforzheim products were

available at shops in virtually all European countries[9], even though the clientele was not always aware that the pieces of jewellery had been made in Pforzheim.[10]

Finally and not least, it was the Franco-Prussian War in 1870–71 and the vast reparation payments France had to make that resulted in a short-term economic upturn in Germany, bringing broad segments of the German population unprecedented prosperity. This in turn placed the middle classes and even the lower-middle and working classes in a position to afford "luxury" as never before. It was only logical then that the industry producing such luxury goods should profit from the prevailing prosperity. In Pforzheim, more and more men turned up to found new workshops, from which some great jewellery factories would develop.[11]

However, it wasn't to last: the new decade brought painful setbacks – just five years later the number of businesses had dropped to 257. Finally, economic turbulence such as the Viennese stock-market crash, the repercussions of which were felt over the long term throughout Europe, brought about developments that represented an existential threat. Then, too, the quality of some Pforzheim products left much to be desired, as contemporaries occasionally and certainly not unjustifiably claimed, and this, too, dampened the Pforzheim boom.

Don't give up – that was the guiding principle to which the active Pforzheim businessmen felt a commitment. In Paris and Vienna – Pforzheim is almost halfway between those two European capitals – as well as Germany, the trend was once again upwards. In many large cities there were important jewellers and even some workshops for affordable or cheap jewellery. Stiff competition made businesses exert themselves, for instance, at the 1873 Vienna World Exhibition, where some very attractive jewellery from Pforzheim was on display. New and novel was more in demand than ever; hence in the mid-1880s there were indications that jewellery from Pforzheim by now revealed *the utmost in perfection* – and this refers to both form and craftsmanship. After all, alongside the previously dominant manufacture of trinkets of low and medium quality, the making of fine and top-quality gold jewellery had by now begun.[12]

Titelblatt des Entwurfsbüchleins von Franz Outle, Pforzheim, 1826 ›› Franz Outle, Entwurf für eine Brosche, 1826 // The title-page of Franz Outle's little book of designs, Pforzheim, 1826 ›› Franz Outle, design for a brooch, 1826

A chamber of trade and commerce had been instituted as early as 1853. Both the Kunstgewerbeschule (School for the Applied Arts) and the Kunstgewerbe-Verein (Applied Arts Association) were successfully founded in 1877. Those two institutions would soon turn out to be of enormous importance to the design, craftsmanly or technical orientation of Pforzheim jewellery.(13)

Die Pforzheimer Bürgerstochter Amalie Gschwindt im Alter von 17 Jahren, 1835 // Amalie Geschwindt, a girl from an old Pforzheim family, at the age of seventeen, 1835. Stadtmuseum Pforzheim, Foto: Günter Beck, Pforzheim

Boldness in the positive sense, willingness to invest in innovation and assume risks as well as unshakeable confidence were qualities that induced many a young resident of Pforzheim as well as others who had come from elsewhere to settle in Pforzheim, to open “a business of their own”. The number of Pforzheim jewellery factories increased so much during the last two decades of the 19th century that by 1900 – after a high point had been reached in 1897 at 518 firms – 498 jewellery-making businesses employing a total workforce of more than 14 500 (!) men and women (approx two thirds male and one third female) had been registered. Thousands of those employed in the jewellery industry commuted daily, six days a week, to Pforzheim (commuters were called “Rassler”, literally meaning “rattlers”) from outlying villages, where approximately 1200 people were engaged in the cottage industry supplying the jewellery industry. The many people working on the supply side of the business, the gemstone and pearl dealers, wholesalers and marketing firms, factories making plated wares, banks, the procurers of gold, silver and later also platinum and the gold-refining facilities enormously increased the number of those employed in some capacity in making jewellery in Pforzheim. On average, every Pforzheim jewellery-making business employed a workforce numbering about 50 persons. In 1895 the population of Pforzheim was approx 35 000; at the turn of the century, it had grown to 45 000.

There are no precise indications of what the earliest Pforzheim products looked like – unfortunately, no pieces from the 18th century have survived that can be unequivocally verified as being of Pforzheim manufacture. Nevertheless, it is safe to assume that the fine steel wares, pocket watches (a handful of Pforzheim watch works have survived without their cases) and jewellery as well matched what was generally “à la mode” in Europe during the eras that gave rise to the late Rococo, Neo-Classical and Empire period styles.

Despite what were occasionally shady business practices – there had been some justified criticism of the businesses in Pforzheim by the margraviate court in Karlsruhe – the earliest jewellery and watchmakers were well-rounded personalities, who cannot be said to have been bereft of wide-ranging knowledge of international fashions, styles, the arts and the social and political conditions prevailing in their time. Before becoming sedentary in Pforzheim, they had travelled frequently and widely and had worked throughout Europe. Hence they were definitely well informed of the wishes, needs and tastes of their potential clientele and were able to act accordingly. It is safe to assume, therefore, that the pocket watches made by Jean Viala in Pforzheim did not differ all that much from those produced in the Geneva workshop owned and run by his brother, Pierre Viala. The quincaillerie made in Pforzheim was marketed as "English steel wares". Hence it can be justifiably conjectured that they looked just like wares of the same kind that were made in England. Throughout Europe, the jewellery of the day was shaped by the Louis XVI style – a final outlier of the Baroque eclectically blended with the earliest features of Neo-Classicism and Empire. It is equally safe to assume that the cosmopolitan and well-informed entrepreneurs of the early years in Pforzheim planned their "design" so that it could target as broad a clientele as possible for products it knew and consequently also expected from Pforzheim. >

Pforzheimer Armband aus Gold mit Email, um 1860 //
A Pforzheim gold and enamel bracelet, ca 1860

// Es waren Zeiten des Umbruchs: Gesellschaftliche, politische und künstlerische Veränderungen prägten die Jahrzehnte des späten 18. und frühen 19. Jahrhunderts. Kriegerische Auseinandersetzungen mit den Folgen wirtschaftlicher Krisen und darauffolgender Neuanfänge wirbelten Europa durcheinander. Neue soziale Strukturen begannen sich auszubilden, in manchen Kreisen setzte bisher nicht gekannter Wohlstand ein und veränderte die Gesellschaft. Die Städte wurden zu Zentren aktiven Lebens, es bildete sich ein aufstrebendes Bürgertum, das – recht einkommensstark – einen großen Anteil an den sich entwickelnden Industrien hatte. Es waren neue Bedürfnisse und Wünsche geweckt und in einem gewissen Maße auch schon erfüllt worden. Selbst und gerade das sich ausbildende Proletariat wurde zu einer der wesentlichen Kräfte, die das ganze 19. Jahrhundert in seiner gesellschaftlichen, politischen und wirtschaftlichen Entwicklung prägen sollten.

Die Bevölkerung in Europa und in Übersee wuchs stetig an. Neue Kundenkreise auch für die Pforzheimer Schmuckindustrie entstanden, und trotz vieler Hemmnisse und politischer Unruhen war die erste Hälfte des 19. Jahrhunderts eine Zeit, die mit ihren vielfältigen und vielgestaltigen Neuerungen überall in Europa und weit darüber hinaus die Voraussetzungen schuf für ungeahnte Fortschritte in Wirtschaft und Industrie, Gesellschaft, Kunst und Kultur, die vor allem die zweite Jahrhunderthälfte nachhaltig prägen sollten.

Früheste Beispiele dafür, dass sich der Schmuck aus Pforzheim den Gegebenheiten und Notwendigkeiten sich verändernder Zeiten mit ihren neuen Bedürfnissen anpassen konnte (was auf ein gutes Gespür und auf sorgfältige Beobachtung des „Zeitgeistes" von Seiten der Schmuckhersteller schließen lässt), sind einige erhaltene Ringe, Chatelaines, Petschafte und Broschen, die wohl im ersten Jahrzehnt des neuen Jahrhunderts entstanden sind. Wie in Paris und Wien, in Genf und anderswo in Europa waren es auch in Pforzheim die eher schlichten Formen des Klassizismus und des Empire mit ihren gelegentlichen zaghaften Anklängen an die Welt der griechischen und römischen Antike. Was später zum Biedermeierstil wurde, zeigte sich in zurückhaltender Formgebung in Broschen und Kolliers aus Pforzheim, einfach und unprätentiös, eingebunden und geschaffen für eine eher kleinbürgerliche Gesellschaft, die es sich leisten wollte (und zunehmend auch konnte), in bescheidenem Luxus ein beschauliches Leben zu führen. Bezeichnend hierfür ist das Skizzenbuch mit Schmuckentwürfen des Franz Outle „de Pforzheim" aus dem Jahre 1826.

Anhänger im Renaissancestil von Jean Ronçier, um 1872 // A pendant by Jean Ronçier in the Renaissance style, ca 1872

Es waren keinesfalls die Reichen, die in Deutschland, in anderen Ländern Europas und in Übersee den Schmuck aus Pforzheim kauften. Darauf musste man sich hier einstellen, und so wurde manche Brosche, mancher Anhänger, manches Armband aus dünnem Gold in gepressten, geprägten und „verbödeten" Hohlformen geschaffen, die zur Stabilisierung mit Harzen und Kitten ausgefüllt wurden. Wesentliche Merkmale des Pforzheimer Schmuckes bildeten sich schon damals heraus: Er sah attraktiv aus, er war aktuell, was Stil und Form betraf, er war handwerklich und mit den Methoden frühindustrieller Fertigung immer auf der Höhe der Zeit, und er war preiswert (seinen Preis wert) im eigentlichen Sinne des Wortes.

Die Pforzheimer Fabrikanten und ihre tüchtigen Mitarbeiter und Mitarbeiterinnen (Frauen stellten schon in der ersten Hälfte des 19. Jahrhunderts einen bemerkenswert großen Teil der Belegschaft dar) waren voll Erfindungsgeist. Viele Verbesserungen in Handwerk und Technik, die zu rationelleren und damit billigeren Herstellungsverfahren führten (Entwicklung immer raffinierter arbeitender Maschinen, neue Werkstoffe wie das für Pforzheim so wichtig werdende Doublé(14), gehörten ebenso wie unternehmerischer Mut, geschicktes „Marketing", Fleiß, Zuversicht und Unverzagtheit zu den Prinzipien, die dem Schmuck aus Pforzheim trotz aller Misshelligkeiten und nach schmerzlichen Niederlagen immer wieder eine neue, erfolgversprechende Zukunft eröffneten. >

Griechisch-historisierender Anhänger, Hersteller unbekannt, um 1890 // A historicising pendant in the ancient Greek manner, maker unknown, ca 1890

// Those were turbulent years: radical social, political and artistic changes moulded the decades of the late 18th and early 19th centuries. Europe was caught up in a welter of wars resulting in economic crises and leading to subsequent new beginnings. New social structures began to form; in some demographic groups unprecedented prosperity set in and changed society. Cities became bustling hubs of urban activity. An aspiring middle class grew up, which – since incomes were quite high – had a large share in industrial developments. New needs and wishes had been aroused and, to a certain extent, also fulfilled. Even the emerging proletariat, in fact that very proletariat, became one of the driving forces in shaping social, political and economic developments during the entire 19th century.

Population growth continued steadily in both Europe and overseas. New target markets emerged for the Pforzheim jewellery industry as well. Despite many countervailing forces and political unrest, the first half of the 19th century was an era which, with its many and diverse new innovations, laid the groundwork throughout Europe and far beyond it for unimaginable economic progress in the industrial sector as well as social advances and breakthroughs in art and culture which would exert a lasting formative influence on the latter half of the century especially.

The earliest indications that jewellery from Pforzheim was able to adapt to the conditions and exigencies imposed by the changing times with the new needs they brought (which implies a good nose for, and meticulous observation of, the "Zeitgeist" on the part of the Pforzheim jewellery-makers) are some extant rings, châtelaines, seals and brooches, which probably date from the first decade of the new century (the 19th). As in Paris and Vienna, in Geneva and elsewhere in Europe, it was the simpler forms of Neo-Classicism and the Empire style with its occasional tentative overtones of Greco-Roman antiquity that also prevailed in Pforzheim. What would later become the Biedermeier style was revealed in the reticent design of brooches and chokers from Pforzheim, that were simple and unpretentious, associated with and created for what was rather a petty bourgeois society that wanted to afford (and was also increasingly in a position to do so) a comfortable life of modest luxury. Typical of this trend is the 1826 sketchbook with jewellery designs by Franz Outle "de Pforzheim".

It certainly was not the rich from Germany and other European and non-European countries who bought jewellery from Pforzheim. That was a market fact that Pforzheim had to adjust to. Consequently, many a brooch, pendant, bracelet was created of thin gold in pressed and stamped hollow forms, which were filled with resins and putty to make them more durable. The salient features of Pforzheim jewellery emerged back then: it looked attractive, it was abreast of fashions as far as style and form were concerned, it was well crafted and made with early industrial manufacturing methods that were invariably state-of-the-art for their time and it was reasonably priced (worth what it cost) in the literal sense of the word.

Neo-Rokoko-Anhänger, Hersteller unbekannt, um 1893 // A Neo-Rococo pendant, maker unknown, ca 1893

The Pforzheim industrialists and the skilled men and women who worked in their employ (even as early as the first half of the 19th century, women represented a remarkably large part of the workforce) were notable for their inventiveness. Many improvements in hand crafting and techniques led to rationalisation and, therefore, more inexpensive manufacturing processes, including the development of machines that were increasingly sophisticated in operation and new materials to work with such as doublé (rolled gold) that was so important for Pforzheim.[14] Equally important factors in the mix were principles such as entrepreneurial courage, clever "marketing", hard work, confidence and perseverance that, despite all the dissension and even after distressing failures, continued to open up new prospects of future success for jewellery from Pforzheim. >

// Der Blick über die eigenen Grenzen war nötig, um auf dem internationalen Markt zu bestehen. Die Pforzheimer Beteiligungen an den großen Ausstellungen und Messen zum Beispiel in Paris und Wien wurden zur Pflicht: nicht nur, um die eigenen Produkte anbieten und verkaufen zu können. Die Teilnahme an solchen Veranstaltungen war auch wichtig, um sich über die neuesten Trends im Bereich der Bijouterie zu informieren. So reagierten die Pforzheimer sehr schnell, wenn sich anderswo Tendenzen abzeichneten, wenn neue Stilformen im Schmuck erkennbar wurden. Sie wollten, sie mussten immer auf der Höhe der internationalen Moden stehen, und mit nicht geringen Anstrengungen, auch mit großem finanziellen Aufwand, gelang es zunehmend – vor allem in der zweiten Hälfte des 19. Jahrhunderts – dort dabei zu sein, wo die

Märkte waren, wo gute Geschäfte gemacht werden konnten, dort, wo man sich im internationalen Wettbewerb behaupten konnte.
Nach den biedermeierlichen schlichten Formen, nach frühen Beispielen eines zweiten Rokoko, wobei häufig aus Italien importierte Korallen und gelegentlich Perlen und Türkise verarbeitet wurden, entschieden sich nach 1860 auch die Pforzheimer Schmuckhersteller, dem international gewordenen Stil des Historismus zu folgen. Es handelte sich im Wesentlichen um die Rezeption und Nutzung griechischer, etruskischer und römischer, aber auch mittelalterlicher Vorbilder und solcher aus Renaissance, Barock und Rokoko. Was vornehmlich in Italien, dann auch in Frankreich und England, beispielhaft repräsentiert durch Juweliere wie Castellani in Rom, Froment-Meurice und Fontenay in Paris, Philipps, Brogden, Giuliano und Rinzi in London, zur Mode geworden war, zog in vereinfachter Form und auf niedrigerem Preisniveau auch in Pforzheim ein. Wieder einmal war die Notwendigkeit erkannt worden, dem internationalen Geschmack Rechnung zu tragen, die Stilentwicklungen nicht nur zu beobachten, sondern sie in die eigene Produktion, wieder reduziert auf die Bedürfnisse und Ansprüche der eigenen Klientel, einzubeziehen. Es kam ein Naturalismus in die Pforzheimer Schmuckgestaltung hinzu, wie er auch anderswo gepflegt wurde. Einfacher zwar als in Rom, Paris, London, Berlin und Wien und aus weniger wertvollen Materialien (das Doublé hatte in Pforzheim längst seinen vielversprechenden Einzug gehalten, der sich zum Siegeszug entwickeln sollte), weniger in ausschließlicher Handarbeit wie in den großen und bedeutenden Ateliers der Metropolen, sondern unter verstärktem Einsatz immer raffinierter werdender Werkzeuge und Maschinen, die in Pforzheim selbst erfunden und hergestellt worden waren und ständig weiter entwickelt wurden, produzierten die Pforzheimer in den beiden letzten Jahrzehnten des 19. Jahrhunderts ihren vergleichsweise preiswerten und dennoch attraktiven Schmuck.

// In order to be competitive on the international market, Pforzheim had to keep its sights above the immediate horizon. It became obligatory for Pforzheim industrialists to show their wares at large exhibitions and trade fairs, for instance in Paris and Vienna, and not just to be able to launch and market their own products. It was also important for them to participate in such events to stay informed on the newest trends in the "trinket" trade. The Pforzheim industrialists were, therefore, very quick to react when trends showed up elsewhere and, when new styles and forms were spotted. They wanted to, indeed had to, keep abreast of international fashions. They were increasingly successful at being where the markets were, where good deals could be made, where they could be competitive on the world market – especially in the latter half of the 19th century, albeit not without enormous exertions and heavy financial investment.
After the simple designs of the Biedermeier style and after early examples of Rococo Revival, where coral imported from Italy and occasionally also pearls and turquoise were worked, the Pforzheim jewellery manufacturers, too, opted to follow the historicising style which became international after 1860. In essentials, it entailed the reception and use of ancient Greek, Etruscan and Roman as well as medieval models, not to mention borrowing from the Renaissance, Baroque and Rococo period styles. What had become fashionable, exemplified primarily in Italy by jewellers such as

Castellani in Rome, followed by France with Froment-Meurice and Fontenay in Paris and England with Giuliano, Philipps, Brogden, Giuliano and Rinzi in London, also surfaced in Pforzheim in simpler forms and in a lower price bracket. Once again Pforzheim had realised that it was necessary to take international tastes into account, not only in observing trends in styles but also in incorporating those trends in their own production range, in a reduced form that would satisfy the needs and ambitions of their own clientele. Moreover, a naturalistic tendency emerged in jewellery design of a kind cultivated elsewhere as well. In the last two decades of the 19th century, the Pforzheim jewellery manufacturers produced relatively inexpensive yet attractive jewellery. Admittedly, it was simpler than its counterparts in Rome, Paris, London, Berlin and Vienna and made of less valuable materials (doublé had long since lived up to its promise to triumph in Pforzheim). Nor was it exclusively hand-crafted as it was in the important metropolitan ateliers. Instead, making jewellery in Pforzheim entailed the use of increasingly sophisticated machinery, which was invented and made in Pforzheim and was consistently further developed there.

(1) Roller, Johann Christian, Beschreibung der Stadt Pforzheim, Pforzheim 1811, S./p. 67 f
(2) Rummer, Jolande E., Die Uhren- und feine Stahlwarenfabrik im Pforzheimer Waisenhaus in: Die Pforzheimer Schmuck- und Uhrenindustrie, Beiträge zur Wirtschaftsgeschichte der Stadt Pforzheim, Pforzheim 1967, S./p. 84
(3) Rummer, a. a. O., S./p. 83
(4) Pflüger, Johann G. F., Geschichte der Stadt Pforzheim, Pforzheim 1862, S./p. 664 f
(5) Roller, a. a. O., S./p. 49
(6) Pflüger, a. a. O., S./p. 665
(7) Rummer, a. a. O., S./p. 99, 108
(8) Rummer, a. a. O., S./p. 99
(9) Gerstner, Paul, Die Entwicklung der Pforzheimer Bijouterie-Industrie, Tübingen 1908, S./p. 30, 33
(10) siehe Kapitel/see chapter „Pforzheim und Paris“ (S./p. 80)
(11) siehe Kapitel/see chapter „Do macht mer Fabrikande …“ (S./p. 28)
(12) Rücklin, Rudolf, Die Pforzheimer Schmuckindustrie, Stuttgart 1911, S./p. 11
(13) siehe die Kapitel/see chapters „Der Kunstgewerbe-Verein“ (S./p. 48) und/and „Die Kunstgewerbeschule“ (S./p. 56)
(14) siehe Kapitel/see chapter „Doublé“ (S./p. 42)

„Do macht mer Fabrikande…" – fünf typische Pforzheimer Lebensläufe // "There we make industrialists…" – five lives typical of Pforzheim

Es war während der Gründerjahre in der zweiten Hälfte des 19. Jahrhunderts, als die Industrialisierung, die zwar schon fast 100 Jahre zuvor ihren Anfang genommen hatte, die Welt nachdrücklich veränderte. Pforzheim bildete in der Aufbauphase nach der Gründung des Deutschen Reiches keine Ausnahme: Die Schmuckindustrie war in der zweiten Hälfte der 1870er Jahre sehr erfolgreich, immer neue Firmen wurden gegründet, immer mehr Menschen fanden hier ihre Beschäftigung. Aus allen Schichten kamen die wagemutigen jungen Männer, die sich voll Energie daran machten, als Unternehmer „die Welt zu erobern". Es waren Goldschmiede und Schmucktechniker, die ihre anfänglich kleinen Werkstätten zu Großbetrieben entwickelten, es waren Kaufleute, die mit Eifer – meist in Kooperation mit Partnern aus der Praxis – den Schritt in die Selbstständigkeit wagten, es waren junge Leute, die mehr wollten, als ein Leben lang nur in beruflicher Abhängigkeit tätig zu sein. Es waren aber auch Söhne etablierter bürgerlicher Familien, die vielversprechende Möglichkeiten erkannten, zu Erfolg und Wohlstand zu kommen, und deshalb in die Schmuckproduktion einstiegen. *Eine Reihe von Männern, die später in Pforzheims Wirtschafts- und politischem Leben eine große Rolle gespielt haben, haben in jenen Jahren als einfache Arbeiter ihre Laufbahn begonnen und sich durch unermüdlichen Fleiß und Tüchtigkeit und durch den Drang, wirtschaftlich und geistig vorwärtszukommen, ihren Platz im Leben erobert.*(1)

Oft aus bescheidenen familiären Verhältnissen, in denen sie mit Schmuck ursprünglich nichts zu tun hatten, stammten so manche junge Männer, die sich zu herausragenden Unternehmerpersönlichkeiten entwickelten, deren Firmen in der Zeit um 1900 zu den führenden Pforzheimer Industriebetrieben gehörten.

Andreas Odenwald(2) (1854–1941) wurde in einem Dorf knapp 20 Kilometer nördlich von Pforzheim als Sohn eines Gastwirtes und Bierbrauers, der auch eine kleine Landwirtschaft betrieb, geboren. Nach dem Besuch der Höheren Bürgerschule in der Kleinstadt Bretten, in der Englisch und Französisch als Fremdsprachen angeboten wurden (!), begann Odenwald bei einem Kolonialwarenhändler und Lebkuchenbäcker eine kaufmännische Lehre, nach deren Abschluss er im Jahre 1872 als Buchhalter in die Pforzheimer Schmuckfirma Wohlfarth & Katz eintrat. Dort hatte er Gelegenheit, sich *in die Fabrikation besserer Goldwaren einzuarbeiten* und auch auf Geschäftsreisen zum Verkauf des Schmuckes seines Arbeitgebers zu gehen. Odenwald schloss bald Freundschaft mit alteingesessenen Pforzheimer Bürgern, nicht zuletzt mit Emil Kollmar, der im Jahre 1885 zusammen mit Wilhelm Jourdan die später so erfolgreiche Schmuckfirma Kollmar & Jourdan gründen sollte. Nach seiner Militärzeit, während der er auch den zukünftigen Großindustriellen Friedrich Alfred Krupp aus Essen kennengelernt hatte, war Odenwald nochmals für kurze Zeit in Bretten als Buchhalter beschäftigt, um dann ab 1880 erneut für die Pforzheimer Firma Wohlfahrt &

Katz als „Reisender“ tätig zu werden. Seine weitgehend erfolgreichen Geschäftsreisen dauerten oft mehrere Monate, sie führten ihn *nach Norddeutschland bis hinauf nach Memel* und nach Berlin. Als Wohlfahrt & Katz 1882 aufgelöst wurde, hatte sich Odenwald trotz anfänglicher Bedenken (*denn ich wußte ganz genau, daß er ein tüchtiger Goldschmied, aber … kein Mann war, etwas im Zeichnen oder Entwerfen neuer Muster leisten zu können*) schon mit Julius Theodor Kiehnle zusammen getan, *um ein kleines Fabrikationsgeschäft … mit ihm zu übernehmen*. Kiehnle & Odenwald fertigten anfänglich Namen- und Buchstabenbroschen, die von größeren Pforzheimer Firmen in Kommission übernommen und durch diese nach Griechenland, Mexiko und anderswo hin verkauft wurden. Andreas Odenwald trennte sich zum 1. Januar 1889 von seinem Teilhaber und führte die Firma alleine und mit verändertem Sortiment weiter: *In den folgenden Jahren habe ich mich … auf gefaßte Bijouterie verlegt; es waren dies in der Hauptsache nur echte Amethyste, Caprubine und Turquise, wovon ich ganze Garnituren und Paruren, 3- bis 5teilig in Etuis gelegt, herstellte*. Odenwalds Geschäfte gingen sehr gut: *von 1894 bis 1901 war ein fortlaufender guter Geschäftsgang festzustellen …, so daß schon in jener Zeit der Gedanke eines neuen Geschäftsgebäudes … öfters besprochen wurde*, das dann 1904 auch realisiert wurde. Die Belegschaft der Firma A. Odenwald war inzwischen auf mehr als 100 Mitarbeiterinnen und Mitarbeiter angewachsen.

Andreas Odenwald // Andreas Odenwald

Andreas Odenwald war nicht nur ein erfolgreicher Pforzheimer Geschäftsmann geworden, wie manch anderen Schmuckwarenfabrikanten zog es ihn auch in die Politik. Er war 1889 Mitglied der „Deutschen Freisinnigen Partei“ geworden, engagierte sich nachdrücklich in der Lokalpolitik und wurde im Jahre 1909 in den Badischen Landtag gewählt, dem er als Abgeordneter bis 1921 angehörte. Er starb 1941 nach einem Leben, das – typisch für Pforzheim – in einem kleinen Dorf begonnen und ihn durch Unternehmergeist und Weitsicht zu wirtschaftlichem, gesellschaftlichem und politischem Erfolg geführt hatte. Der Gastwirtsohn aus Gölshausen war einer der angesehensten Bürger und erfolgreichsten Geschäftsleute der Schmuckstadt Pforzheim geworden. Seine Firma besteht noch heute in der dritten und vierten Generation. >

// During the founder boom years in the latter half of the 19th century, industrialisation, which had, admittedly, set in nearly a century previously, emphatically changed the world. Pforzheim was no exception in the growth years after the founding of the German Empire: the jewellery industry was very successful in the late 1870s; firms continued to be established and more and more people entered into employment there. Daring young men came from all classes of society, bursting with energy and raring “to conquer the world” as entrepreneurs. Their number included goldsmiths and jewellery technicians who developed what were initially small workshops into large businesses, merchants, who were – usually in collaboration with partners who had hands-on experience – eager to risk taking the step to self-employment, young people who wanted more than just working their whole lives as wage slaves. Among them, however, were also the scions of established upper-middle-class families, who started making jewellery because they saw in it promising prospects for achieving success and prosperity. *A number of men who later played an important part in the economic and political life of Pforzheim began their careers in those years as simple working men and conquered their place in life through untiring industry and virtue and through a will to advance economically and intellectually.*[1]

Some young men came from modest families, in which they originally had nothing to do with jewellery yet they developed into outstanding entrepreneurs, whose firms were among the leading Pforzheim industrial businesses in the years around 1900.

Andreas Odenwald[2] (1854–1941) was born in a village about twenty kilometres north of Pforzheim, the son of an innkeeper and beer brewer, who also ran a smallholding. After attending higher secondary school in the small town of Bretten, at which both English and French were taught as foreign languages (!), Odenwald began serving a white-collar apprenticeship with a greengrocer and baker of gingerbread. After finishing, Odenwald entered the Pforzheim jewellery firm of Wohlfarth & Katz as an accountant in 1872. There he had the opportunity of *familiarising himself more thoroughly with gold wares* and also of accompanying his employer on business trips to sell jewellery. Odenwald soon made friends among the established Pforzheimer citizenry, notably with Emil Kollmar, who would join forces with Wilhelm Jourdan in 1885 to establish what would become the successful jewellery firm of Kollmar & Jourdan. After National Service, during which he had made the acquaintance of the future industrialist Friedrich Alfred Krupp of Essen, Odenwald was briefly employed as an accountant in Bretten. From 1880 he again worked for the Pforzheim firm of Wohlfahrt & Katz as a "travelling salesman". His business trips were for the most part successful and often lasted several months, taking him *to North Germany as far as the Memel* and to Berlin. When Wohlfahrt & Katz was liquidated in 1882, Odenwald, despite reservations at first *(for I was well aware that he was a skilful goldsmith … but not the man to come up with new patterns in drawing or designing, for instance)*, joined Julius Theodor Kiehnle *in taking over a small manufacturing business … with him.* Kiehnle & Odenwald started out manufacturing alphabet brooches with names on commission for larger Pforzheim firms, which sold them in Greece, Mexico and other countries. On 1 January 1889, Andreas Odenwald split with his partner to run the firm alone and with a different product range: *In subsequent years I switched … to bijouterie articles set with stones; they were mainly genuine amethysts, Cape rubies and turquoise, with which I made entire 3 to 5-part boxed sets and parures.* Odenwald was very successful in business: *from 1894 until 1901 continuous progress in business was ascertained …, so that the idea of a new building for the business … was often discussed,* that was then realised in 1904. In the meantime the workforce employed by the firm of A. Odenwald had grown to more than 100 men and women.

Andreas Odenwald had not just become a successful Pforzheim entrepreneur like so many other industrialists in the jewellery business. He was also drawn to politics. In 1889 he became a member of the "Deutsche Freisinnige Partei" [German Liberal Party], was heavily committed to local politics and was elected to the Baden state parliament in 1909, where he remained an MP until 1921. He died in 1941 after a life that – typical of Pforzheim – had begun in a small village and taken him to economic, social and political success thanks to his entrepreneurial spirit and far-sighted thinking. The innkeeper's son from Gölshausen had become one of the most respected citizens and successful businessmen in the jewellery city of Pforzheim. The firm he founded still exists in the third and fourth generation.

By 1874 **Andreas Daub**[3] (1843–1903), who was born in Geisingen near Ludwigsburg *a son from a large family of children to a smallholder*, who had served a goldsmithing apprenticeship in Stuttgart and had moved to Pforzheim in the 1860s, *since … the flourishing industry (there) seemed to offer him better prospects than the craft of goldsmithing* [founded] his firm in a room of his small flat *and there began his life's work with a single employee*. Daub made the gold medallions that were so fashionable then, *for gentlemen of engraved bloodstone and onyx, for ladies the round guilloché so-called 'fausses montres'* [fake watches], small pendants that did look like châtelaine watches but were not equipped with works. In the late 1870s Andreas Daub, whose very reasonably priced products were much in demand, made what was already his second move to larger business premises because he *was producing many original designs*: silver bracelets *with decorative gilt foliate engraving …, silver brooches and numerous other articles that, due to their tasteful execution, were very popular*. By the early 20th century, the firm employed a workforce of approx 100. It was now run as a family business, with Andreas' son Ludwig as technical director and his other son, Adolf, as a merchant and travelling salesman. Andreas' son-in-law Louis Stark was also involved in management. A stately building to house both the administration and the factory had in the meantime been erected. After 1905, up to 750 men and women were employed there. >

// Bereits 1874 gründete **Andreas Daub**[3] (1843–1903), der in Geisingen bei Ludwigsburg *als Sohn einer kinderreichen Kleinbauernfamilie geboren wurde*, der in Stuttgart eine Lehre als Goldschmied gemacht hatte und schon in den 1860er Jahren nach Pforzheim übergesiedelt war, *da ihm … die* (dortige) *gutgehende Industrie mehr Aussichten zu bieten schien als das Goldschmiedehandwerk*, in einem Zimmer seiner kleinen Wohnung seine Firma, *und dort begann er mit einem einzigen Mitarbeiter sein Lebenswerk*. Daub fertigte die damals hochmodernen goldenen Medaillons, *für Herren mit graviertem Blutstein und Onix, für Damen die runden guilloschierten sogenannten „fausses montres“*, kleine Anhänger, die zwar wie Anhängeuhren aussahen, jedoch nicht mit Uhrwerken ausgestattet waren. Ende der 1870er Jahre bezog Andreas Daub schon zum zweiten Male größere Geschäftsräume, seine sehr preiswerten Produkte waren gefragt, denn er *brachte viele originelle Muster heraus*: silberne Armbänder *mit ziervergoldeter Blattgravierung …, silberne Broschen und manch andere Artikel, die alle infolge ihrer geschmackvollen Ausführung viel Anklang fanden*. Zu Beginn des 20. Jahrhunderts waren in der Firma, die nun als Familienbetrieb von den Söhnen Ludwig als technischem Leiter und Adolf als Kaufmann und Reisendem sowie dem Schwiegersohn Louis Stark geführt wurde, ungefähr 100 Personen beschäftigt. Man hatte inzwischen ein repräsentatives Geschäftshaus für Verwaltung und Fabrikation gebaut, in dem nach 1905 bis zu 750 Mitarbeiterinnen und Mitarbeiter tätig waren.

Andreas Daub ›› Briefkopf der Firma Andreas Daub, 1905 // Andreas Daub ›› Letterhead used by the firm of Andreas Daub, 1905

Schon in den 1880er Jahren hatte Andreas Daub die Fabrikation von Doublé-Schmuck aufgenommen. Anfänglich bezog er das sogenannte Amerikaner-Doublé (Gold auf Tombak) von den darauf spezialisierten Pforzheimer Firmen, dann jedoch *gelang es ihm nach endlosen und mühevollen Versuchen, ein einwandfreies Doublématerial herzustellen und als einem der ersten Pforzheimer Fabrikanten sich von den großen Rohmaterial-Lieferanten unabhängig zu machen.*
Andreas Daub, der Bauernsohn aus Württemberg, starb 60-jährig im Jahre 1903: *Sein Leben war von großen Erfolgen gesegnet gewesen. Aber diese Erfolge waren nicht von ungefähr errungen, sie waren durch nimmermüden Fleiß, durch hohe Begabung und einen klaren Blick für die Erfordernisse des Lebens erworben worden.* Als eine der herausragenden Unternehmerpersönlichkeiten hatte er für sich, seine Familie und für die vielen Mitarbeiter seiner Firma die Rahmenbedingungen geschaffen, die der Pforzheimer Schmuckindustrie vor und zu Beginn der Jugendstilzeit ihr wohl einzigartiges Gepräge gaben. Die Firma Andreas Daub ist bis zum heutigen Tage in Familienbesitz und gehört zu den nur noch wenigen Pforzheimer Unternehmen, die auf eine im 19. Jahrhundert begründete Tradition zurückblicken können. >

// As early as the 1880s Andreas Daub was manufacturing doublé (rolled gold) jewellery. He initially procured what was called “American doublé” (gold on tombac) from Pforzheim firms that specialised in it. However, *after endless arduous experiments, he succeeded in making faultless doublé material and in being one of the first Pforzheim industrialists to make himself independent of the big raw materials suppliers.*
Andreas Daub, the smallholder’s son from Württemberg, died in 1903 at the age of sixty: *His life was blessed with great successes. But those successes had not been achieved by chance; they had been acquired by unceasing industry, through great talent and a clear eye for what life demanded of him.* As one of the most outstanding entrepreneurs, he had created for himself, his family and the many employees of his firm the context which gave the Pforzheim jewellery industry its unique character before and at the outset of the Jugendstil era. The firm of Andreas Daub has remained in the family to the present day; it is one of just a very few Pforzheim businesses left that look back on a tradition established in the 19th century. >

// Die Firma Kollmar & Jourdan wurde 1885 von **Emil Kollmar** (1860–1939) und Wilhelm Jourdan gegründet. Anders als Odenwald und Daub stammte der Kaufmann Kollmar wie auch der Schmucktechniker Jourdan aus alteingesessenen, angesehenen Pforzheimer Bürgerfamilien. Die beiden Partner starteten ihre Schmuckproduktion wie in Pforzheim üblich in kleinsten Anfängen, mit drei Mitarbeitern in einem Hinterhaus. Doch schon zwei Jahre später findet man Kollmar & Jourdan in einem größeren Gebäude, nach zwei weiteren Jahren war erneut ein Umzug notwendig geworden, denn die Belegschaft war auf mehr als 100 angewachsen. Man nutzte bereits Wasser- und Dampfkraft zur Unterstützung der maschinellen Produktion von Doublé, das auch in dieser Firma auf höchstem technischen Niveau hergestellt wurde. Obwohl er der Kaufmann der Firma war, brachte Emil Kollmar nach einem Besuch der Weltausstellung 1893 in Chicago wertvolle Erfahrungen und neue Erkenntnisse zur Verbesserung des Basismaterials mit. Technisch weiterentwickelt bot es die besten Voraussetzungen, das Unternehmen Kollmar & Jourdan nachhaltig zu einem der führenden Doubléschmuck-Produzenten zu machen. Erfolg fügte sich zu Erfolg, 1896 trat Emils Bruder Otto in die Firma ein und 1898 wurde Kollmar & Jourdan in eine Aktiengesellschaft umgewandelt mit damals rund 250, im Jahre 1902 schon beinahe 500 Mitarbeiterinnen und Mitarbeitern.

Kollmar & Jourdan galt damals als das Pforzheimer Vorzeigeunternehmen par excellence. In seinem Beitrag über die Pforzheimer Schmuck-Industrie in der Kulturzeitschrift „Velhagen & Klasings Monatshefte“[(4)] beschreibt Hanns von Zobeltitz ausführlich das, was er bei einem Besuch dieses Unternehmens beobachtet hatte: *Ich habe mir die interessante Fabrikation besonders in der im Lauf eines Vierteljahrhunderts aus kleinsten Anfängen zu einem Riesenetablissement emporgewachsenen Fabrik von Kollmar & Jourdan … angesehen; nebenbei bemerkt, eine Fabrik, der ich in bezug auf praktische Anlage, besonders aber auf ihre hygienischen Einrichtungen kaum eine zweite in ganz Deutschland zur Seite zu stellen wüßte – sie ist einfach ein Schmuckkasten von den Dachräumen bis zum Keller.*

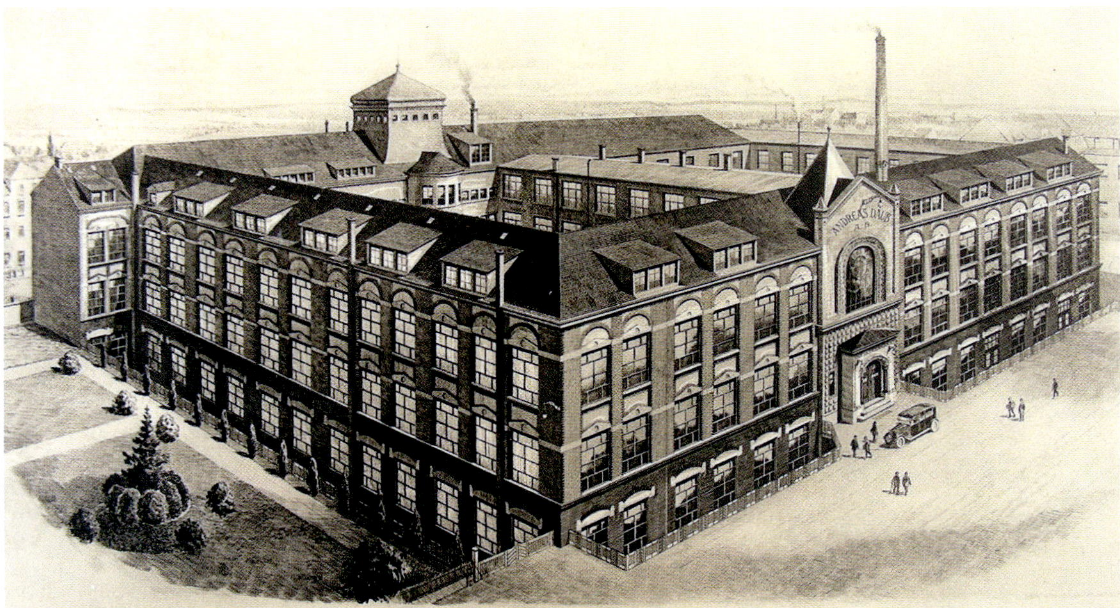

Fabrikgebäude der Firma Andreas Daub, frühes 20. Jahrhundert // The Andreas Daub factory, early 20th century

Von Zobeltitz erläutert die Doubléherstellung, erwähnt die Fabrikationsmethoden der Produkte (vornehmlich Damen- und Herrenketten, Armbänder, Kolliers und Anhänger) und bewundert mit dem versteckten Hinweis, dass es sich dabei gar nicht um echte Schmuckstücke aus Gold handele, die hervorragende Qualität: *so mancher Herr, von dem man's nicht glaubt, trägt über der hocheleganten Weste eine Doublékette, und auf so manchem schneeigen Nacken, dem man's nicht ansieht, leuchtet ein Kettchen aus Kupfer mit Goldüberzug – äußerlich kann' das schärfste Auge ja nicht unterscheiden.*
Emil Kollmar, der seit der Umwandlung der Firma in eine Aktiengesellschaft alleiniger Vorstand war – Wilhelm Jourdan war aus Gesundheitsgründen aus der Geschäftsführung ausgetreten und gehörte nun dem Aufsichtsrat an –, betrieb mit Energie den weiteren Ausbau des Unternehmens. Ein Fabrikneubau war 1902 notwendig geworden, schon 1905 musste unter Anwendung modernster Baukonstruktionen erweitert werden; im Jahre 1910 erfolgte zum 25-jährigen Firmenjubiläum die Vollendung des palastartigen Gebäudes. Inzwischen war die Belegschaft von Kollmar & Jourdan auf rund 1.350 angestiegen! Es war sicher auch ein Verdienst Emil Kollmars, dass seine Firma im Jahre 1900 auf der Exposition Universelle in Paris und 1903 auf der Ausstellung für Kunst und Industrie in Sankt Petersburg mit jeweils einer Goldmedaille ausgezeichnet wurde. Ganz persönliche Ehrungen wurden dem außergewöhnlichen Unternehmer zuteil, der auch für das soziale Engagement zugunsten seiner Mitarbeiterinnen und Mitarbeiter bekannt war, als er zum Kommerzienrat ernannt wurde und später – 1925 – von der Technischen Hochschule Karlsruhe den Ehrendoktortitel verliehen bekam. >

Briefkopf der Firma Kollmar & Jourdan, 1894 // The letterhead used by Kollmar & Jourdan, 1894

// The firm of Kollmar & Jourdan was founded in 1885 by **Emil Kollmar** (1860–1939) and Wilhelm Jourdan. Unlike Odenwald and Daub, Kollmar, a merchant, and Jourdan, a jewellery-maker, both came from old, established Pforzheim families. The two partners started producing jewellery, as was usual in Pforzheim, on the smallest scale imaginable, with three employees in an outbuilding. However, after only two years had elapsed, Kollmar & Jourdan were in a larger building and after two more years a second move had become necessary because the workforce had grown to over 100 employees. Water and steam-driven machinery was used even then to make doublé jewellery, which at this firm, too, was produced to the highest technical standard. Although he was the businessman in the firm, Emil Kollmar brought back valuable experience and new knowledge for improving the basic material from the 1893 Chicago World's Fair. Technically further developed, it provided the best conditions for making Kollmar & Jourdan a leading producer of doublé jewellery over the long term. Success followed seamlessly on success. In 1896 Emil's brother Otto joined the firm and in 1898 Kollmar & Jourdan was turned into a joint-stock company, employing at that time a workforce of about 250 and by 1902 almost 500 men and women.

Emil Kollmar mit Ehefrau und einem Teil der Belegschaft der Firma Kollmar & Jourdan, um 1910 // Emil Kollmar with his wife and members of the Kollmar & Jourdan workforce, ca 1910

Kollmar & Jourdan were regarded at the time as the exemplary Pforzheim business par excellence. In an essay on the Pforzheim jewellery industry in the cultural journal *Velhagen & Klasings Monatshefte*[(4)], Hanns von Zobeltitz provides an extensive description of what he had observed on a visit to the firm: *I have […] seen the interesting manufacture especially over the course of a quarter of a century grow from the smallest beginnings into the giant establishment that is the Kollmar & Jourdan factory; incidentally, a factory to which I would be unable to compare any other in all of Germany, especially respecting its sanitary installations – it is simply a jewel casket from the attic rooms to the cellar.* Von Zobeltitz explains how doublé jewellery is made, mentions the methods by which the products are manufactured (mainly chains for ladies and gentlemen, bracelets, chokers and pendants) and admires the exceptional quality with the sly remark that these aren't even genuine pieces of gold jewellery: *many a gentleman of whom one would not believe it possible, wears a doublé chain over his very elegant waistcoat and on many a snowy neck of which you would not think it possible, gleams a little chain of copper with gold overlay – externally the sharpest eye cannot, after all, distinguish [it from solid gold].*

Emil Kollmar, who was sole director after the firm had been converted into a joint-stock company – Wilhelm Jourdan had retired from management for health reasons and was by then only on the board of directors – energetically oversaw the further enlargement of the business. A new factory building had become necessary by 1902 but by 1905 it had to be enlarged with the aid of the most modern construction methods; in 1910 the palatial structure was finished in time for the 25th anniversary of the founding of the firm. By that time, the workforce had grown to some 1350 employees!

Fabrikgebäude der Firma Kollmar & Jourdan, erbaut zwischen 1902 und 1910 // The Kollmar & Jourdan factory, built between 1902 and 1910

The credit is definitely due to Emil Kollmar that his firm was awarded gold medals at the 1900 Exposition Universelle in Paris and again in 1903 at the St. Petersburg Art and Industry trade fair. The extraordinary entrepreneur, who was known for his social commitment to the men and women he employed, was showered with personal honours. Made a commercial councillor (Kommerzienrat), he was later – in 1925 – awarded an honorary doctorate by the Karlsruhe Technical Institute. >

// **Victor Mayer**(5) (1857–1946), dessen Firma um 1900 zu den wichtigsten Schmuck herstellenden Betrieben zählte, entstammt einer Pforzheimer Gastwirtsfamilie, die ihre Wurzeln in Haigerloch und Rottweil hatte. Er war das achte von 14 Kindern, von denen neun am Leben blieben. Vier Gastwirtkinder gründeten Schmuckfirmen in Pforzheim, vier weitere waren in der Schweiz erfolgreich als Juweliere und in der Hotellerie. Nach einer Lehre als Stahlgraveur – einer der wichtigsten Berufe in der Schmuckindustrie – besuchte Victor Mayer als einer der ersten Studenten die 1877 gegründete Pforzheimer Kunstgewerbeschule, wo seine außergewöhnliche künstlerische Begabung schon deutlich in Erscheinung trat. Nach einer dreijährigen Militärzeit zog es ihn nach Wien, wo er von 1882 bis 1886 als Stahlgraveur und Modelleur tätig war und sich im Guillochieren und Emaillieren weiterbildete, um sich nach seiner Rückkehr nach Pforzheim nochmals an der Kunstgewerbeschule einzuschreiben.

Mayers Hochzeit 1890 mit einer Baden-Badener Bürgerstochter aus wohlhabendem Haus ermöglichte ihm den Schritt in die berufliche Selbstständigkeit. Er, der Künstler und Kunsthandwerker, fand in Herman Vogel einen Kaufmann als Partner, mit dem er im selben Jahr die Bijouteriefirma Vogel & Mayer gründete. Wie bei vielen anderen Neugründungen jener Jahre begann auch hier die

Firmengeschichte in bescheidenem Umfeld, in einer Vierzimmerwohnung im Osten der Stadt. Mayer trennte sich – nachdem man bereits in größere Fabrikationsräume umgezogen war – von Vogel und führte von nun an die Firma Victor Mayer in eigener Regie. Die Erfolge, die sich auch hier einstellten, machten weitere Umzüge in jeweils größere Räumlichkeiten notwendig, bis im Jahre 1905 ein Neubau, der Elemente des Historismus mit dem Jugendstil verbindend Wohn- und Fabrikationsgebäude in sich vereinte, bezogen werden konnte.

Seine umfassende kunsthandwerklich-technische Ausbildung und die künstlerische Begabung waren ebenso wie betriebswirtschaftliches Geschick die Voraussetzungen für Victor Mayers Erfolg; er vereinte die Funktionen des kaufmännischen Geschäftsführers und des künstlerisch-technischen Leiters („Kabinettmeister“) zweieinhalb Jahrzehnte lang in seiner Person. Vielfältige Eindrücke von zahlreichen Reisen schlugen sich in den Produkten der Fima ebenso nieder wie die ausgiebigen Kenntnisse der Kunst vergangener Zeiten. Aufgeschlossenheit der Moderne gegenüber und das Bedürfnis, immer aktuell zu sein, führten unter anderem zur Zusammenarbeit mit Künstlerpersönlichkeiten wie dem Maler und „Designer“ Georg Kleemann, der als Professor an der Pforzheimer Kunstgewerbeschule tätig war. Kleemann lieferte Entwürfe unterschiedlichster Art und stand mit mehreren Pforzheimer Schmuckherstellern in engem Kontakt. Für Victor Mayer entwickelte er ganze Serien von „Mustern“, die in den ersten Jahren des 20. Jahrhunderts von einer ursprünglich aus vegetabilischer Ornamentik zu geometrischer Gestaltung geführten Formgebung geprägt waren.

Wie viele Pforzheimer Unternehmer war Victor Mayer ein geselliger Mensch, der sich in Freundeskreisen, in vielen Ehrenämtern und durch Mitgliedschaften in Kammern, Verbänden und Vereinen engagierte. Im Gegensatz zu manch anderem war er aber politisch nicht tätig. Noch heute ist die Firma Victor Mayer in Familienbesitz. Mit berechtigtem Stolz blickt man auf den Gründer zurück, der zur Weltgeltung Pforzheims als Schmuckstadt einen wesentlichen Beitrag geleistet hat. >

// **Victor Mayer**[5] (1857–1946), whose firm was one of the most important jewellery-making businesses in 1900, came from a Pforzheim inn keeping family whose roots were in Haigerloch and Rottweil. He was the eighth of fourteen children, of whom nine survived. Four children of those innkeepers founded jewellery firms in Pforzheim and four others were successful in Switzerland as jewellers and in the hotel business. After serving an apprenticeship as a steel engraver – one of the most important trades in the jewellery industry – Victor Mayer was one of the earliest students at the Pforzheim Kunstgewerbeschule (founded in 1877), where his exceptional artistic talent manifested itself. After three years of National Service, he went to Vienna, where he worked as a steel engraver and modeller from 1882 until 1886, training further in the guilloché technique of engraving and in enamelling in order to matriculate at the Kunstgewerbeschule again on his return to Pforzheim.

Mayer's marriage in 1890 to a Baden-Baden lady from a rich family enabled him to become self-employed. Mayer, artist and artisan, found in Herman Vogel a business man with whom he could found the bijouterie firm of Vogel & Mayer that same year. Like so many other fledgling businesses in those years, the history of this firm, too, begins in a modest context, a four-room flat in the east of the city. Mayer separated

– after the factory had already moved to larger premises – from Vogel and ran the firm of Victor Mayer alone. The successes that the business again scored made several more moves to larger premises necessary until it was finally able to move into a new building architecturally linking elements of Historicism with Jugendstil and with living quarters and the factory under one roof.

His broad-based professional training and artistic talent as well as pronounced business acumen were the reasons for Victor Mayer's success. For two and a half decades, he united in one person the functions of hands-on managing director and artistic-technical director ("cabinet master"). A kaleidoscope of impressions Victor Mayer gained from numerous journeys at home and abroad was distilled into the firm's products and his wide-ranging knowledge of the art of past epochs left its mark on them. Since he was receptive to Modernism and eager to stay abreast of things, these qualities led *inter alia* to his collaborating with distinguished artists of the day, including the painter and "designer" Georg Kleemann, who was a professor at the Pforzheim Kunstgewerbeschule. Kleemann provided Mayer with a wide variety of designs and was in close contact with several Pforzheim jewellery manufacturers. For Victor Mayer he developed entire series of designs, which in the early years of the 20th century evolved from what was originally vegetal decoration to geometric design. Like many Pforzheim entrepreneurs, Victor Mayer was a sociable man, who had numer-

Zeichnung von Victor Mayer nach einem Original-Schmuckstück in der Sammlung des Kunstgewerbe-Vereins ›› Vorbild der Zeichnung Victor Mayers // A Victor Mayer drawing after an original piece of jewellery from the Kunstgewerbe-Verein collection ›› The model for Victor Mayer's drawing

Victor Mayer und seine Familie, um 1906 // Victor Mayer and his family, ca 1906

ous circles of friends and was active in honorary posts and a member of chambers of commerce, societies and associations. However, unlike some of the others, he was not politically active. The firm of Victor Mayer is still owned by the family. Their pride in looking back to the founder, who contributed substantially to ensuring Pforzheim's fame as a city of jewellery, is certainly justified. >

// Auch **Gustav Rau**(6) (1843–1903) war eine Unternehmerpersönlichkeit, die sich aus kleinen Anfängen zum erfolgreichen Unternehmer entwickelt hatte. Seine Vorfahren stammten aus dem oberen Enztal im nördlichen Schwarzwald. Er erlernte den für die Pforzheimer Industrie typischen und wichtigen Beruf des Stahlgraveurs, arbeitete als junger Mann in verschiedenen Betrieben und machte sich im Jahre 1877 – im Alter von 34 – selbstständig.
Im Zentrum der Stadt, wie so oft in einem gemieteten Raum in einem Hintergebäude, betrieb Rau mit nur wenigen Mitarbeitern seine „Estamperie“, in der er sogenannte Halbfabrikate herstellte, die er an diese Stücke weiterverarbeitende Schmuckfabrikanten verkaufte. Gustav Rau wandte sich bald auch der Herstellung von Doublé zu, was dazu führte, dass die bisher vorhandenen Räumlichkeiten zu klein wurden. Vier Jahre nach der Gründung bezog Rau, der sich inzwischen mit dem erst 20 Jahre alten Kaufmann Albert Reichenbach zusammen getan hatte, ein größeres Haus, das sich allerdings schon bald ebenfalls als nicht ausreichend erwies. Zusammen mit Reichenbach, der sich als engagierter Partner wirkungsvoll eingebracht hatte, wurden die Voraussetzungen für ein eigenes Fabrikgebäude geschaffen, dessen Grundstein im Jahre 1896 gelegt wurde und das wie so viele Pforzheimer Industriebauten eher einem Palast als einer Produktionsstätte glich. Die Herstellung von Pressungen und anderen Halbfabrikaten – laut Pforzheimer Adressbuch von 1898 aber auch *Quasten- und Karabinerkapseln, Armbänder, Federringe, Kragenknöpfe und Collierschlöß-*

chen – wurde in großem Umfang weiter betrieben; das Doublé aber spielte in der seit 1898 als offene Handelsgesellschaft ausgewiesenen Firma G. Rau die wichtigste Rolle. Der mit seinen Partnern so erfolgreiche Unternehmer Gustav Rau starb kinderlos im Alter von 60 Jahren, die Firma selbst blühte weiter und ist heute ein „global player" mit Geschäftsverbindungen in alle Welt.
Voll Energie und mit dem nachdrücklichen Willen, erfolgreich zu sein, traten die jungen Männer während der Gründerjahre ihre berufliche Laufbahn an. Manche scheiterten, andere führten ihre Unternehmen zur Weltgeltung. Und obwohl sie unterschiedliche Startbedingungen hatten, ihre Begabungen und Talente auf unterschiedliche Weisen nutzten und manchmal auch erkennen mussten, dass sie sich zu hohe Ziele gesteckt hatten, ist es generell richtig, was in einem Pforzheimer Mundartgedicht so formuliert ist:
Die schenschte Schdad im Badnerland isch Pforze an der Enz,
do macht mer Fabrikande aus lauder Baureschwenz!

// **Gustav Rau**(6) (1843–1903) was another distinguished entrepreneur who worked his way up from modest beginnings to success in business. His forebears came from the upper Enztal in the northern Black Forest. He trained as a steel engraver, the profession so typical of the Pforzheim jewellery industry and of such importance to it, and as a young man worked in various different businesses. In 1877 – at the age of thirty-four – he became self-employed.
In the city centre, Rau, like so many of his contemporaries, occupied a rented room at the rear of a building, where he and a handful of employees ran an "estamperie", making half-finished wares or jewellery findings, which he sold to jewellery manufacturers for finishing. Gustav Rau soon addressed himself to making doublé wares as well, which meant that the premises he had been using were too small. Four years after founding his firm, Rau, who had by then teamed up with Albert Reichenbach, a business man who was only twenty years old, moved into a larger building. It was not

Neubau der Firma Gustav Rau, Grundsteinlegung 1896 // The new Gustav Rau building: laying the cornerstone in 1896

Fabrikationsgebäude der Firma Gustav Rau (1880 bis 1897) ›› Gustav Rau // The Gustav Rau factory building (1880 to 1897) ›› Gustav Rau

long before it, too, proved inadequate. Together with Reichenbach, who was working out well as a committed partner, Rau was soon in a position to acquire premises for manufacturing. The cornerstone for the factory was laid in 1896. Like so many Pforzheim industrial buildings, Rau's factory was more palatial than industrial in appearance. The manufacture of findings and other half-finished wares continued on a large scale – according to the 1898 Pforzheim address book: *hook and loop clasps, bracelets, jump rings, collar buttons and choker clasps* – were produced. Doublé wares, however, played the paramount role at G. Rau, which had been registered since 1898 as a limited liability company. Successful with his partners as an entrepreneur, Gustav Rau died without issue at the age of sixty but the firm continued to flourish. Today it is a "global player" with business links around the world.

Energetic and driven by the desire to succeed, so many young men embarked on their careers during the 1870s boom years. Many failed but others led the businesses they founded to world renown. And although they started out from different backgrounds, they used their aptitudes and talents in all sorts of ways. Sometimes they also had to admit that they had aimed too high. Nevertheless, what a vernacular poem in the Pforzheim dialect says is on the whole true:

Die schenschte Schdad im Badnerland isch Pforze an der Enz,
do macht mer Fabrikande aus lauder Baureschwenz!
The most beautiful city in the Baden country is Pforze on the Enz,
There we make industrialists of all sorts of peasant folk!

(1) Festschrift Geschichte der Firma Andreas Daub in Pforzheim, 1938, S./p. 3 f
(2) Andreas Odenwald, Lebenserinnerungen eines Fabrikanten und Politikers in Neue Beiträge zur Stadtgeschichte, Pforzheimer Geschichtsblätter 9, Hg. Hans-Peter Becht, Sigmaringen 1999, S./p. 93 ff
(3) Festschrift Geschichte der Firma Andreas Daub in Pforzheim, 1938
(4) Velhagen & Klasings Monatshefte, XIX. Jahrgang, Heft 5, Januar 1905, S./p. 549 ff
(5) Herbert Mohr-Mayer, Victor Mayer, Leben und Werk eines Pforzheimer Schmuckfabrikanten, Heidelberg 2007
(6) Festschrift G. Rau, Pforzheim, 1952

Doublé – ein „Pforzheimer“ Werkstoff // Doublé [rolled gold] – working with a “Pforzheim” material

Es ist sicher nicht ganz korrekt, wenn man in einer Kategorisierung der drei Zentren der deutschen Edelmetallindustrie Hanau als Juwelenstadt, Schwäbisch Gmünd als Silberstadt und Pforzheim als Doubléstadt bezeichnet hat. Aber es ist richtig, dass dem Doublé in Pforzheim als Schmuckmaterial eine wesentliche Rolle, auch während der Zeit des Jugendstils, zugekommen ist. War es doch gerade hier, trotz mancher Werkstätten und kleiner Fabriken, die hochwertigen Schmuck herstellten, eine wirtschaftliche Notwendigkeit, sehr preiswert, vielfach wirklich billig zu produzieren, hatten die Pforzheimer doch schon lange einen weniger wohlhabenden Kundenkreis als Hauptabnehmer für sich ausgemacht.

Gold und Silber, besetzt mit Edelsteinen und Perlen, verziert mit Email, guillochiert und graviert, waren für die meisten Schmuckhersteller die wichtigsten Werkstoffe, für einige Fabriken jedoch – und es waren die mit den meisten Mitarbeiterinnen und Mitarbeitern – war das Doublé das Material, mit dem ebenfalls attraktive Schmuckstücke produziert werden konnten. Unterschiedlich sind die Angaben über die Anzahl der Doubléschmuck herstellenden Pforzheimer Firmen, auch deshalb, weil manche sowohl mit Gold und Silber als auch mit dem preiswerten, aus üblicherweise zwei Metallschichten bestehenden Blech und Draht arbeiteten.

Die mechanische Verbindung eines unedlen Metalls mit Gold war ursprünglich eine englische Erfindung, aber in Paris bestand *schon seit den 30er Jahren* (des 19. Jahrhunderts) *eine von dem Fabrikanten Savard gegründete Doubléfabrikation, deren Methoden im Laufe der Jahre immer mehr vervollkommnet wurden und die schon in den 50er und 60er Jahren sehr schöne Waren lieferte. Auf der Pariser Weltausstellung im Jahre 1867 sahen die Pforzheimer, welch große Fortschritte die Pariser Doubléfabrikation gemacht hatte und seit dieser Zeit beschäftigte man sich auch hier mehr mit der Sache*[(1)]. Wieder zeigt sich die „Abhängigkeit“ Pforzheims und seiner Schmuckindustrie von Paris! Es ist bekannt, dass vor 1870 Pforzheimer Arbeiter bei Savard tätig waren, die in der Folge des Kriegsausbruches ausgewiesen wurden und in ihre Heimat zurückkehren mussten. Vermutlich ist es ihnen zu verdanken, dass die noch recht einfache „Technologie“ in Pforzheim nicht nur Eingang in die Schmuckproduktion fand, sondern sehr schnell zu einem hochwertigen und dennoch preiswerten Werkstoff entwickelt werden konnte.

Das Prinzip des Doublé besteht darin, dass eine dickere Unterlage aus anfänglich Silber, später aus einem unedlen Metall wie zum Beispiel Kupfer, Messing, Tombak u. ä., mit einer relativ dünnen Goldschicht verschweißt und damit untrennbar verbunden wird, so dass ein wie Gold aussehendes, aber nur zu geringem Maße daraus bestehendes Material entsteht. Rudolf Rücklin beschreibt den Vorgang folgendermaßen: *Die beiden mit einander zu verschweißenden Metalle werden in Platten von gleicher Form und Größe hergestellt, so dass sie genau aufeinander passen … Die Platten werden im Ofen*

bis zur Weißglut erhitzt und in eine starke hydraulische Presse gegeben, die einen Druck von 150 000 bis 400 000 Kilogramm auszuüben imstande ist. Hierdurch verbinden sie sie sich so innig miteinander, dass sie als homogenes Metall behandelt, zu Blech ausgewalzt und weiter verarbeitet werden können.[2]
Die in Pforzheim weit verbreitete Kettenfabrikation benötigte Doublédraht in unterschiedlichen Stärken, und auch das Problem, diesen in großen Mengen herzustellen, lösten die erfindungsreichen Techniker auf raffinierte Weise. Rücklin erläutert, dass die *verschiedenen Methoden ebenfalls auf dem Schweißverfahren basieren, wobei um einen massiven* (unechten) *Kern Gold herumgelegt, dieses Kernstück mit so genannten Pressbacken umgeben, geglüht und mit einem allseitigen hydraulischen Druck ausgesetzt wird. Dadurch tritt eine vollständige fugenlose Verschweißung des Kernes mit dem ihn umgebenden Golde ein, und die so entstandenen Doublébarren werden zu Draht von beliebiger Stärke ausgewalzt und gezogen*[3]. >

// It is certainly not quite correct to insist on categorising the three German centres of the noble metals industry as follows: Hanau the City of diamond jewellery; Schwäbisch Gmünd as the City of silver wares and Pforzheim as the City of doublé. But it is true that rolled gold (doublé) has been given a major role in Pforzheim as a jewellery-making material and that was also the case in the Jugendstil era. After all, it was here, despite the presence of quite a few workshops and smallish factories making valuable jewellery, that it was necessary for the Pforzheim economy to produce very reasonably priced, often really inexpensive articles. Pforzheim manufacturers had long since targeted a less affluent market segment as their chief clientele.
Gold and silver, set with precious stones and pearls, with enamelled decoration, guilloché engraved and engraved by other techniques were the most important materials

Die Doublé-Fabrik Fr. Kammerer im späten 19. Jahrhundert // The Kammerer doublé factory in the late 19th century

Werbe-Anzeige der Doublé verarbeitenden Firma Rodi & Wienenberger, frühes 20. Jahrhundert // An advertisement placed by Rodi & Wienenberger, a firm that made doublé jewellery, early 20th century

for the majority of jewellery manufacturers. For some factories, on the other hand – and those were the ones employing the greatest number of men and women – doublé was the material of choice, with which attractive pieces of jewellery could also be produced. The data on the number of Pforzheim firms manufacturing doublé jewellery vary, also because some of them worked both with gold and silver and the economical sheet metal and wire that usually consists of two bonded layers of metal: gold and a base metal.

The process for mechanically bonding a base metal with gold was originally invented in England, but in Paris there existed since the 1830s *a factory for making doublé founded by the industrialist Savard which was producing very fine wares by the [18]50s and [18]60s. At the 1867 Paris World Exposition, the delegation from Pforzheim saw what enormous advances Paris gold overlay manufacture had made and since that time, people here, too, had been investigating the thing more closely.*[(1)] Once again the "dependence" of Pforzheim and its jewellery industry on Paris is apparent. Pforzheim workmen are known to have been employed by Savard before 1870, that they were repatriated when war (the Franco-Prussian War) broke out and had to return home. Presumably it is thanks to their efforts that the "technology", which was at that time still relatively unsophisticated, was not only introduced in Pforzheim but was very soon developed to produce a valuable yet reasonably priced material.

The principle of doublé consists in indissolubly bonding a thicker substrate of what was originally silver but later a base metal such as copper, brass, tombac, etc, by heat and pressure to a relatively thin but solid layer of gold. The finished material looks just like gold but is only constituted to a slight extent of that noble metal. Rudolf Rücklin describes the process as follows: *The two metals to be bonded with one another are made in plates of the same form and size so that they fit together precisely ... The plates are fired in a furnace to a white heat and placed in a strong hydraulic press which is capable of exerting a pressure of 150 000 to 400 000 kilograms. Thus they are so indissolubly linked that they can be treated like a homogeneous metal, be rolled into sheets and then further processed.*[(2)]

Technicians found sophisticated solutions for making the doublé wire in various thicknesses and in large quantities required by the chain manufactures so ubiquitous in Pforzheim. Rücklin explains that the *various methods are also [based] on the bonding process, by means of which gold is overlaid around a solid (base metal) core. This core is surrounded by what is called the goose-neck, heated and subjected to hydraulic pressure exerted from all sides. Thus an entirely seamless bonding of the core with the gold surrounding it occurs and the doublé bars* (Rücklin, by the way, writes "Dublee" as the German version of the French "doublé") *are rolled out and drawn into wire of any thickness desired.*(3) >

// Im Pforzheimer Adressbuch von 1898 werden sieben Fabriken aufgeführt, die sich auf die Doubléherstellung spezialisiert hatten. Sie waren keine Schmuckfabrikanten, sondern dienten als Zulieferer für die Firmen, die daraus schließlich Schmuckstücke herstellten. Dass sie erfolgreich waren und riesige Mengen Doublé produzierten, geht schon daraus hervor, dass die beiden größten Firmen, Friedrich Kammerer und Gustav Rau, gewaltige Fabrikgebäude in der Pforzheimer Innenstadt hatten errichten lassen.

Nur wenige Schmuckfabriken verwendeten ausschließlich Edelmetalle, die meisten nutzten auch das preiswerte Doublé, das sie anfänglich von den auf die Doubléproduktion spezialisierten Großbetrieben wie Kammerer und Gustav Rau bezogen. Der eine oder andere Schmuckhersteller produzierte jedoch bald sein eigenes Doublé, wodurch er unabhängig wurde von eventuellen Lieferschwierigkeiten; auch konnte auf diese Weise die Qualität des eigenen Produktes garantiert werden. Zu diesen Unternehmen gehörten neben anderen die Großbetriebe Andreas Daub, Kollmar & Jourdan und Rodi & Wienenberger.

Von Georg Kleemann entworfener Doublé-Anhänger der Firma Rodi & Wienenberger, um 1902 // A doublé pendant designed by Georg Kleemann and made by Rodi & Wienenberger, ca 1902

Unterschiedliche Qualitätsstufen kennzeichnen das Doublé, unterscheidbar nach der Stärke der Goldauflage auf Silber (zwischen 50/000 und 110/000), auf Tombak (35/000), bei dem sogenannten Amerikaner Doublé und Amerikaner Charnier (10/000 bis 30/000), wobei relativ geringwertige Goldlegierungen so verwendet werden, dass jeweils bei 1000 Gramm Doublé der Anteil an Feingold der Millième-Angabe entsprechen muss.

Der Werkstoff war kostengünstig im Vergleich zu den Edelmetallen, und auch die Herstellung des Doubléschmuckes musste preiswert erfolgen, wozu die Pforzheimer immer raffiniertere Techniken entwickelten. Rudolf Rücklin schreibt in der *Deutschen Goldschmiedezeitung* im Jahre 1906: *Beim Doublé muß jegliche Bearbeitungsweise vermieden werden, die*

dazu führen könnte, daß der Goldüberzug an irgend einer Stelle entfernt oder auch nur verringert wird. Er weist darauf hin, dass die Doublé-Massenfabrikation nachträgliche Gravierung ausschließt, entsprechender Zierrat demnach bereits in das hochglänzende Prägewerkzeug eingearbeitet sein muss. *Ein weiterer Punkt, auf den bei Doublé besonders geachtet werden muß, ist das Polieren.* Um den Poliervorgang zu vermeiden, ist die Hochglanzausführung bei allen *maschinellen Einrichtungen zum Pressen, Drücken, Ziegen und Walzen* eine wesentliche Voraussetzung. *So ist denn schließlich das Polieren bei einer gut hergestellten Doubléware eigentlich nur noch ein sorgfältiges Reinigen, bei dem man sicher sein kann, daß die Goldauflage nicht im geringsten verringert wird.* Auch die Form eines Doubléschmuckstücks muss auf die Besonderheiten des Werkstoffes Rücksicht nehmen.
Man muß überhaupt dieser (der Doubléschmuckfabrikation) *nachrühmen, daß sie sich nach Kräften bemüht, nicht nur billige, sondern auch gut aussehende Ware zu liefern. Unleugbar hat sich die künstlerische Qualität der Doubléware in der letzten Zeit beträchtlich gehoben,* und *das Ziel ist, den geringeren Materialwert zu ersetzen durch erhöhten Geschmackswert.*

Doublé-Brosche der Firma Rodi & Wienenberger, um 1902/03 // A Rodi & Wienenberger doublé brooch, ca 1903/03

// The 1898 Pforzheim address book lists seven factories specialising in the making of doublé. They were not jewellery manufacturers but rather suppliers working for those firms that made the material into jewellery. They were very successful and produced vast quantities of doublé. This is indicated by the fact that the two largest firms, Friedrich Kammerer and Gustav Rau, had had enormous factory buildings erected at the centre of Pforzheim.
Only a few Pforzheim jewellery manufacturers used gold and silver exclusively. Most also used doublé, which was inexpensive, procured from large manufacturers such as Kammerer and Gustav Rau. A few jewellery manufacturers, however, soon began producing their own doublé, which made them independent of delivery hitches. Also this was a sure way of guaranteeing the quality of their own products. The businesses that resorted to such vertical production included the large firms of Andreas Daub, Kollmar & Jourdan and Rodi & Wienenberger.
Doublé is made in varying quality levels, distinguishable by the thickness of the gold overlay on silver (between 50/000 und 110/000), on tombac (35/000) and on what was called American doublé and American charnier (10/000 to 30/000), for which alloys with a relatively low gold content were used so that, for 1000 grammes of doublé, the fine-gold content must correspond to the content in milligrams as indicated by category.
Doublé was inexpensive compared to the noble metals. Making doublé jewellery also had to be an economical process and the Pforzheim manufacturers developed ever

more sophisticated techniques for making it. As Rudolf Rücklin wrote in the *Deutsche Goldschmiedezeitung* in 1906: *With doublé, all methods of working it must be avoided that might lead to the gold layer being removed in some place or even reduced in thickness.* He makes a point of remarking that in the mass production of doublé jewellery, engraving the finished product had to be eschewed. Accordingly, whatever decoration a design called for had to be worked into the stamper tool to ensure a piece would have a high gloss finish. *Another point which has to be watched carefully with gold overlay is polishing.* To avoid the polishing process altogether, a high gloss finish had to be accounted for at all stages in which *machine processes were involved. After all, polishing where well-made doublé ware is concerned actually entails just careful cleaning so that one can be sure that the gold overlay is not lessened in the slightest.* The design of a piece of doublé jewellery also had to be taken into consideration.
One must indeed praise this [manufacture of doublé jewellery] *that it does its utmost not just to provide cheap but also good-looking wares. The artistic quality of the doublé wares has undeniably risen considerably recently* and *the aim is to compensate for the lower intrinsic value of the material by enhancing the tastefulness of the finished product.*

(1) Geschichte der Firma Andreas Daub in Pforzheim, 1938, S./p. 3
(2) Rudolf Rücklin, Die Pforzheimer Schmuckindustrie, Stuttgart 1911, S./p. 16
(3) Geschichte der Firma Andreas Daub in Pforzheim, 1938

Der Kunstgewerbe-Verein Pforzheim – Die Gestaltungswettbewerbe // The Pforzheim Kunstgewerbe-Verein [Applied Arts Association] – The Design Competitions

Die 70er Jahre des 19. Jahrhunderts waren kein besonders erfolgreiches Jahrzehnt für die Pforzheimer Schmuckindustrie. In diesen Krisenjahren wurde man sich bewusst, dass vieles verbessert werden müsse, um mit Zuversicht einer erfolgreicheren Zukunft entgegensehen zu können.
Wie das gesamte Kunstgewerbe Deutschlands hatte auch unsere Schmuckindustrie an dem Mangel künstlerisch geschulter Kräfte und unter dem Fehlen einer zielbewussten Pflege des künstlerischen Geschmacks und stilvoller Schönheit gelitten. Wir waren in einem Grade von Frankreich abhängig in allem, was Kunst und Geschmack betraf, dass für jeden Einsichtigen sich daran die bedenklichsten Befürchtungen für die Selbständigkeit unserer weiteren kunstgewerblichen Entwickelungen knüpfen mussten.(1)
Das Ausland, von dem die Pforzheimer Industrie in so großem Maße abhängig geworden war, hielt mit seiner deutlichen Kritik am Schmuck aus Pforzheim nicht zurück. *Deutschland darf in der Anfertigung künstlerischer Goldarbeiten weder mit Frankreich, Amerika noch mit der Schweiz in eine Reihe gestellt werden [...] und man darf nicht übersehen, dass der deutsche Geschmack kein guter ist.*(2)
Es bestand also dringender Handlungsbedarf. Eine Kunstgewerbeschule war in Pforzheim gerade gegründet worden. Diese – so war die einhellige Meinung aller Beteiligten – konnte die bisherigen Versäumnisse und schwerwiegenden Mängel alleine nicht beseitigen. Es bedurfte weiterführender Maßnahmen, die in strenger Konzentration und Bündelung vieler Kräfte dafür sorgen mussten, dass der Schmuck aus Pforzheim – in besserer künstlerischer und auch handwerklich-technischer Qualität – neue Märkte erobern könne. Eine weitere Instanz musste ins Leben gerufen werden, die kompetent und energisch zum Wohle der Industrie und damit der ganzen Stadt sich dafür einsetzten sollte, das Niveau des Schmuckes zu heben, damit in der Folge die „Geschäfte" wieder florieren könnten. Ein Kunstgewerbeverein, wie es inzwischen schon viele in Deutschland und Österreich gab, musste auch in Pforzheim gegründet werden.
Ein sechsköpfiges Organisations-"Comité", das bald auf 25 Persönlichkeiten erweitert werden sollte, wurde 1876 mit Schmuckfabrikanten, Künstlern, Handwerkern, Lehrern, Architekten und Kaufleuten besetzt. Es waren Männer, die sich dafür einsetzen wollten, den Pforzheimer Schmuck zu verbessern und auch dafür Sorge zu tragen, Pforzheim durch verstärkte Eigenständigkeit aus der fatalen Abhängigkeit von Paris zu lösen.
Im März 1877 kam es zur Gründung des Kunstgewerbe-Vereins, der schon im ersten Jahr 242 Mitglieder zählte. Der Vorstand bestand aus 15 (!) Fabrikanten, denen der Oberbürgermeister, ein Stadtdirektor und der Direktor der Kunstgewerbeschule als ständige Ausschussmitglieder zugeordnet wurden. Vielfältige Aktivitäten, so zum Beispiel der Aufbau einer aus Originalschmuckstücken vergangener Zeiten bestehenden Vorbildersammlung (man befand sich mitten im Historismus und suchte seine Anregungen in längst vergangenen Epochen), die Einrichtung einer

Alfred Waag, Gründungsdirektor der Kunstgewerbeschule; 1. Vorsitzender des Kunstgewerbe-Vereins seit 1878 // Alfred Waag, founder-director of the Kunstgewerbeschule Pforzheim: first chairman of the Kunstgewerbe-Verein since 1878

Kunstbibliothek und einer Sammlung von „Vorlageblättern", die von den Vereinsmitgliedern zur Hebung des formalen Niveaus ihres Schmuckes genutzt werden sollten, Planung und Durchführung von und Beteiligung an Messen und Ausstellungen – in Pforzheim selbst und in vielen Städten Deutschlands und schließlich 1881 in Melbourne,1893 in Chicago und 1900 in Paris – sowie die Durchführung von Gestaltungswettbewerben als Herausforderung und zur Förderung Pforzheimer Kreativität, auch die zahlreichen Vortragsveranstaltungen zu künstlerischen und kunsthandwerklichen Themen führten dazu, dass die Zahl der Mitglieder ständig anwuchs. Im Jahre 1885 waren es bereits mehr als 700; im Jahre 1902, als der Verein sein 25-jähriges Bestehen feiern konnte, gehörten ihm mehr als 1.800 Mitglieder an, was ihn zum größten Kunstgewerbe-Verein Deutschlands machte.
Schon zwei Jahre nach der Gründung initiierte der Verein Gestaltungswettbewerbe, die sich zunächst als „Lokalkonkurrenzen" ausschließlich an Pforzheimer Goldschmiede, Schmuckentwerfer und an die Schüler der Kunstgewerbeschule richteten.(3) *Im Jahre 1879 hatte die Vereinsleitung erstmalig eine Schmuckkonkurrenz ausgeschrieben und damit einen Spezialzweig ihrer Tätigkeit eingeleitet, der seither zu einem so umfanglichen und segensreichen sich entwickelt hat, wie damals wohl Niemand zu vermuten gewagt hat. … welch' reiche Anregung, welch' nachhaltiger Antrieb zu eigenem Schaffen, zu privatem Studium dadurch gegeben worden ist, das liegt in seinen Erfolgen … vor Jedermanns Augen offenkundig dar.*
Als der Verein im Jahre 1904 mit einer Ausstellung „25 Jahre Wettbewerbswesen in Pforzheim" feierte, konnte Rudolf Rücklin rückblickend und zukunftsweisend die Ziele erneut formulieren: *Welch ein Fortschritt gibt sich kund in der Linie, welche von der mühsamen, oft schwerfälligen Ornamentik der siebziger und Anfang der achtziger Jahre über die zierlichen, gewissenhaft erwogenen Renaissancekompositionen und die schon breiteren Rokokozeichnungen hinüberführt zu der sicheren und wirkungsvollen Massenverteilung des modernen Stils, der sich, allen Versicherungen und Prophezeiungen zum Trotz, nun doch überall durchgerungen und festgesetzt hat.* Rücklin stellt mit einem gewissen Stolz, wenn auch nicht wirklich berechtigt fest, es sei erfreulich zu sehen, *wie die Abhängigkeit vom Auslande, speziell von Paris mehr und mehr schwindet, unter dem Einflusse einer nationalen und lokalen Selbstständigkeit, die einesteils sowohl dem Wirken des Kunstgewerbevereins, andernteils aber auch mit in erster Linie der Tätigkeit der Kunstgewerbeschule zu verdanken ist.* >

// The 1870s were not a particularly successful decade for the Pforzheim jewellery industry. During those crisis years, the industry was aware that much had to be improved if it was to be able to look forward to a rosier future.
Like the entire decorative and applied arts sector in Germany, our jewellery industry also suffered from a lack of artistically schooled personnel and from the lack of purposive cultivation of artistic taste and stylish beauty. We were dependent on France in everything relating to art and taste to such a degree that for any insightful person, grave fears

for the independence of our other involvements in the decorative and applied arts would have to be associated with that dependence.[1]

The foreign market, on which the Pforzheim jewellery industry had become dependent to such a degree, was not reticent about criticising jewellery from Pforzheim. *Germany must not be placed on a level with France, America nor Switzerland in the making of artistic gold pieces* [...] *and one must not overlook the fact that German taste is not good.*[2]

There was, therefore, an urgent need to do something about the prevailing situation. A school for the decorative and applied arts had just been founded in Pforzheim. This school – thus the unanimous opinion of all concerned – would not alone be able to correct the oversights and grave deficiencies of the jewellery industry. More far-reaching measures were called for that, in stringently concentrating and bundling all forces, would be needed to ensure that jewellery from Pforzheim – of better artistic quality and craftsmanship – would be able to conquer new markets. Another official channel would have to be created, which would be competent and energetic in committing itself to ensuring the good of the industry and concomitantly that of the entire city by raising the quality of the Pforzheim jewellery so that "business" might as a consequence once again thrive. An applied arts association similar to the many already existing in Germany and Austria would have to be founded in Pforzheim as well.

A six-man organisational "committee", which would soon be enlarged to include twenty-five members, was set up in 1876. Its membership included jewellery manufacturers, artists, artisans, teachers, architects and businessmen. These were men

Entwurf für einen Anhänger im griechisch-historisierenden Stil; aus dem Wettbewerb des Kunstgewerbe-Vereins, 1883 ›› Entwurf für einen Kreuzanhänger im Renaissance-Stil; aus dem Wettbewerb des Kunstgewerbe-Vereins, 1886 ›› Entwurf für einen Jugendstil-Anhänger, aus dem C. A.-Schmitz-Wettbewerb 1900 // Design for a pendant in the historicising ancient Greek manner: from the 1883 competition mounted by the Kunstgewerbe-Verein ›› Design for a cross pendant in the Renaissance style: from a competition mounted by the Kunstgewerbe-Verein, 1886 ›› Design for a Jugendstil pendant, from the 1900 C. A. Schmitz competition

willing to commit themselves to improving Pforzheim jewellery and also to ensure that Pforzheim detached itself from its unwholesome dependence on Paris by increasing its autonomy in matters of taste and fashion.

Entwürfe für Jugendstil-Schmuck, aus dem C. A.-Schmitz-Wettbewerb 1900 // Design for Jugendstil jewellery, from the 1900 C. A. Schmitz competition

March 1877 saw the founding of the Kunstgewerbe-Verein. Even in its first year it had 242 members. The board of governors consisted of fifteen (!) industrialists, a city director and the director of the Kunstgewerbeschule as permanent members. Manifold activities, such as building up a model collection of original pieces of jewellery in various period styles (this was the heyday of Historicism and inspiration was sought in the styles of past eras), instituting an art library and a collection of "model sheets", which were to be used by members of the Kunstgewerbe-Verein to raise the artistic level of their jewellery, planning and carrying out participation in trade fairs and exhibitions – in Pforzheim itself, in many German cities and finally in 1881 in Melbourne, 1893 in Chicago and 1900 in Paris – as well as organising and realising design competitions as a challenge to promote creativity in Pforzheim. What is more, numerous events featuring lectures on art and applied arts subjects ensured a steady growth in membership. By 1885 there were already more than 700; in 1902, when the Pforzheim Kunstgewerbe-Verein celebrated its 25th anniversary, it had a membership of more than 1800, making it Germany's largest applied arts association.

Just two years after it was founded, the Kunstgewerbe-Verein began to mount design competitions, which, as "local competitions", were initially addressed to Pforzheim goldsmiths, jewellery designers and pupils at the Kunstgewerbeschule.(3) *In 1879 the Kunstgewerbe-Verein board for the first time invited entries to be submitted for a jewellery competition and thus introduced a special branch of their field, which since then has developed into such a comprehensive and prospering one, something that at that time no one dared to surmise. ... what a rich source of inspiration, what a lasting incentive to being creative oneself, to studying on one's own has been given through it; that is due to its successes ... manifestly clear before everyone's eyes.* When the Kunstgewerbe-Verein Pforzheim celebrated "Twenty-five years of Competition in Pforzheim" with an exhibition in 1904, Rudolf Rücklin again retrospectively formulated the association's goals in a forward-looking statement: *What progress is manifest in the line which leads from the intricate, often ponderous decorativeness of the seventies and early eighties through the delicate, conscientiously thought out Renaissance compositions and the already broader Rococo drawings to the assured and effective distribution of masses distinguishing the modern style, which, despite all assurances and prophesies, has asserted itself everywhere and now become established.* Rücklin remarks, albeit not entirely justifiably, with a touch of pride, that it is gratifying to see *how dependence on foreign countries, especially on Paris is fast disappearing under the influence of a national and local autonomy which in part is due to both the activities of the Kunstgewerbe-Verein and also, perhaps primarily, to the activities of the Kunstgewerbeschule.* >

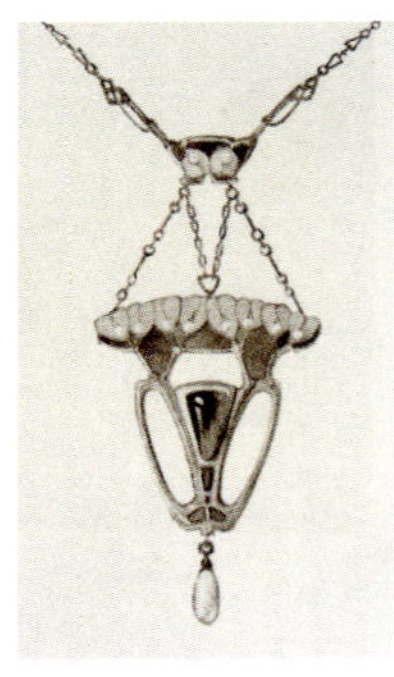

Entwurf für eine Brosche von Karl Bissinger, aus dem C. A.-Schmitz-Wettbewerb 1902 ›› Entwurf für einen Anhänger von Karl Bissinger, aus dem C. A.-Schmitz-Wettbewerb 1902 // Design for a brooch by Karl Bissinger, from the 1902 C. A. Schmitz competition ›› Design for a pendant by Karl Bissinger, from the 1902 C. A. Schmitz competition

// Seit 1894 gab es die Friedrich-Wilhelm-Müller-Konkurrenz, die durch eine Stiftung des gleichnamigen Berliner Großhandelsunternehmens ermöglicht worden war. Der Wettbewerb um den C. A. Schmitz-Jubelpreis wurde 1898 von einem Elberfelder Großhändler gestiftet und ebenfalls vom Kunstgewerbe-Verein Pforzheim veranstaltet.

Beide Gestaltungswettbewerbe, zu deren Teilnahme nun Schmuckgestalter aus ganz Deutschland aufgerufen waren, fanden in den Jugendstiljahren große Beachtung und trugen maßgeblich zur Hebung der formalen Qualität des Schmuckes bei, wobei jedoch im Gegensatz zu Rücklins Meinung nicht übersehen werden darf, dass die stilistische Abhängigkeit von Paris noch immer dominierte. „Art Nouveau“-Schmuck in Pforzheim: unter Verwendung der gleichen floralen und figurativen Motive – Iris, Fuchsie, Calla und andere Blumen, dazu allerlei Blätter und Ranken –, in der Wahl des weiblichen Körpers und von Frauen-und Mädchenköpfen, in der Umsetzung von Vögeln – bemerkenswert ist die Pforzheimer Vorliebe für den Schwan – und anderen Tieren aller Art. Der Jugendstil Pforzheimer Prägung kann seine Herkunft aus Paris auch unter dem Gesichtspunkt der Wettbewerbe nicht verleugnen! 1904 allerdings, und da mag Rücklins Bemerkung eher gerechtfertigt sein, hatte sich der Pforzheimer Schmuck aus der weitestgehend ornamentalen Phase gelöst und war – zumindest teilweise – zum geometrischen Jugendstil übergegangen, dessen Wurzeln wohl in Schottland, vermittelt über Wien und Darmstadt, und nicht mehr in Paris zu suchen sind.

Bemerkenswert ist, dass die rege Beteiligung an den Wettbewerben vornehmlich eine Angelegenheit meist junger selbstständiger Kunsthandwerker – Goldschmiede, Stahlgraveure, Ziseleure und Emailmaler –, und in abhängiger Beschäftigung tätiger Schmuckzeichner war, die sich durch ihre Teilnahme als kreative Künstler profilieren konnten. Die an den Schulen tätigen Professoren und Kunstgewerbelehrer scheinen an den Konkurrenzen nicht teilgenommen zu haben.

Am Beispiel des Wettbewerbs von 1902 lässt sich die Bedeutung solcher Veranstaltungen exemplarisch darstellen. *Wenn etwas im Stande ist, die weitgehende Beachtung, deren sich die regelmäßigen*

Wettbewerbe des Pforzheimer Kunstgewerbevereins erfreuen, zu illustrieren, so ist es die Beteiligung, welche der letzte derselben, der IV. um den C.A. Schmitz-Jubelpreis erfuhr. Von 50 Teilnehmern waren 73 Arbeiten eingereicht worden. *Es sind fast ausschliesslich praktisch thätige Techniker und Zeichner … man kann also sicher sein, auch praktisch brauchbare Anregungen zu finden.*(4)

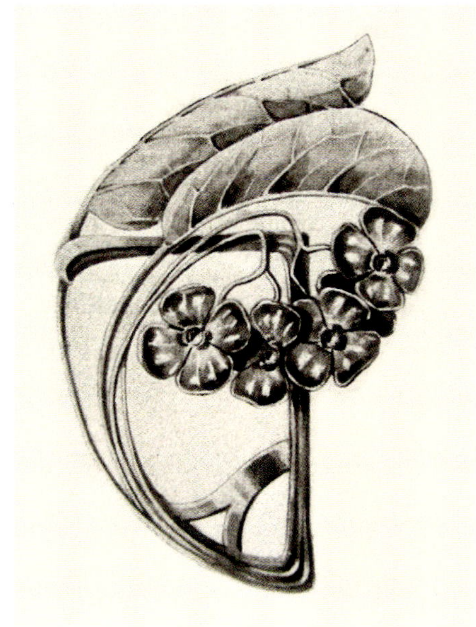

Entwurf für eine Gürtelschließe von W. Füess, aus dem F. W.-Müller-Wettbewerb 1901 // Design for a belt buckle by W. Füess, from the 1901 F. W. Müller competition

Karl Bissinger, der ein Jahr später als gleichberechtigter Partner Heinrich Levingers in die dann Levinger & Bissinger genannte Firma eintreten sollte, hat sich sowohl an dem F.W. Müller-Wettbewerb als auch am C.A. Schmitz-Jubelpreis im Kunstgewerbe-Vereins-Jubiläumsjahr 1902 beteiligt und einige Preise gewonnen für eine Reihe von Entwürfen, die ihn einerseits noch eingebunden zeigen in die allgemeinen Pforzheimer Jugendstiltraditionen, andererseits aber auch deutlich machen, dass sein eigener Stil, der später bei Levinger & Bissinger so markant in Erscheinung treten sollte, in diesen Wettbewerbsbeiträgen schon angelegt war. Die wichtigste Aufgabe der Wettbewerbe, deren Ergebnisse regelmäßig ausgestellt und damit einer interessierten Öffentlichkeit zugänglich gemacht wurden, ist damit charakterisiert: Es geht um die Findung neuer Ideen, um die Förderung der Kreativität und es sind *meistens jüngere Leute*, die sich daran beteiligten. Durch die Teilnahme konnten die jungen Gestalter Anerkennung gewinnen und ihre berufliche Karriere wesentlich fördern. Gleichzeitig leisteten sie ihren Beitrag zur *künstlerischen Zukunft unseres Platzes.* Einer der erfolgreichen Teilnehmer war zum Beispiel der Ziseleur Ludwig Knupfer, der schon bald danach einer der wichtigen fest angestellten Mitarbeiter Theodor Fahrners werden sollte.

Nur ganz wenige Wettbewerbsteilnehmer sind über ihre Namen und den einen oder anderen im Kunstgewerbeblatt veröffentlichten Entwurf hinaus in ihren Persönlichkeiten und in anderweitigen Tätigkeiten zu fassen. Wer war noch Student an der Kunstgewerbeschule, wer war freier Kunsthandwerker, wer befand sich in einem festen Angestelltenverhältnis, solche Fragen müssen weitgehend unbeantwortet bleiben. Die Namen O. Beck, Pierre Chatillon (ein Franzose in Pforzheim?), W. Claus, Wilhelm Füess, E. W. Kopp, R. Müller (der möglicherweise ein Schüler von Georg Kleemann war), Joseph Preissler, Fr. Siebert und E. Stahl werden zwar immer wieder einmal genannt; über die Männer selbst und deren jeweilige beruflichen Hintergründe ist mit wenigen Ausnahmen nichts mehr herauszufinden.

Mit seinen vielfältigen Aktivitäten, die immer dem Wohle der Pforzheimer Schmuckindustrie und der für sie tätigen Menschen dienen sollten, wirkte der Kunstgewerbe-Verein zusammen mit der Kunstgewerbeschule als eine zentrale Einrichtung, geführt und geprägt von einflussreichen Persönlichkeiten der Stadt, die sich als Industrielle und als Künstler mit unermüdlichem Einsatz und bemerkenswertem Erfolg um die Förderung der geschmacklichen Bildung und um die Hebung des gestalterischen Niveaus der Pforzheimer Produkte bemühten.

// Since 1894 there had been a Friedrich-Wilhelm-Müller competition, made possible by a foundation established by the Berlin jewellery wholesale business of that name. The competition for the 1898 C. A. Schmitz-Jubelpreis was endowed by a wholesaler in Elberfeld and also hosted by the Kunstgewerbe-Verein Pforzheim.
Both design competitions, which invited jewellery designers from all over Germany to submit entries, were highly esteemed during the years when Jugendstil was the prevailing style and contributed substantially to raising the formal quality of jewellery. However, considering the aspect of competitions, the fact should not be overlooked that, contrary to Rücklin's opinion, stylistic dependence on Paris was still dominant. Art Nouveau jewellery in Pforzheim: using the same floral and figurative motifs – Iris, Fuchsia, Calla lilies and other flowers as well as leaves and sprays – in the choice of the female body and the heads of women and girls, in the representation of birds – Pforzheim had a remarkable predilection for swans – and fauna of all kinds. Jugendstil of the Pforzheim local variety originated in Paris! By 1904, however, and now Rücklin's remark might seem more justified, Pforzheim jewellery had emancipated itself from its most ornamental phase and had switched – at least in part – to a geometric Jugendstil/Art Nouveau, whose roots should probably be sought in Scotland, through the agency of Vienna and Darmstadt, and no longer in Paris.
Remarkably, it was usually young, self-employed artisans – goldsmiths, steel engravers, chasers and enamel painters – and freelance jewellery draughtsmen (Zeichner), who were eager to participate in competitions and made reputations for themselves as creative artists. The professors and decorative and applied arts instructors do not seem to have taken part in the competitions.
The 1902 competition may be taken as exemplifying the importance of such events. *If something is in a position to illustrate the far-flung esteem enjoyed by the regular competitions held by the Pforzheim Kunstgewerbe-Verein, it is the participation which the last of those, the 4th for the C.A. Schmitz-Jubelpreis, experienced.* Seventy-three entries were submitted by fifty contestants. *They are almost exclusively active artisans and draughtsmen … one can be sure, therefore, of also finding practically useful sources of inspiration.*[4]
Karl Bissinger, who, a year later, would enter the firm then called Levinger & Bissinger as a partner on an equal footing of Heinrich Levinger's, participated both in the F. W. Müller competition and in the contest for the C. A. Schmitz-Jubelpreis in 1902. He won some prizes for a number of designs that, on the one hand, reveal he was still tied into the prevailing Pforzheim Jugendstil tradition but, on the other, also make clear that his style, which would later emerge

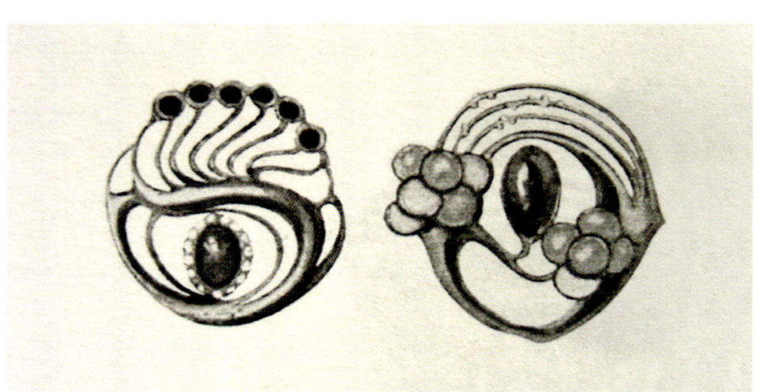

Entwürfe für zwei Broschen von Ludwig Knupfer, aus dem C. A.-Schmitz-Wettbewerb 1902 // Designs for two brooches by Ludwig Knupfer, from the 1902 C. A. Schmitz competition

as so distinctively his own at Levinger & Bissinger, was already latent in the work he submitted to those competitions.

The paramount task of the competitions, the results of which were regularly exhibited and, therefore, made accessible to an interested public, can be characterised as follows: what was at stake was finding new ideas for promoting creativity and, second, it was *for the most part young people*, who participated in them. Participation was a way for young designers to gain recognition and promote their careers. At the same time, they were contributing to *the artistic future of our town.* One successful participant was, for example, Ludwig Knupfer, a chaser who would soon afterwards be one of the most important employees on the Theodor Fahrner payroll.

Entwurf für einen Kamm von R. Müller; ausgezeichnet mit dem 1. Preis beim C. A.-Schmitz-Wettbewerb 1902 // Design for a comb by R. Müller: awarded 1st prize at the 1902 C. A. Schmitz competition

Only in the case of a very few participants in the competitions can anything other than their names and one or two designs published in the *Kunstgewerbeblatt* be discovered respecting their personalities and activities elsewhere. Questions such as who was still a student at the Kunstgewerbeschule, who was a freelance artisan or who was on a payroll must remain for the most part unanswered. The names O. Beck, Pierre Chatillon (a Frenchman in Pforzheim?), W. Claus, Wilhelm Füess, E. W. Kopp, R. Müller (who may have been a pupil of Georg Kleemann), Joseph Preissler, Fr. Siebert and E. Stahl are the names that recur; however, with few exceptions, nothing more about the men themselves and their professional backgrounds can be ascertained.

With its manifold activities that would invariably contribute to the prosperity of the Pforzheim jewellery industry and the people working in it, the Kunstgewerbe-Verein in tandem with the Kunstgewerbeschule operated as a pivotal institution, directed and shaped by influential citizens of Pforzheim, who, as industrialists and artists strove tirelessly and with remarkable success to raise the aesthetic standard of Pforzheim products.

(1) Jubiläums-Heft Kunstgewerbeverein Pforzheim, Kunstgewerbe-Blatt Nr. 5, 1902
(2) Schönfelder, Bettina, Von der Kunstgewerbeschule zur Hochschule für Gestaltung FH, Karlsruhe 2003, S./p. 19
(3) Schönfelder, a. a. O., S./p. 22
(4) Kunstgewerbe-Blatt 1902

Die Kunstgewerbeschule Pforzheim und ihre Professoren[1] // The Kunstgewerbeschule Pforzheim [Applied Arts School] and its professors[1]

Die Forschung hat es bestätigt: in Pforzheim wurde der Grundstein gelegt für die künstlerische und handwerklich-technische Ausbildung junger Goldschmiede. Schon ein Jahr nach der Gründung der Pforzheimer Schmuckindustrie wurde 1768 zwischen Markgraf Karl Friedrich und dem Emailmaler Melchior Andreas Koessler ein Vertrag geschlossen, der zur Einrichtung einer Zeichenschule im Pforzheimer Waisenhaus führte. Der wahrscheinlich erste Berufsschulunterricht der Welt, *zur Bildung guter Handwerker und feinerer Künstler*, war etabliert. Aus dieser Schule erwuchs im Jahre 1834 durch eine obrigkeitliche Verfügung eine Gewerbeschule, die in den für die Pforzheimer Schmuckindustrie so erfolgreichen 1860er und frühen 1870er Jahren bis zu 1.000 Schüler hatte.

In London war in der Folge der ersten Weltausstellung von 1851 bereits ein Jahr danach das South-Kensington-Museum und ein Jahr später die School of Design zur Förderung des Kunstgewerbes gegründet worden. In Wien folgte aus gleichem Anlass 1864 das Österreichische Museum für Kunst und Industrie, dem drei Jahre später eine Kunstgewerbeschule angegliedert wurde. Das Kunstgewerbemuseum Berlin wurde 1867 mit königlicher Förderung gegründet und zusammen mit einer „Unterrichtsanstalt" im darauffolgenden Jahr eröffnet, um *dem heimischen Kunstfleiß die Hülfsmittel der Kunst und Wissenschaft zugänglich* zu machen, und so wurde *von vorherein die Vereinigung einer Unterrichtsanstalt mit einer Sammlung mustergültiger kunstgewerblicher Vorbilder ins Auge* gefasst.

Auch Pforzheim mit seiner damals schon mehr als einhundertjährigen Schmucktradition brauchte eine Kunstgewerbeschule, deren pädagogisches Angebot weit über das einer Gewerbeschule hinaus gehen sollte. Man wusste hier genau, was in Berlin, München, Wien und anderswo bereits geschehen war, und es war sicher bekannt, dass in Paris die schon 1766 gegründete École royale graduite de dessin zur École Nationale des Arts Décoratifs umstrukturiert wurde. Handlungsbedarf war demnach gegeben, vor allem in der schwierigen Phase der Pforzheimer Industrie in Folge des Wiener Börsenkrachs, der zu schweren Verlusten und zur Schließung vieler Schmuckbetriebe geführt hatte. Es gab in Pforzheim zuversichtliche und tatkräftige Persönlichkeiten, allen voran einige Fabrikanten, die entsprechende Maßnahmen vorbereiteten, welche schließlich zum Erfolg führten. Im Sommer 1877, kurz vor der offiziellen Gründung des Kunstgewerbe-Vereins, der von denselben Männern initiiert worden war,

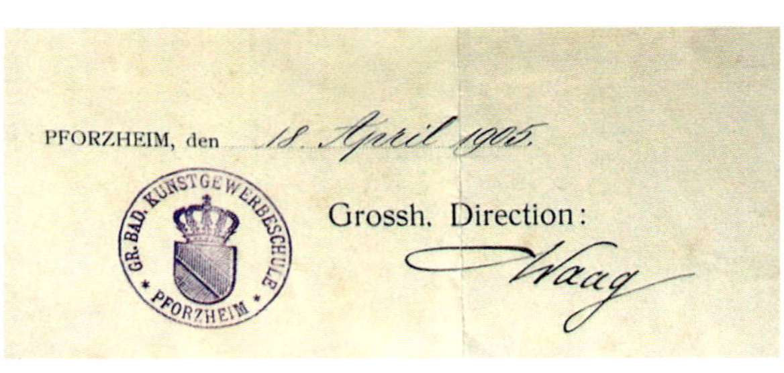

Signatur von Alfred Waag, Direktor der Kunstgewerbeschule Pforzheim // The signature of Alfred Waag, director of the Kunstgewerbeschule Pforzheim

Titelseite des Vorlagenwerkes von Emil Riester, Pforzheim 1897/98 ›› Blatt 14 des Vorlagenwerkes von Emil Riester // The title-page of a sample book by Emil Riester, Pforzheim 1897–98 ›› Page 14 of the Emil Riester sample book

startete die städtische Kunstgewerbeschule Pforzheim in eine erfolgreiche Zukunft, die – nachdem die Schule 1887 in staatlicher Regie zur Großherzoglich-Badischen Kunstgewerbeschule geworden war – vor allem in der Zeit um 1900 einen ihrer Höhepunkte erlebte.

Die Zahl der Lehrer war in den letzten Jahren des 19. Jahrhunderts noch gering. Zusammen mit dem Gründungsdirektor, dem aus Karlsruhe stammenden Architekten und Regierungsbaumeister Alfred Waag, der die Schule 35 Jahre lang leitete und in Personalunion auch Vorsitzender des Kunstgewerbe-Vereins war, unterrichteten 1894 nur acht Dozenten als Professoren, Lehrer und Hilfslehrer die bis zu 250 Studenten. Erst 1905 bestand das Kollegium aus zwölf Künstlern und Kunsthandwerkern, die als Maler, Bildhauer, Modelleure, Gold- und Silberschmiede, Emailleure und Graveure tätig waren. Bemerkenswert ist die Tatsache, dass zur Unterstützung des vornehmlich auf Schmuckgestaltung ausgerichteten Unterrichts der Malerei und der Skulptur mit speziell diese Fächer lehrenden Professoren besondere Aufmerksamkeit gewidmet wurde. Einer der herausragenden Bildhauer war **Adolf Sautter** (1872–1956), der seit 1899 die Modellier-Klasse leitete, und dem manch ein Pforzheimer Goldschmied das für seinen Beruf so wichtige Gefühl für die Dreidimensionalität verdankte. >

// Research has verified it; it was at Pforzheim that the cornerstone was laid for training young goldsmiths in art and all the technical aspects of craftsmanship. In 1768, a year after the Pforzheim jewellery industry became established, a contract was concluded between Margrave Karl Friedrich and Melchior Andreas Koessler, an enamel painter, which led to the founding of a drawing school in the Pforzheim

Emil Riester, Entwurf für eine Brosche auf Blatt 12 des Vorlagenwerkes // Emil Riester, design for a brooch, on page 12 of his sample book

orphanage. What was probably the world's first vocational training school was established, in which, *inter alia*, architectural and geometric [technical drawing] draughtsmanship were taught *to train good craftsmen and finer artists*. In 1834, by official decree, a vocational school, providing for up to 1000 pupils in the 1860s and early 1870s boom years, which were so successful for the Pforzheim jewellery industry, grew out of the first establishment.

In London, just a year after the Great Exhibition of 1851, the South Kensington Museum was founded and a year after that a School of Design to promote the decorative and applied arts. In Vienna the Österreichisches Museum für Kunst und Industrie, to which an applied arts school was added three years later, was founded in 1864 for the same reason. The Kunstgewerbemuseum Berlin was founded in 1867 with royal backing and inaugurated the following year together with a "teaching institution" to make *the means of art and science available to the native art industry*; hence *from the outset the union of a teaching institution with a collection of exemplary applied arts models was the aim*.

Pforzheim, which by then looked back on a jewellery tradition more than a century old, also needed an applied arts school, with a curriculum that would go far beyond that of a vocational school. Pforzheim was well aware of what had already been done in Berlin, Munich, Vienna and elsewhere. It must surely have been known that in Paris the École royale graduite de dessin (founded in 1766) had been restructured as the École Nationale des Arts Décoratifs. Something had to be done, therefore, especially in the difficult phase during which the Pforzheim industry was affected by the Viennese stock-exchange crash, which had led to heavy losses and the failure of many jewellery businesses. There were many optimistic and energetic figures in public life in Pforzheim, notably some industrialists who were preparing to take the measures needed which would ultimately lead to success. In summer 1877, shortly before the Kunstgewerbe-Verein was to be officially inaugurated, the municipal Pforzheim Kunstgewerbeschule was launched into a prosperous future. One of its most successful periods would be the years around 1900 – after the school had been taken over by the state as Großherzoglich-Badische Kunstgewerbeschule [Grand Ducal Applied Arts School].

In the closing years of the 19th century, the teaching staff at the school was still small. The founding director, Alfred Waag, a native of Karlsruhe and an architect and *Regierungsbaumeister* [architect officially in the employ of the state], had headed the school for thirty-five years. He was also chairman of the Kunstgewerbe-Verein. Including Alfred Waag, the school staff numbered only eight instructors as professors, teachers and assistant teachers to teach up to 250 students in 1894. It was not until

1905 that the Kunstgewerbeschule teaching staff was increased to consist of twelve artists and craftsmen, who worked as painters, sculptors, modellers, goldsmiths and silversmiths, enamellers and engravers. What is remarkable is the fact that particular attention was devoted to supporting the professors of painting and sculpture, because the curriculum centred on those disciplines. An outstanding sculptor on the school staff was **Adolf Sautter** (1872–1956). He headed the modelling class from 1899 and many a Pforzheim goldsmith owed to him the feeling for plasticity that was so important for his craft. >

// **Emil Riester** (1856–1926) wurde bereits um 1880 als Lehrer für Schattenlehre, Perspektive, ornamentale Formenlehre, Figurenzeichnen und Farbübungen an die Kunstgewerbeschule berufen.(2) In einem erhalten gebliebenen Schulzeugnis des Studenten Ernst Cordier wird sein Lehrfach im Zeitraum von 1901 bis 1906 mit „Bijouteriezeichnen“ angegeben.(3) Riester war – so darf man annehmen – eine zentrale Person zur qualifizierten Ausbildung junger Schmuckentwerfer, und damit einer der maßgebenden „Promoter“ der Pforzheimer Schmuckindustrie. Mit seinem Vorlagenwerk „Schmuckentwürfe“, das er schon 1880 in Pforzheim herausgegeben hatte, wurde der junge Künstler früh bekannt, ist es doch *das erste, allein dem Schmuck gewidmete Entwurfswerk, das über die üblichen Stilisierungen hinaus Elemente der fernöstlichen Kunst aufnimmt, sie assimiliert und nirgends kopiert.*(4) Obwohl auch er sich gelegentlich noch mit historisierenden Formen auseinandersetzte, veröffentlichte Riester 1897/98 in einer 20 Einzelblätter umfassenden Mappe „Moderne Schmuck- und Ziergeräte nach Tier- und Pflanzenformen“, die für den Pforzheimer Schmuck des Jugendstils von großer Bedeutung werden sollte. Sind dort doch Stilisierungen und ornamentale

Brosche nach dem Entwurf von Emil Riester, ausgeführt von W. Feucht, um 1898/99 ›› Brosche nach einem Entwurf von Emil Riester, ausgeführt von W. Feucht, um 1898/99 // Brooch after a design by Emil Riester, executed by W. Feucht, ca 1898–99 ›› Brooch after a design by Emil Riester, executed by W. Feucht, ca 1898–99

Verwandlungen zu erkennen, die schon bald – vor allem unter zusätzlichem französischem Einfluss – zu prägenden Gestaltungsprinzipien für manchen Pforzheimer Schmuckproduzenten wurden. F. Zerrenner und andere waren sicher von Riesters Ideen begeistert, die Firma Louis Fiessler etwa schuf Schmuckstücke, die eine nahe Verwandtschaft zu den Entwürfen des Fachlehrers an der Kunstgewerbeschule erkennen lassen. Emil Riester, der selbst so viel für die Schmuckindustrie leistete, über dessen Leben aber nahezu nichts bekannt ist, war mit Sicherheit ein Künstler, der neuen Prinzipien der Gestaltung mit großer Offenheit begegnete, und so ist es nicht verwunderlich, dass er nicht nur der Gebende, sondern gelegentlich auch der Nehmende war. Manches seiner Schmuckstücke in der Spätzeit des Pforzheimer Jugendstils mag von Riesters Kollegen **Georg Kleemann**(5) beeinflusst sein, mit dem er jahrzehntelang wohl auch in der künstlerischen Auseinandersetzung verbunden war. >

Brosche nach einem Entwurf von Fritz Wolber, ausgeführt von Wimmer & Rieth, um 1900 // Brooch exeucted by Wimmer & Rieth after a design by Fritz Wolber, ca 1900

// **Emil Riester** (1856–1926) had been appointed to teach at the Kunstgewerbeschule around 1880 to teach shading, perspective, ornamental forms, figure drawing and colour practice.(2) A school report of the student Ernst Cordier has survived. In it, the subject Riester taught between 1901 and 1906 is named as "drawing bijouterie wares".(3) Riester was – it is safe to assume – a person who was crucial to training qualified jewellery designers and, therefore, a paramount "promoter" of the Pforzheim jewellery industry. He had published models, *Schmuckentwürfe* as early as 1880 in Pforzheim. This work made the young artist's reputation early on since it was *the first work devoted solely to jewellery design that takes up elements of Far Eastern Art in addition the usual stylisations, assimilates them and never copies them.*(4) Although Riester also still occasionally had to do with historicising forms, he published *Moderne Schmuck- und Ziergeräte nach Tier- und Pflanzenformen [Modern Jewellery and Decorative Wares according to Fauna and Flora Forms]* in 1897–98. This was a portfolio comprising twenty leaves, which would soon be of great importance to Pforzheim Jugendstil jewellery. In it, modes of stylisation and ornamental transformations are discernible which would soon – especially under the additional French influence – come to represent the formative design principles to many Pforzheim jewellery producers. F. Zerrenner and others were definitely enthusiastic about Riester's ideas. The firm of Louis Fiessler, for instance, made pieces of jewellery that reveal close affinities with the designs launched by Riester as a specialist teacher at the Kunstgewerbeschule. Although he did so much for the jewellery

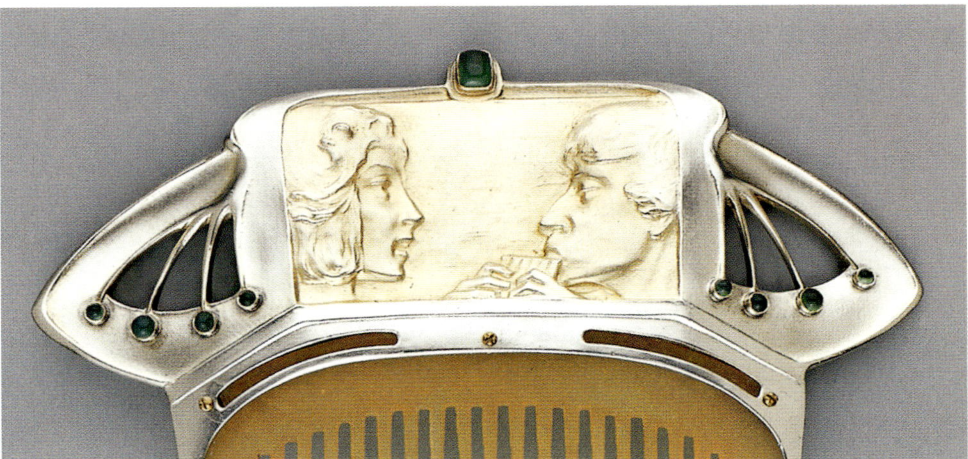

Brosche nach einem Entwurf von Fritz Wolber, ausgeführt von Theodor Fahrner; ausgestellt auf der Weltausstellung 1904 in St. Louis ›› Brosche nach einem Entwurf von Fritz Wolber, ausgeführt von Theodor Fahrner; ausgestellt auf der Weltausstellung 1904 in St. Louis ›› Zierplatte eines Kammes nach einem Entwurf von Fritz Wolber, ausgeführt von Theodor Fahrner, um 1900 // Brooch made by Theodor Fahrner after a design by Fritz Wolber; shown at the 1904 St. Louis World's Fair ›› Brooch made by Theodor Fahrner after a design by Fritz Wolber; shown at the 1904 St. Louis World's Fair ›› Decorative plaque of a comb after a design by Fritz Wolber, made by Theodor Fahrner, ca 1900

industry, virtually nothing is known about Emil Riester's life. He was definitely an artist who was highly receptive to new design principles. Hence it is not surprising that he did not merely give but also occasionally took. Some Riester pieces dating from the late phase of Pforzheim Jugendstil may have been influenced by Riester's colleague **Georg Kleemann**,(5) with whom Riester probably engaged for decades in an active artistic exchange of ideas. >

Gürtelschließe nach einem Entwurf von Julius Müller-Salem, ausgeführt von Theodor Fahrner; ausgestellt auf der Weltausstellung 1904 in St. Louis ›› Anhänger nach einem Entwurf von Julius Müller-Salem, ausgeführt von Theodor Fahrner; ausgestellt auf der Weltausstellung 1904 in St. Louis ›› Anhänger nach einem Entwurf von Julius Müller-Salem, ausgeführt von Theodor Fahrner; ausgestellt auf der Weltausstellung 1904 in St. Louis // Belt buckle made by Theodor Fahrner after a design by Julious Müller-Salem; shown at the 1904 St. Louis World's Fair ›› Pendant made by Theodor Fahrner after a design by Julius Müller-Salem; shown at the 1904 St. Louis World's Fair ›› A pendant made by Theodor Fahrner after a design by Julius Müller-Salem; shown at the 1904 St. Louis World's Fair

// **Fritz Wolber** (1867–1952) hatte an der Kunstgewerbeschule Karlsruhe und an der dortigen Kunstakademie sowie in Paris studiert; er war für kurze Zeit als „Designer" bei der Silberwarenfabrik Bruckmann & Söhne in Heilbronn tätig, bevor er 1894 dem Ruf an die Kunstgewerbeschule Pforzheim folgte, wo er wie Sautter eine Bildhauer- und Modellierklasse leitete.(6) Im Gegensatz zu diesem fand Wolber, der 1899 zum Professoer ernannt worden war, Interesse an der Schmuckgestaltung. Er schuf Entwürfe für Theodor Fahrner und andere Schmuckhersteller, wobei er – als Bildhauer, der sich in seinem individuellen Schaffen vornehmlich der Porträt-Plastik widmete – auch in seinen Schmuckentwürfen dem menschlichen Kopf im Relief und Profil den Vorzug gab. Auf der Weltausstellung in St. Louis war Fritz Wolber mit einigen Schmuckstücken vertreten, die er für Theodor Fahrner entworfen hatte.
Julius Müller-Salem (1865–1946) kam nach Studien in Karlsruhe und München im Jahre 1899 als Lehrer für Akt- und figürliches Zeichnen an die Kunstgewerbeschule Pforzheim.(7) 1906 wurde er zum Professor ernannt. Obwohl er keinen direkt auf Schmuck bezogenen Unterricht erteilte, befasste sich Müller-Salem, der sich in der „Eutinger Künstler-Kolonie" später ein Haus baute, wie sein Kollege Wolber auch mit der Schmuckgestaltung. Er kooperierte mit Theodor Fahrner, mit Lauer & Wiedmann und mit weiteren Schmuckherstellern. Seine Entwürfe, von den Pforzheimer Firmen realisiert und auf der Weltausstellung 1904 in St. Louis präsentiert, fanden dort so große Beachtung, dass Julius Müller-Salem mit einer Goldmedaille ausgezeichnet wurde. Vergleichbar mit Fritz Wolber war Müller-Salem als bildender Künstler sehr aktiv; aus den Jahren nach dem Jugendstil haben sich Gemälde, vornehmlich Porträts und Landschaften, aber auch bildhauerische Arbeiten erhalten. >

// **Fritz Wolber** (1867–1952), had studied at the Karlsruhe Applied Arts School and the Karlsruhe Art Academy as well as in Paris. For a brief while he worked as a "designer" at the Bruckmann & Söhne silverware factory in Heilbronn before being appointed to teach at the Kunstgewerbeschule Pforzheim in 1894. Wolber, like his colleague Adolf Sautter, was head of a sculpture and modelling class there.(6) Unlike Sautter, however, Wolber (who was made a professor in 1899), was interested in designing jewellery. Wolber designed for Theodor Fahrner and other jewellery manufacturers. As a sculptor he was a specialist in portraiture and in his jewellery designs he also preferred to render the human head in relief and in profile. Fritz Wolber was represented at the St. Louis World's Fair with at least one brooch he had designed for Theodor Fahrner.
Julius Müller-Salem (1865–1946) had studied in both Karlsruhe and Munich. In 1899 he went to the Kunstgewerbeschule Pforzheim as a teacher for figure drawing and drawing from the nude.(7) He was made a professor in 1906. Although he did not teach anything directly related to jewellery, Müller-Salem (who would later build a house for himself in the "Eutinger Artists' Colony"), also, like his colleague Fritz Wolber, had something to do with jewellery design. Julius Müller-Salem collaborated with Theodor Fahrner, with Lauer & Wiedmann and other jewellery manufacturers. His designs were executed by Pforzheim firms and presented at the 1904 St. Louis World's Fair. There they were so much appreciated that Julius Müller-Salem was awarded a gold medal. Like Fritz Wolber, Müller-Salem was very active as a painter, as well as sculptures of his have survived from the years following the acme of Jugendstil. >

// **Adolf Schmid** (1867–1944) aus Karlsruhe kam im Jahre 1900 an die Kunstgewerbeschule Pforzheim, wo er als Lehrer für handwerkliche Techniken wie Modellieren in Wachs, Ziselieren, Gravieren und Treiben eine Anstellung fand.(8) Schon 1902 erhielt er dort eine Professur. Von Schmid stammen einige Schmuckentwürfe, die bei Gebrüder Falk (er war mit Heinrich Falk freundschaftlich verbunden) realisiert worden sind. Auch für die hauptsächlich auf Manschettenknöpfe spezialisierte Firma Hans Soellner hat er den einen oder anderen Entwurf geliefert, wobei – ähnlich wie bei Fritz Wolber – das Bild des Menschen in ornamentaler Umsetzung als Vorlage diente. Als Medailleur scheint sich Schmid international betätigt zu haben; so schuf er zum Beispiel eine Medaille, die anlässlich der 5. internationalen Kunstausstellung in Venedig 1903 herausgegeben wurde.

Der Goldschmied **Otto Zahn** (1870–1954) wurde 1903 Lehrer an der Kunstgewerbeschule. Seine Aufgabe war anfänglich rein handwerklicher Art, er lehrte Goldschmiedetechniken in einer damals neu eingerichteten Fachklasse. Die enge Zusammenarbeit mit Georg Kleemann regte Zahn möglicherweise an, selbst kreativ zu werden.(9) Erst nach 1905 allerdings sind einige Schmuckstücke entstanden, die Otto Zahn nach seinen eigenen Entwürfen ausgeführt hat.

Wie bei der Gründung beabsichtigt, hat die Kunstgewerbeschule einen enormen und positiven Einfluss auf das Schmuckschaffen genommen, nicht nur, aber im Besonderen, während der Jugendstilzeit. Herausragende Künstler engagierten sich – jeder auf seine Weise und im Zusammenwirken mit der traditionsreichen Gewerbeschule und der 1905 neu eingerichteten Goldschmiedeschule unter Rudolf Rücklin – für die Hebung der gestalterischen wie der technischen und handwerklichen Qualitäten des Schmuckes aus Pforzheim.

Auch heute noch, inzwischen als „Fachhochschule Pforzheim – Hochschule für Gestaltung, Wirtschaft und Technik" nimmt die ehemalige Kunstgewerbeschule mit großem Engagement die Aufgabe wahr, im Bereich der Schmuckgestaltung ihren international beachteten Beitrag zu leisten.

// **Adolf Schmid** (1867–1944), a native of Karlsruhe, joined the Kunstgewerbeschule Pforzheim staff in 1900. He was hired to teach crafts techniques such as modelling in wax, chasing, engraving and embossing.(8) By 1902, Schmid was a professor. He designed some jewellery that was executed by Gebrüder Falk (Schmid was a friend of Heinrich Falk). The human image decoratively rendered was the model for these – in this Schmid resembled Fritz Wolber. Schmid seems to have worked internationally as a medallion-maker; he was the creator of a medallion that was issued on the occasion of the 5th international Art Exhibition in Venice in 1903.

Otto Zahn (1870–1954), a goldsmith, became a teacher at the Kunstgewerbeschule in 1903. Initially he taught purely from the crafts angle, instructing in goldsmithing techniques in a specialist class that was instituted at the time. Close collaboration with Georg Kleemann may have been what inspired Zahn to do creative work himself.(9) It was not until after 1905, however, that Otto Zahn actually executed pieces of jewellery of his own design.

As had been intended when the Kunstgewerbeschule Pforzheim was founded, it exerted an enormous and positive influence on jewellery-making in Pforzheim, not only

Halsschmuck nach einem Entwurf von Adolf Schmid, um 1904/05 ›› Brosche „Kronos" nach einem Entwurf von Adolf Schmid, ausgeführt von der Firma Hans Soellner, um 1900 ›› Gipsmodell von Adolf Schmid für eine Brosche, um 1900 ›› Brosche „Eitelkeit" nach dem Entwurf von Adolf Schmid, ausgeführt von der Firma Hans Soellner, um 1900 ›› Gipsmodell von Adolf Schmid für ein Spiegelmedaillon, um 1900 ›› Spiegelmedaillon nach dem Entwurf von Adolf Schmid, ausgeführt von Gebr. Falk, um 1900 // Necklace after a design by Adolf Schmid, ca 1904–05 ›› "Kronos", a brooch made by the firm of Hans Soellner after a design by Adolf Schmid, ca 1900 ›› Adolf Schmid: plaster model for a brooch, ca 1900 ›› "Vanity", a brooch made by the firm of Hans Soellner after a design by Adolf Schmid, ca 1900 ›› Plaster model for a locket by Adolf Schmid, ca 1900 ›› Locket with slide mirror executed by Gebr. Falk after a design by Adolf Schmid, ca 1900

Brosche, ausgeführt von Otto Zahn, nach einem Entwurf von Georg Kleemann, um 1905/07 ›› Anhänger, ausgeführt von Otto Zahn nach einem Entwurf von Franz Boeres, um 1905 // Brooch executed by Otto Zahn after a design by Georg Kleemann, ca 1905–07 ›› Pendant, executed by Otto Zahn after a design by Franz Boeres, ca 1905

in the Jugendstil period but most notably then. Outstanding artists were committed to raising the quality standard of jewellery from Pforzheim, both in respect of design and workmanship. Everyone concerned did this in his own particular way and by collaborating with the venerable vocational school as well as the goldsmithing school that was established in 1905 under Rudolf Rücklin.

Now as the Fachhochschule Pforzheim – Hochschule für Gestaltung, Wirtschaft und Technik [Pforzheim Polytechnic – Academy for Design, Economics and Technology], the old Kunstgewerbeschule is still strongly committed to contributing to jewellery design to an internationally acclaimed standard.

(1) Schönfelder, Bettina, Von der Kunstgewerbeschule zur Hochschule für Gestaltung FH Pforzheim, Karlsruhe, 2003. Jochem Wolters, in CREATIV, Das magazin der Goldschmiedeschule mit Uhrmacherschule Pforzheim, Extraausgabe 2005
(2) Schönfelder, a. a. O., S./p. 31; Theodor Fahrner, Schmuck zwischen Avantgarde und Tradition, Stuttgart 1990, S./p. 127
(3) siehe Kapitel/see chapter „Pforzheimer Zeichner" (S./p. 134)
(4) Ulrike von Hase, Schmuck in Deutschland und Österreich, München 1977, S./p. 19
(5) siehe Kapitel/see chapter „Ein Künstler für die Industrie – Georg Kleemann" (S./p. 108)
(6) Theodor Fahrner, Schmuck zwischen Avantgarde und Tradition, Stuttgart, 1990, S./p. 128; K.L. Hofmann und A. Hübner, In und aus Pforzheim, Pforzheim 1992, S./p. 184
(7) Theodor Fahrner, a.a.O., S./p. 121; von Hase, a.a.O., S./p. 107; Hofmann/Hübner, a.a.O., S./p. 117
(8) Schönfelder, a.a.O., Anhang
(9) siehe Kapitel/see chapter „Ein Künstler für die Industrie – Georg Kleemann" (S./p. 108)

Anhänger, Entwurf und Ausführung von Otto Zahn, um 1907 // Pendant, designed and executed by Otto Zahn, ca 1907

Rudolf Rücklin und *Das Moderne im Schmuck* // Rudolf Rücklin and *Das Moderne im Schmuck* [The Modern Style in Jewellery]

Rudolf Rücklin, Sohn des langjährigen Direktors der Großherzoglichen Gewerbeschule Friedrich Rücklin, war seit 1893 anfänglich Hilfslehrer an der Kunstgewerbeschule, erhielt 1904 eine Professur und wurde 1905 der erste Direktor der neu eingerichteten Goldschmiedeschule. Er unterrichtete „Zeichnen und kunstgeschichtlichen Vortrag", war als kritischer Beobachter der Schmuckindustrie journalistisch tätig und bewies mit seinem zweibändigen „Schmuckbuch" von 1901 seine umfassende Kenntnis sowohl der historischen Entwicklung des Schmuckes in Europa als auch sein breites Wissen hinsichtlich vieler außereuropäischer Schmuckkulturen. Rücklin war vielseitig interessiert und veröffentlichte 1911 eine Abhandlung zur Pforzheimer Schmuckindustrie, in der er sowohl deren Geschichte als auch den damaligen Zustand kenntnisreich vorstellte. Das Hauptaugenmerk seiner schriftstellerischen Tätigkeit legte er auf die Beobachtung und Darstellung aktueller Tendenzen. Er blickte mit kritischer Distanz oder leidenschaftlichem Engagement auf das, was sich um ihn, den Beobachter und den Praktiker, vollzog, er spürte auf, was wichtig war oder wichtig werden konnte, er regte an und warnte: Rücklin war eine der interessantesten Pforzheimer Persönlichkeiten jener Zeit, nicht gebunden durch Entwurf, Produktion oder Vertrieb wie die Zeichner, die Unternehmer und die Mitarbeiter in den großen Fabriken und kleinen Werkstätten der inzwischen zum Mittelpunkt der Schmuckherstellung in Deutschland gewordenen Stadt Pforzheim.

In seinem in drei Folgen gegliederten Essay *Das Moderne im Schmuck*, der von 1898 bis 1900 im Kunstgewerbe-Blatt für das Gold-, Silber- und Metallgewerbe erschien, stellte Rücklin Betrachtungen an, die nicht nur ihn beschäftigten, sondern als Anregungen dienen sollten für alle, die Verantwortung trugen als Schmuckentwerfer, Hersteller und Kaufleute für die Gestaltung, die Herstellung und den Vertrieb des Pforzheimer Schmuckes.

So fragt Rücklin zu Beginn seines ersten Beitrages im Jahre 1898 *Was ist das Moderne im Schmuck?*, erweitert diese Frage mit *Was sollen wir anders machen als bisher*? und gibt einige Zeilen später eine erste herausfordernde Antwort: *Wir wollen ein Neues im Schmuck bringen, gewiss; aber wir wollen auch ein Besseres bringen.* Er hatte erkannt, dass *höhere Ansprüche an die künstlerische Leistungsfähigkeit unserer Industrie mit der Einführung des neuen Stiles* (des Jugendstils) gestellt werden. Rücklin erwartet eine *selbständige, persönlich-künstlerische Empfindung*, denn *das ist's, was über kurz oder lang das bessere, kunstverständige, also für unsere höchsten Ziele massgebende Publikum von uns verlangen wird.*

Er konstatiert, dass *zeichnerische und technische Phantasie … noch keinen erfolgreichen kunstindustriellen Betrieb … ermöglichen. Es muss noch ein drittes hinzukommen, das ich geschäftliche*

Signatur von Rudolf Rücklin // Signature of Rudolf Rücklin

Phantasie nennen möchte. Für ihn ist zum Zeitpunkt, als er diesen Beitrag schreibt (1898!), *der moderne Stil etwas Werdendes, Unabgeschlossenes, das mehr gefühlt als begriffen werden muss.* Und mit Nachdruck macht er deutlich, dass *schon aus diesem Grunde eine gewisse Schulung für den Geschäftsleitenden und Bijouteriekaufmann … ein unabweisbares Bedürfnis* ist.
Rücklin, der weder als Entwerfer noch als Techniker, nicht als Geschäftsführer oder gar als Unternehmer in der Pforzheimer Schmuckindustrie tätig war, setzte sich für diese ein wie kein anderer. War er ein eingefleischter Patriot, war er ein Prophet, der hoffte, dass man auf ihn hören möge, war er ein Pragmatiker, dessen höchstes Ziel es war, all seine Kenntnisse und seinen kritischen Verstand einzusetzen für seine Stadt, für deren Industrie und damit für das Wohlergehen der Bürger in und um Pforzheim? >

Rudolf Rücklin, um 1905 // Rudolf Rücklin, ca 1905

// Rudolf Rücklin was the son of Friedrich Rücklin, who was director of the Großherzogliche Gewerbeschule Pforzheim for many years. In 1893 Rudolf Rücklin started out as an assistant teacher at the Kunstgewerbeschule, was appointed professor there in 1904 and became the first director of the newly established Goldschmiedeschule in 1905. Rudolf Rücklin taught drawing and lectured in art history. A critical observer of the jewellery industry, he worked as a journalist and demonstrated his comprehensive knowledge both of the historical development of jewellery in Europe and of the jewellery of many non-European civilisations in a two-volume *Schmuckbuch* (1901). Rücklin had many interests. In 1911 he published a treatise on the Pforzheim jewellery industry, in which he knowledgeably presented it both from the historical angle and as it appeared to him in his day. In his writing, Rücklin concentrated on observing and representing current trends. Both observant and practical, he was able to observe with critical detachment and passionate commitment what was happening around him, noting what was important or might become important. He encouraged and warned. Rücklin, in short, was one of the most interesting personalities in the Pforzheim of his day but was not tied to design, production or marketing, unlike the draughtsmen, entrepreneurs and employees in the great factories and small workshops of Pforzheim, which had by then become the jewellery-making hub of Germany.
In *Das Moderne im Schmuck*, which was published as a three-part serial from 1898 to 1900 in the *Kunstgewerbeblatt für das Gold-, Silber- und Metallgewerbe*, Rücklin made observations on matters which were not just

Die Goldschmiedeschule Pforzheim, erbaut 1905; Rücklin ist der Gründungsdirektor dieser Schule // The Pforzheim Goldsmithing School, built in 1905; Rücklin was the founding director of the school

personal concerns of his but were intended to inspire all those who carried responsibility as jewellery designers, makers and wholesalers or retailers for making and marketing Pforzheim jewellery.
So Rücklin asked at the beginning of his first essay (1898): *What is modern in jewellery?* And proceeded to add the query: *What should we be doing differently to what we have been doing hitherto?* Several lines later he gives his first challenging answer: *We want to provide something new in jewellery, certainly; but we also want to provide something better.* He had realised that *more lofty standards* were being applied *to the artistic capabilities of our industry through the introduction of the new style* (Jugendstil). Rücklin expected an *independent, personal artistic intuition* because *that is what sooner or later the better public, the public that is more knowledgeable about art, that is, the public that matters to our loftiest aims, will require of us.* He confirms that *imaginative draughtsmanship and technique … do not alone suffice … for businesses concerned with the applied arts to be successful. A third quality must be added, one that I should like to call entrepreneurial imagination.* To him, at the time he was writing this essay (1898!), *the modern style is something that is in a state of becoming, is not yet finished, that must be more felt than understood.* And he makes a point of clearly emphasising that *for this reason alone, a certain schooling for managers and sellers of bijouterie … is an indispensable need.*
Although neither a draughtsman nor a technician, nor a manager – let alone an entrepreneur active in the Pforzheim jewellery industry – Rücklin showed an unequalled commitment to it. Was he a staunch patriot, was he a seer, who hoped that he might be listened to, was he pragmatic, a person whose chief concern was to use all his knowledge and his critical mind for his city, for its industry and, therefore, for the benefit of citizens in and around Pforzheim? >

Das Kunstgewerbe-Blatt von 1899, in dem die erste Folge von Das Moderne im Schmuck veröffentlicht wurde; Titelblattentwurf von Georg Kleemann, 1894 // Kunstgewerbe-Blatt, 1899, in which the first part of Das Moderne im Schmuck was published; title-page design by Georg Kleemann, 1894

// Er war ein genauer Beobachter all dessen, was draußen in der großen Welt des Schmucks geschah, und er kannte sich aus in der kleinen Stadt, die mit ihren Produkten schon Jahrzehnte zuvor diese Welt erobert hatte. Befürchtete Rücklin einen erneuten Absturz „seiner" Schmuckindustrie, wie es schon so viele in der inzwischen 130 Jahre alten Schmuckgeschichte Pforzheims gegeben hatte? Mit den ihm zur Verfügung stehenden Mitteln setzt er sich ein, er gibt seine wohl bedachten Ratschläge, wenn er zum Beispiel die *Stärke des modernen Schmuckzeichners* darin sieht, was dieser den Erscheinungsformen der Natur *aus seinem Eigenen an Neuem und Wertvollem hinzufügt …*, was er *infolge seines künstlerischen Könnens und seiner Individualität* daraus macht. Nach Rücklins Auffassung wird der Entwerfer dann modern sein, *wenn er den tiefen Respekt vor den Erscheinungsformen der Natur mit souveräner Freiheit bezüglich der eigenen Darstellungsmittel verbindet, wenn er sein Ziel nicht in der Genauigkeit der Wiedergabe, sondern in der künstlerischen Selbständigkeit derselben sucht.*

Im zweiten Teil seiner Betrachtungen, der 1899 erschien, in dem Jahr, als sich unter der Regie des Kunstgewerbe-Vereins einige Pforzheimer Schmuckhersteller auf die Teilnahme an der Pariser Weltausstellung vorbereiteten, setzt sich Rudolf Rücklin mit der *künstlerischen Handarbeit, den verschiedenen technischen Arbeitsweisen und der mechanischen Arbeit der Maschine* auseinander. Er geht auf die Frage des Publikumsgeschmackes ein, er untersucht, nach welchen Kriterien und mit welchen Mitteln Schmuck hergestellt wird und wie dieser vom Endverbraucher, vom Käufer und der Schmuckträgerin, vom Schmuckträger wahr- und angenommen wird. Sehr kritisch beurteilt er die Kenntnisse und Wünsche dieser Kreise, wenn er von vergangenen Jahrzehnten spricht. Er verleiht aber mit einem gewissen Optimismus und der nachdrücklichen Forderung nach ästhetischer Bildung seiner Hoffnung Ausdruck, dass *der moderne Schmuck* nun auf eine positive Resonanz stoßen möge: *Dass die Konsumenten … zur modernen Richtung übergehen werden, kann umso weniger einem Zweifel unterliegen, als sie* (und er meint eine eher weniger gebildete und auch nicht sehr wohlhabende Bevölkerungsschicht, die nun für den neuen Schmuck aus Pforzheim gewonnen werden soll) *noch nie etwas von künstlerisch-stilvoller Arbeit haben wissen wollen, weil sie, wenigstens der großen Masse nach, eines ausgebildeten Schönheitssinnes ermangeln.* Rücklin beklagt, dass *wo dieser fehlt, da ist keine Stätte für kunstvollen Schmuck, da wird bloss das ausdruckslose, banale Zeug angenommen, welches heute meistenteils den „billigen Genre" darstellt.*

Rücklin benutzt deutliche Worte, spricht sowohl den Schmuckherstellern als auch den Händlern und letztlich den Schmuckkäufern und Trägern kein gutes Zeugnis aus. Aber er scheint doch zuversichtlich zu sein, wenn er formuliert: *Indessen muss doch zugegeben werden, dass der Kunstsinn des Publikums sich in den letzten Jahrzehnten wesentlich gehoben hat, im Anschluss an den wirtschaftlichen Aufschwung dieser Zeit.* Er erwartet, dass *damit eine Erhöhung der künstlerischen Bedürfnisse und Ansprüche des Publikums* gewährleistet sei.

Unter Berücksichtigung der speziellen Pforzheimer Situation, die weniger auf den gehobenen und individuellen Schmuck als auf ein einfacheres und preiswerteres Genre ausgerichtet ist, betont Rücklin, es sei *ein großer Irrtum zu glauben, dass nur in teurem Schmuck etwas Unanfechtbares geleistet werden könne. Auch ein billiger Schmuck kann ein Kunstwerk sein, allerdings nur auf seine besondere Art.* Er ist realistisch und pragmatisch in seiner Aussage und in der Forderung an den Entwerfer, den Techniker und an den geschäftsführenden Kaufmann: *Locke aus deinem Materiale alle Schönheiten heraus, die drin sind; nutze die besonderen Vorzüge jeder Technik aus, aber zwinge sie nicht zu Leistungen, die ihr fremd sind.*

Rücklin ist sich im Klaren, dass die Schmuckindustrie ihre eigenen Regeln hat, denn *die Kunst schafft einmalige Werke, das Handwerk wiederholt und die Industrie vervielfältigt die ihrigen.* Er kennt die Pforzheimer Situation, er trägt ihr Rechnung und postuliert realistisch und pragmatisch: *Das Charakteristikum der Schmuckfabrikation ist die möglichst häufige Herstellung desselben Stückes. Je öfter das gleiche Muster wiederholt werden kann, desto besser für das Geschäft.*

Rücklin weiß genau, dass bestimmte gestalterische und fabrikationstechnische Kriterien beachtet werden müssen, wenn ein Schmuckstück nicht als Einzelstück, sondern in größerer Auflage hergestellt werden soll. Er erkennt, dass deshalb zwangsläufig eine besondere Formgebung erforderlich ist und er stellt fest, dass der Schmuck aus der Massenherstellung seinen *besonderen Stil* haben muss: *Was er an formaler Freiheit entbehren muss, wird ihm reichlich ersetzt durch die Beherrschung von Material und Technik.* >

// He was an acute observer of everything that was happening outside in the wider world of jewellery. He also knew his way around the small town which with its products had conquered that world decades before. Was Rücklin afraid that "his" jewellery industry might slump again, as had happened so many times before in the course of what was by then 130 years of history in Pforzheim? With the means available to him, he set about doing what he could. He gave well-meaning advice when he, for instance, saw the *strength of the modern jewellery draughtsman* in what he added *of his own that was new and valuable* ... to observed natural phenomena, what he made of it *as a consequence of his artistic skill and his personality*. As Rücklin saw it, the designer was modern *if he linked profound respect for natural phenomena with poised freedom as far as his own means of representation were concerned, if he saw his aim not in reproducing precisely but in the artistic independence with which he approached his work.*

In the second part of his observations, which were published in 1899, the year in which some Pforzheim jewellery manufacturers were preparing, under the supervision of the Kunstgewerbe-Verein, to show work at the Paris World Exhibition, Rudolf Rücklin deals with *artisanal crafts, the various techniques and methods of working and the mechanical work done by machinery*. He goes into the question of the public's taste. He examines the criteria according to which, and the methods by which, jewellery is made and how it is perceived by the consumer, the buyer and the woman or man wearing it. When speaking of past decades, he is very critical in evaluating the knowledge and desires of those circles. However, he shows a certain amount of optimism in calling emphatically for aesthetic schooling and expressing the hope that *modern jewellery* might now encounter a positive reception: *that consumers ... might change over to a modern trend, can no longer be any more a matter of doubt than that they* (and he means a rather less educated and not very affluent demographic segment, which is to be won over to the new jewellery from Pforzheim) *have never wanted to have anything to do with artistic and stylish work because they, at least the vast majority, lack a schooled sense of beauty.* Rücklin laments that *where this is lacking is no place for jewellery as art, there only the expressionless, trite stuff is accepted which today usually constitutes the 'cheap genre'.*

Rücklin says clearly what he means and does not have much that is good to say about either the jewellery manufacturers or the dealers or ultimately those who buy and wear jewellery. But he does seem to be optimistic when he puts it as follows: *It must be admitted, however, that the public's feeling for art has considerably improved in past decades following on the economic growth in this period.* He expects that this will bring about *a growth in need for art and a rise in the public's standards*.

Taking the specific situation at Pforzheim into consideration, which is oriented more towards modest and affordable jewellery than towards elegant, one-off pieces, Rücklin emphasises it is *a great mistake to believe that something unexceptionable might be achieved only with expensive jewellery. Cheap jewellery can also be a work of art, albeit only in the way specific to it.* He is realistic and pragmatic in stating the following and in exhorting designers, technicians and managing directors to *coax all the beauties that are in it out of your material; exploit to the full the particular advantages of each technique but do not compel it to achievements that are alien to it.* Rücklin is well aware that the jewellery industry is governed by laws of its own because *art creates unique works; crafts repeat and industry mass produces.* Knowing the Pforzheim situation as he does, he takes it into account, positing in his realistic and pragmatic way: *The characteristic of jewellery manufacture is making the same piece as often as possible. The more often the same pattern can be reproduced, the better it is for business.*

Goldbrosche von F. Zerrenner, um 1899; der Entwurf ist in der Dreidimensionalität auf die Verarbeitung als gegossenes Schmuckstück angelegt // A gold brooch made by F. Zerrenner, ca 1899; the three-dimensional design was intended to be executed as a cast piece

Rücklin is also well aware that specific criteria with respect to design and the technical aspects of manufacturing must be applied if a piece of jewellery is to be mass produced rather than made as a one-off work. He realises that a specific design is, therefore, necessary and he acknowledges that mass-produced jewellery must have *a certain style*: *What it lacks in formal freedom is replaced in abundance by mastery of material and technique.* >

// Der Theoretiker Rücklin denkt auch praktisch; er beobachtet, findet längst nicht alles gut, was um ihn, den Kunstgewerbelehrer, herum passiert. Aber er ist ein leidenschaftlicher Verfechter des *Modernen im Schmuck*, der alles daran setzt, „seine" Pforzheimer Schmuckindustrie auf den richtigen Weg zu führen, ihr den Weg zu weisen, aufzuzeigen, was – gestalterisch, handwerklich-technisch und mit Einsatz der Maschine – erreicht werden kann. Er appelliert an eine neue Kreativität, denn *die neue Kunst ist ja viel freier in Linie und Anordnung geworden; Symmetrie, geometrische Linienzüge und Kompositionsschemata sind mehr oder weniger verschwunden; es kann nichts mehr gemessen und eingeteilt, es muss alles gefühlt und abgewogen werden.*

Als der dritte Teil des Essays im Jahre 1900 erschien, waren zahlreiche Pforzheimer Schmuckhersteller auf der Exposition Universelle in Paris vertreten.(1) Sie waren dort recht erfolgreich, kamen mit manchen Auszeichnungen in die Heimat zurück, und dennoch beklagt Rücklin, möglicherweise im Bewusstsein, dass es doch nur relativ wenige Schmuckwerkstätten und Fabriken waren,

die sich dem Jugendstil widmeten, *dass die Luft unserer modernen Industriewerkstätten sich bisher für die immer noch jugendlich-zarte Konstitution unserer Kunst nicht so recht zuträglich erwiesen hat.* Er muntert zuversichtlich auf: *darum nur nicht den Mut verlieren!*
War es die unbestreitbare Tatsache, dass sich von den fast 500 Betrieben nur wenige dem *Modernen im Schmuck* zugewandt hatten, die Rücklin bedrückte? War er enttäuscht, dass noch immer *die breiten Bevölkerungsschichten ... einen nicht sehr feinfühligen Geschmack besitzen?* Er zeigt das Dilemma auf, in dem sich die Pforzheimer Schmuckindustrie befand. Man musste aus wirtschaftlich verständlichen Gründen preiswert, sogar billig produzieren, man musste darauf achten, was man auch wirklich verkaufen konnte, durfte deshalb nicht zu anspruchsvollen Schmuck herstellen, der dann keine Abnehmer finden würde. Rücklin gesteht letztlich zu, dass *der moderne Kunstindustrielle* es verstehen muss, *seine künstlerischen Pläne als Rechenexempel zu behandeln.* Er weiß und betont, dass das manchmal nicht leicht ist, *aber es gehört (nun) einmal zu der Eigenart seines* – des Kunstindustriellen – *Berufes, welcher nicht nur künstlerische, sondern auch geschäftliche Qualitäten verlangt.*
Es war also ein Spagat, den die Pforzheimer leisten mussten, und einigen wenigen scheint dies bezüglich des *Modernen im Schmuck* auch gelungen zu sein. Nicht zuletzt mit Maßnahmen, auf die Rücklin aufmerksam macht. Er betont, dass *eine billige Herstellungsweise* keinesfalls eine *unkünstlerische Ausführung rechtfertigt.* Er fordert zu Recht: *Gerade bei billigem Massenschmuck müssen wir an das Grundmodell die höchsten künstlerischen Ansprüche stellen, damit nicht Dinge und Formen vervielfältigt werden, die es kaum wert sind, auch nur einmal zu existieren.*
Und dann gibt Rücklin Hinweise und Ratschläge, von denen er hofft, dass sie mehr als bisher Berücksichtigung finden. Das Thema ist die Vervielfältigung. Er macht deutlich, dass das in Handarbeit montierte, später zu reproduzierende Modell von Anbeginn so zu konzipieren sei, dass es der jeweiligen vorgesehenen technischen Fertigungsweise entspricht, und er weiß, dass für unterschiedliche Verfahren unterschiedliche gestalterische Voraussetzungen beachtet werden müssen. Er nennt das Pressen, Prägen und Aushauen als praktische Möglichkeiten, bei denen das Metall als Blech verarbeitet wird. Er erwähnt den Guss – *es* (das Metall) *wird durch Schmelzen weich und flüssig gemacht* – und weist auch auf die Galvanoplastik als eine Möglichkeit der Vervielfältigung hin. Wieder sieht sich Rücklin genötigt zu beklagen, es sei *ein entschiedener Mangel, wenn Zeichner und Modelleure sich bis jetzt so wenig bemüht haben, das innerste Wesen der Vervielfältigungstechnik zu ergründen, für welche sie Muster und Modelle zu liefern haben. Man muss eine Technik ... lieb gewinnen, man muss lernen, sich in der ihr eigenen stilistischen Sprache auszudrücken und man wird als charakteristische Eigenart schätzen lernen, was man erst als technische Beschränkung beklagte.*
Rücklin erklärt, worauf es bei der Reproduktion eines Modells unter Anwendung der einzelnen Techniken im Besonderen ankommt und vergisst nicht, auf die Vor- und Nachteile hinzuweisen, so zum Beispiel mit dem Hinweis: *Das Gießen wird also besonders für ganz oder nahezu vollplastisch gehaltene Schmuckformen die geeignete Technik sein,* dagegen *sollte die Presserei sich davor hüten, den Eindruck massiver gegossener Arbeit* vorzutäuschen.
Mehrfach benutzt der Autor den Begriff *Kunstindustrie* für das, was in Pforzheim geschieht. In einer Art Resümee formuliert er, noch ehe er auf einzelne Materialien wie Gold, Silber, Doublé, Edelsteine und andere Werkstoffe eingeht, geradezu Grundsätzliches: *Wenn unsere Kunstindustrie den ersten Teil ihres Namens wirklich mit Recht tragen will, so muss sie den Grundpfeiler ihrer geschäftlichen Existenz, die maschinelle, resp. mechanische Vervielfältigung zu einer selbständigen Kunst zu erheben*

wissen, die nicht der künstlerischen Handarbeit (deren) *Formen und Erzeugnisse nachäfft, sondern die ihr eigenes Feld bebaut, dessen Grenzen ihr durch die Eigenart der von ihr verwendeten Techniken und Maschinen vorgezeichnet sind.*

Dass Rücklins Anmerkungen, seine Forderungen und Hinweise zumindest einiges bewegt haben, kann man seinem im Kunstgewerbe-Blatt 1901 veröffentlichten Bericht über den Schmuck auf der Pariser Weltausstellung entnehmen: *An künstlerischer Strebsamkeit im Schmuckgewerbe fehlt es jedenfalls bei uns nicht, wenn auch die traditionelle Zielsicherheit im Erreichen des Schmuckeffektes, wie sie den Franzosen zu eigen ist, vielfach noch mangelt.* Verglichen mit der Pariser Schmuckkunst des Art Nouveau – Rücklin nennt natürlich das *Genie* Lalique, die Maison Vever mit Eugène Grasset, Fouquet und die in dessen Atelier ausgeführten Entwürfe von Mucha und einige mehr – *kann zusammenfassend gesagt werden, dass unsere Arbeiten einen schlichteren, intimeren Charakter tragen als die französischen, und dass die farbige Tönung eine wärmere … ist.* Er hebt nachdrücklich hervor, dass der Schmuck aus Pforzheim *im Vergleich mit früheren Leistungen ganz bedeutende Fortschritte* zu verzeichnen hat. Stolz berichtet der Pforzheimer Kunstgewerbelehrer aus Paris: *Auch das in der Pforzheimer Kollektion sich geltend machende künstlerische Zusammenarbeiten und Zusammenstimmen verschiedener Materialien, und, damit zusammenhängend, das stärkere Betonen der Farbigkeit ist als eine Wendung zum Höheren und Besseren zu betrachten.* >

// Although a theorist, Rücklin also thinks in practical terms. As a teacher in the applied arts, he observes, finds much to deplore in what is happening around him. But he is also a passionate advocate for *das Moderne im Schmuck*, a man who does his utmost to guide "his" Pforzheim jewellery industry along the right paths, to show it those paths, to demonstrate what can be achieved – in the way of design, crafts techniques and through the use of machinery. He calls for a new creativity because *the new art has, after all, become much freer in line and arrangement; symmetry, geometric lines and composition schemata have more or less disappeared; nothing can be measured and calibrated anymore but everything must be intuited and weighed.*

By the time the third part of the serialised essay was published in 1900, numerous Pforzheim jewellery manufacturers were represented at the Exposition Universelle in Paris.[1] They were quite successful there, returning home with some awards, yet Rücklin regrets, possibly because he is aware that there were still relatively few jewellery workshops and factories that were devoting themselves to Jugendstil, the fact *that the air of our modern industrial workshops has not yet proven to be so healthful for the still youthful and delicate constitution of our art.* He is confident and encouraging: *so just don't despair!*

Was it the undisputable fact that only a few of the nearly five hundred firms in Pforzheim had turned to *das Moderne im Schmuck* that weighed so heavily on Rücklin's spirits? Was he disappointed that *broad swathes of the populace* … still do not *possess very sensitive taste*? He reveals the dilemma in which the Pforzheim jewellery industry was caught. Production had to be affordable, even cheap, for obvious market reasons. Attention had to be paid to what really sold; consequently, upmarket jewellery could not be made because it would not find any purchasers. Rücklin ultimately admits that

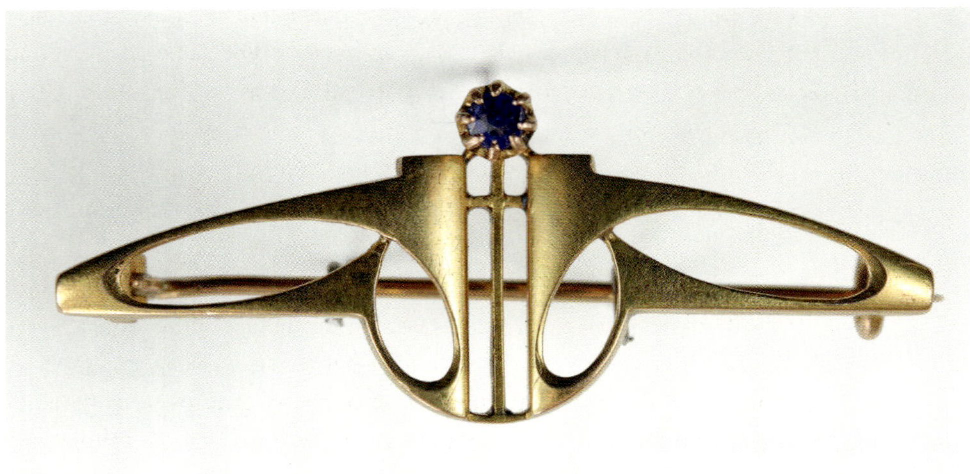

Brosche von Rodi & Wienenberger, um 1901/02; der Entwurf ist so angelegt, dass das Schmuckstück technisch einwandfrei aus Doublé hergestellt werden kann // A Rodi & Wienenberger brooch, ca 1901–02; the design was intended to be executed as a doublé piece of jewellery

the modern art industrialist must know how *to make his artistic plans pay off.* He is aware and emphasises the fact that it might not always be easy *but it belongs (after all) to the particular qualities of his – the art industrialist's – trade, which requires not just artistic but also entrepreneurial qualities.*

What the Pforzheim industrialists had to achieve, therefore, implied doing two different things at once. Moreover, as far as *das Moderne im Schmuck* was concerned, only a few of them seem to have succeeded at it and this not least by adopting measures to which Rücklin has called their attention. He emphasises that *a cheap method of manufacture* does not *justify execution that is inartistic.* He is right in calling for the following policy: *With cheap mass-produced jewellery especially, we must demand the highest artistic standards of the basic model lest things and forms be widely reproduced that are hardly worth existing even once.*

And then Rücklin gives pointers and advice, which he hopes will be heeded more than they have previously. His subject is widespread replication. He makes clear that each model mounted by hand that is later to be reproduced must be so conceived that it matches the technical processes used in manufacturing the piece. He is well aware that different design conditions must be taken into account depending on the manufacturing process to be used. He lists stamping and pressing and engraving as viable possibilities for working sheet metal. He mentions casting – *the metal becomes pliable through being melted and liquefied* – and also refers to electroforming as a process that is potentially suitable to mass production. Once again Rücklin feels constrained to lament that it is *definitely a shortcoming when draughtsmen and modellers have hitherto taken so little pains to get to the bottom of the mass-production techniques for which they have provided patterns (samples) and models. One must become … fond of a technique; one must learn to express oneself in the stylistic language peculiar to that technique and one will learn to appreciate as a characteristic quality that which one at first deplored as a technical constraint.* Rücklin explains what the reproduction of a model through the use of each of the various processes entails. He does not forget to point out the advantages and disadvantages of each, for instance with the following recommendation: *Casting will, therefore, be the right technique for jewellery forms that are entirely or almost entirely conceived in the round. Pressing*, on the other hand, *should avoid* creating the false impression (that a piece has been) *cast solid*.

The author uses the term *art industry* several times to designate what is done at Pforzheim. In a résumé of sorts, he sets out what are really basic principles before he even gets to individual materials such as gold, silver, gold overlay, gemstones and other materials used in the industry: *If our art industry wants to bear the first part of its name by right, it must know how to elevate the basic pillar of its commercial existence, machine manufacture or mass production by mechanical means to an art in its own right, which is not aping artisanal hand-crafting (of its) forms and products but is cultivating its own field, whose bounds have been prescribed for it through the specificity of the techniques and machinery used by it.*

That Rücklin's remarks, his appeals and pointers at least set something in motion can be seen in a report on the jewellery at the Paris World Exposition published in 1901 in the *Kunstgewerbe-Blatt*: *In any case, we are not lacking artistic perseverance in the jewellery trade even though the traditional purposiveness in attaining effects in jewellery which is a French characteristic is often still lacking in us.* Compared to the art of jewellery-making as practised in Paris Art Nouveau – Rücklin of course mentions Lalique as a *genius*, Maison Vever with Eugène Grasset, Fouquet and the Mucha designs executed in Fouquet's atelier and more of the same – *to sum up, it can be said that our works possess a simpler, more intimate character than the French* [pieces do] *and that our colour tint is … warmer.* He makes a point of emphasising that the jewellery from Pforzheim shows *very important advances compared to earlier achievements*. The Pforzheim applied arts teacher is proud to report from Paris: *The artistic collaboration and matching up of different materials is also shown to advantage in the Pforzheim collection and, in connection with this, a stronger emphasis on colour can be observed as a trend to what is more elevated and better.* >

// Dass Kenntnisse der Schmuckgeschichte und das Wissen um die jeweils aktuellen Schmuckstile nicht nur für die Entwerfer und die Hersteller von Bedeutung sind, sondern auch für den Geschäftsreisenden wie den Großhändler von Nutzen *und mit dem stetig schärfer werdenden Konkurrenzkampfe* zwangsläufig notwendig seien, hat Rücklin ebenfalls erkannt. In einem im Jahre 1900 im Kunstgewerbe-Blatt erschienenen Beitrag über *Die ästhetische Ausbildung der Kaufleute in der Bijouterieindustrie* fordert er eine gründliche Ausbildung eben dieser Berufsgruppe hinsichtlich einer *planmäßigen Pflege der Geschmacksbildung*, denn *eine künstlerische Ausbildung würde für das Bijouteriegewerbe einen dreifachen Vorteil bringen: Für den Kaufmannsstand selbst, für die Fabrikation und für das Publikum.*

Rücklin empfiehlt den häufigen Besuch von Museen und Ausstellungen, die regelmäßige Lektüre moderner Kunstzeitschriften (die in der Bibliothek des Kunstgewerbe-Vereins vorhanden sind!), er rät, *Fachvorträge, die unser Verein bietet* anzuhören, und er macht darauf aufmerksam, dass *nur ein umfassend und gediegen durchgebildeter Kunstgeschmack sich in dem zurechtfinden* kann, *was die kommende Entwicklung in allen kunstindustriellen Gebieten, ganz besonders dem der Schmuckherstellung, bringen wird.* Sein Hinweis, dass die Geschmacksbildung der Kaufleute auch für das Publikum, das heißt für den Schmuckkonsumenten, vorteilhaft sei, ist besonders bemerkenswert. Rücklin möchte eine Hebung des Geschmacksniveaus des Schmuckträgers, der Schmuckträgerin erreichen, und er weiß, dass dies nur erreicht werden kann, wenn alle, die mit der Herstellung und dem Vertrieb von formal gutem und zeitgemäß modernem Schmuck befasst sind, gebildet und kenntnisreich ihren unterschiedlichen Aufgaben nachkommen. Sein im Jahr der Pariser Weltausstellung erfolgter Appell hat wohl nicht allzu viel genutzt. Sechs Jahre später nimmt Rücklin das Thema noch einmal auf und beklagt, dass *die erste Anregung äussere Früchte nicht gezeitigt hat.* Der unermüdliche Mahner fordert aufs Neue eine entsprechende Ausbildung der *jungen Kaufleute in der Edelmetallindustrie* und empfiehlt dem Bijouteriekaufmann, selbst zeichnen zu lernen, denn *nur das selbsttätige Zeichnen bildet den Geschmack … in einigermassen grundlegender und fördernder Weise aus.* Der Bijouteriekaufmann ist für Rücklin ein wichtiger Vermittler mit der Aufgabe, durch seine Stil- und Geschmackssicherheit einen wesentlichen Einfluss nehmen zu können auf die Qualität des Schmuckes, zu Gunsten der wirtschaftlichen Erfolge der Industrie genauso wie zur Freude derer, die den Schmuck aus Pforzheim kaufen und tragen sollen.

Er war ein aufmerksamer Beobachter all dessen, was sich im Umfeld des künstlerischen und des industriell produzierten Schmuckes im Positiven wie im Negativen tat, in seiner Stadt und draußen in der Welt, für die Pforzheim so erfolgreich tätig war. Rudolf Rücklin fühlte sich berufen, allen, die mit Schmuck zu tun hatten, die Augen zu öffnen für *das Moderne im Schmuck*, sie zu beraten, sie zu bestärken, sie – wenn nötig – zu mahnen und zu warnen, wann und wo immer es ihm angebracht erschien, und ihnen Mut zuzusprechen, uneigennützig und sehr selbstbewusst.

// Rücklin also realised that knowledge of the history of jewellery and knowing about the period styles in jewellery was not just important for designers and manufacturers but was also useful for both travelling salesmen and wholesalers and was necessary *since the competition was steadily growing stiffer*. In an essay on *Die ästhetische Ausbildung der Kaufleute in der Bijouterieindustrie*, published in the Kunstgewerbe-Blatt in 1900, Rücklin calls for thorough training in the latter professions, specifically *planned cultivation of forming taste* because *training in art would bring threefold benefits to the bijouterie trade: for the entrepreneurial class, for manufacture and for the public.*

Rücklin recommends frequent visits to museums and exhibitions and regular reading of modern art journals (which were available in the Kunstgewerbe-Verein library). He recommends attending *specialist lectures provided by our association* and he calls attention to the fact that *only a comprehensive and elegantly trained taste in art* can *find its way in what the forthcoming development in all art industrial fields, especially jewellery manufacture, will bring.* Rücklin's recommendation that educating the tastes of merchandising personnel is to the advantage of the public as well, that means, of jewellery

consumers, is particularly remarkable. Rücklin would like to raise the level of jewellery wearers' (both men and women) taste. He knows that this can only be achieved if everyone who has to do with making and marketing formally good modern jewellery matching the contemporary taste sets about their various tasks in an educated and knowledgeable manner. The appeal he made the year of the Paris World Exposition probably did not achieve all that much. Six years later, Rücklin returns to the subject, deploring that *the first encouragement has not borne extrinsic fruits.* Indefatigable in his exhortations, Rücklin once again calls for proper training for *young sales people in the noble metals industry* and recommends to bijouterie retailers that they should learn how to draw because *only drawing oneself forms one's taste … in a fairly thorough and fostering manner.* The bijouterie retailer is, as Rücklin sees it, an important mediator whose task it is, through his assurance in matters of style and taste, to exert a crucial influence on the quality of jewellery, thus promoting commercial success in industry and the pleasure of those who are to buy and wear jewellery from Pforzheim.
Rücklin was an attentive observer of everything, both the positive and negative aspects, that was going on in the context of both artisanal and industrially produced jewellery in his city and outside in the world at large, for which Pforzheim was so successfully working. Rudolf Rücklin felt called upon to open the eyes of all those who had anything to do with jewellery, to counsel them, to strengthen their resolve, to exhort and warn them – if necessary – whenever and wherever it seemed suitable to him, and to encourage them. He did this with no thought to his personal advantage and with a great deal of self-assurance.

(1) siehe Kapitel/see chapter „Pforzheim in Paris“ (S./p. 88)

Pforzheim und Paris – wechselvolle Beziehungen // Pforzheim and Paris – fraught relations

In seinem Bericht über die Erfahrungen, die er auf der Exposition Universelle in Paris gemacht hat, betont Wilhelm Stöffler als Vorsitzender des Organisationskomitees der Pforzheimer Kollektivausstellung in einer Mitgliederversammlung des Kunstgewerbe-Vereins[1], dass *Paris, zumal in unserer Kunst, Anregungen und Vorbilder* bietet, *wie wir sie in London und Berlin vergeblich suchen*, denn *auf dem Gebiete der Bijouterie und Orfèvrerie müssen wir den Pariser Goldschmieden und Künstlern, welche Grossartiges leisten, die Palme überlassen*. Ohne Zweifel sei die *Einwirkung auf die kunstgewerbliche Produktion* (in Pforzheim) *von ausschlaggebender Bedeutung*. Es sei *daher von höchster Wichtigkeit für unsere Industrie, wenn* (sich) *möglichst viele Fachleute und Techniker von hier zu eingehendem Studium der einschlägigen Arbeiten nach Paris begeben würden*. Stöffler warnt jedoch *vor dem blossen Kopieren, vor direkten Nachahmungsversuchen des Gesehenen*; er fordert vielmehr, es solle *der Geist, die ganze künstlerische Art und Weise, aus welcher heraus ein Lalique u.a. ihre berühmten Stücke geschaffen haben, durch aufmerksames und kritisches Studium ergründet und vor allem erwogen werden, was wir mit Nutzen auf unsere so ganz anders geartete Produktion übertragen können*.[2]
Das sich der Berichterstattung Stöfflers anschließende Referat des Zeichners, d. h. Schmuckentwerfers Karl Saif verdient besonderes Interesse. Saif warnt die die Weltausstellung besuchenden Pforzheimer nachdrücklich davor, *sich in der Ausstellung Notizen oder gar Zeichnungen zu machen, da man damit Zwischenfälle der peinlichsten Art herbeiführen* könne. Das Syndikat der Pariser Goldschmiede hatte nämlich einen Überwachungsdienst eingerichtet, der *seinen Obliegenheiten in wenig rücksichtsvoller Weise* nachkomme. Saif empfiehlt, *alles zu vermeiden, was die Aufmerksamkeit dieser, ganz speziell auf die deutschen Fachleute achtenden Wächter erregen könne*. Wie berechtigt und letztlich erfolglos die Maßnahmen des Pariser Syndikats waren, lässt sich nachvollziehen, wenn man die französischen Originalschmuckstücke mit dem vergleicht, was manche Pforzheimer vor und nach der Weltausstellung in ihren heimischen Werkstätten und Schmuckfabriken produzierten.[3]
Nicht erst um 1900 waren die Beziehungen zwischen der Pforzheimer Schmuckindustrie und dem großen Vorbild Paris gespannt. Bereits in ihren Anfängen beeinflussten politische und wirtschaftliche Entscheidungen, die von Paris ausgegangen waren bzw. mit Paris in Verbindung standen, positiv wie negativ den Erfolg oder Misserfolg manch Pforzheimer Bemühungen. Die Kontinentalsperre zum Beispiel, von Napoleon im Jahre 1806 verhängt, verhinderte für lange Zeit den zuvor florierenden Export nach England. In der Mitte des 19. Jahrhunderts, als die Pforzheimer Hersteller ihre Absatzmärkte weiter ausbauten und über Messen, Verkaufsbüros und Agenturen auch in der französischen Hauptstadt ihre Produkte absetzten, spielte Paris eine recht ungewöhnliche Rolle: Pforzheimer Schmuck wurde dort nicht als solcher angeboten und verkauft, sondern unter *falscher, namentlich Pariser Flagge* vertrieben.[4] Internationale Einkäufer erwarben demnach

in Frankreich Schmuckstücke aus Pforzheim, ohne die wirkliche Herkunft dieser Produkte zu kennen. Erst als infolge des deutsch-französischen Krieges von 1870/71 Paris die Rolle als Vermittler Pforzheimer Schmucks nicht mehr spielen konnte, war es vielen Großhändlern in Nord- und Südamerika, im Orient und in Australien bewusst geworden, dass manches Kollier, manche Brosche und mancher Ring, die man aus Paris als französische Erzeugnisse bezogen hatte, in Wirklichkeit aus Pforzheimer Herstellung stammten. Dies hatte schließlich zur Folge, dass sich die ausländischen Einkäufer zunehmend direkt nach Pforzheim wandten: Die französische Hauptstadt war als Zwischenhändler ausgeschaltet. Umso wichtiger wurde der originale Pariser Schmuck für Pforzheim, denn mehr und mehr diente er als Vorbild für das, was nun in Pforzheim produziert wurde. >

Die Vitrinen von René Lalique (im Hintergrund links) und der Maison Vever (vorne rechts) auf der Exposition Universelle Paris 1900 // The René Lalique (background, left) and Maison Vever (front, right) display cases at the 1900 Paris Exposition Universelle

// Wilhelm Stöffler was the chairman of the organisational committee for the Pforzheim collective exhibition at the Exposition Universelle in Paris. In the report he addressed to the assembled members of the Kunstgewerbe-Verein, he says that *Paris* provides *inspiration and sets examples for our art at least that we would seek in vain in London and Berlin* because *in the fields of bijouterie, and gold and silver jewellery, we must leave the victor's laurels to the Paris goldsmiths and artisans, who are achieving great things.*(1) Undoubtedly, he goes on to add, *the effect on production (in Pforzheim) in the decorative and applied arts is of paramount importance.* It is, *therefore, of the utmost importance for our industry for as many specialists and technicians from here to go to Paris for the purpose of thoroughly studying the relevant works.* Stöffler warns, however, *against merely copying, against direct attempts at imitating what has been seen.* Instead, he calls for *a spirit that plumbs through attentive and critical study, the utterly artistic manner in which a Lalique et al have created their celebrated pieces and above all can reflect on what we may usefully transfer to our production, which is so entirely different in kind.*(2)
The paper following Stöffler's report was read by Karl Saif, a draughtsman, i.e., jewellery designer. It is particularly interesting. Saif explicitly warns the delegation from Pforzheim visiting the Paris World Exposition against *taking notes or even making drawings at the exhibition because that* might *lead to incidents of the most embarrassing kind.* The syndicate of Paris goldsmiths had, in fact, set up a surveillance service which would discharge *its duties in a way that was not very considerate.* Saif recommends *avoiding anything that might attract the attention of those guards, who are paying particular attention to the German specialists.* How justified yet ultimately unsuccessful

the measures taken by the Paris syndicate were becomes apparent when one compares the French original jewellery with what some natives of Pforzheim produced before and after the Exposition Universelle in their own workshops and jewellery factories.[3]

Relations between the Pforzheim jewellery industry and its great role model, Paris, had been fraught long before 1900. Even in the early days, political and economic policy decisions that went out from Paris or were associated with Paris had a bearing, either positively or negatively, on the success or failure of many a Pforzheim undertaking. The Continental System, for instance, imposed by Napoleon in 1806 prevented for a long time what had been a flourishing export trade with England. In the mid-19th century, when Pforzheim manufacturers wanted to expand their markets and, via trade fairs, wholesalers and agencies, wanted to sell their products in the French capital, Paris played rather an unusual game: Pforzheim jewellery was not displayed and sold as such there but rather under *false colours, viz. the French flag*[4]. International buyers, therefore, were purchasing pieces of jewellery from Pforzheim in France without knowing the real origin of those products. Paris could no longer play the role of middleman for Pforzheim jewellery as a consequence of the Franco-Prussian war of 1870–71. Not until then did many wholesalers in North and South America, in the Near East and Australia become aware that many necklaces, brooches or rings bought in Paris as French goods were really of Pforzheim manufacture. The upshot was that buyers from abroad began to address themselves directly to Pforzheim; the French capital was eliminated as an intermediary. The original Paris jewellery, however, became all the more important for Pforzheim because what was made there was increasingly modelled after Paris. >

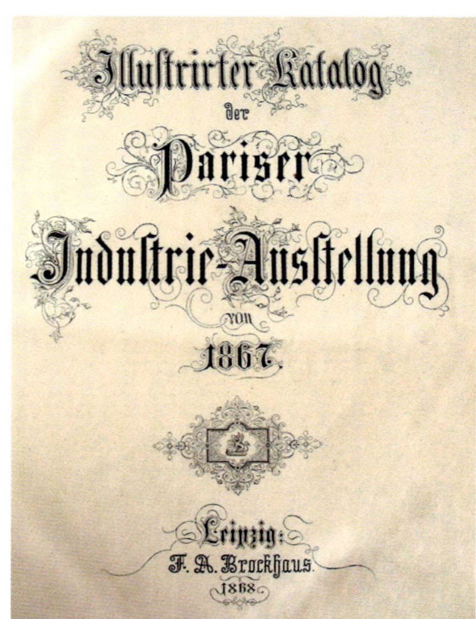
Illustrirter Katalog
der
Pariser
Industrie-Ausstellung
von
1867.
Leipzig:
F. A. Brockhaus.
1868.

Titelblatt des Kataloges der Pariser Industrieausstellung 1867 // The title-page of the 1867 Paris Universal Exhibition catalogue

// Während der zweiten Hälfte des 19. Jahrhunderts schaute Pforzheim voll Aufmerksamkeit nach Paris; man reiste an die Seine, so zum Beispiel zur Pariser Industrie-Ausstellung von 1867, um sich umfassend über die neuesten Entwicklungen und Modeerscheinungen im dortigen Schmuckschaffen zu informieren. Anlässlich solcher Großereignisse waren die Pforzheimer Geschäftsleute, ihre Entwerfer und Techniker wissensdurstige und lernbegierige Besucher. Entsprechend der anders gelagerten Kundschaft, der auf große Herstellungszahlen ausgerichteten heimischen Industrie und der Notwendigkeit, preiswert zu produzieren, waren die Pforzheimer schon damals genötigt und dazu auch in der Lage, das in Paris Gesehene ihren eigenen bescheideneren Bedürfnissen anzupassen, das heißt, nicht nur andere Preiskategorien anzustreben, sondern die Luxusvorbilder auch in gestalterischer Hinsicht zu vereinfachen.

So ist es wohl auch kurz vor der Wende vom 19. zum 20. Jahrhundert, im Fin de Siècle, gewesen: Man wusste in Pforzheim genau, dass Historismus und Eklektizismus mit ihren Nachempfindungen längst vergangener Stile weitgehend überwunden waren und dass in Paris – aus den unterschiedlichen kulturellen und künstlerischen Einflüssen gespeist – eine „neue Kunst" Einzug gehalten hatte. Pforzheim informierte sich umfassend, bezog französische „Vorlageblätter", um diese als Vorbilder für die eigene Kreativität zu nutzen. Selbstverständlich kannte man die großen Künstlerpersönlichkeiten des Art Nouveau ebenso wie die Pariser Bijouterie-Hersteller wie z. B. Piel Frères, Murat und viele andere.

Juwelen aus dem Hause Massin, Paris; ausgestellt auf der Pariser Industrieausstellung 1867 (abgebildet im Katalog) // Jewels from Massin, Paris, exhibited at the 1867 Paris Universal Exhibition (pictured in catalogue)

Der Beweis dafür, dass man bestens informiert war und die Prinzipien der Umsetzung zur Vereinfachung in Preisniveau und Stil bravourös beherrschte, waren die Pforzheimer Beiträge zur Kollektivausstellung der Exposition Universelle.(4) In Deutschland war man fasziniert vom Art Nouveau-Schmuck, vornehmlich von den Kreationen eines René Lalique, eines Georges Fouquet, aus dem Hause Vever und all derer, die im Jahre 1900 auf der Weltausstellung wahre Triumphe feierten.

In einem schwärmerischen Beitrag, veröffentlicht in der Münchner Zeitschrift „Dekorative Kunst", konnten die Pforzheimer Schmuckhersteller und ihre kreativen Mitarbeiter lesen: *Als hätte ein Märchen Gestalt angenommen, ein Märchen von seltsam funkelnden Gesteinen und kostbar schimmernden Erzen ..., von Kronen und Spangen, von Perlgehängen und geschmeidigen, glitzernden Gürteln, die in geheimnisvoller Schmiede weihvoll geschmiedet, Königskinder zur Hochzeit schmücken ... Linien und Formen werden lebendig, Farben gewinnen Seele; jedem Stein, jedem Metall, jedem Email ist sein persönlichstes Wesen abgelauscht.* >

// During the latter half of the 19th century, Pforzheim kept a sharp eye on Paris. Pforzheim jewellery manufacturers travelled to the banks of the Seine, for instance to the Paris Industrial Exhibition of 1867 to glean as much information as possible on the newest trends and fashions in jewellery-making there. On their visits, the Pforzheim entrepreneurs, their designers and technicians were hungry for knowledge and eager to learn from such great events. Their clientele was a different one and the native Pforzheim industry was oriented towards large outputs. The Pforzheim jewellery industry was even then forced to adapt what had been seen in Paris to its own, more modest, needs and was capable of doing so. That meant not just aiming at different market segments but also simplifying the design of luxury models instead of taking them over wholesale.

That is probably how it was in the late 19th and early 20th centuries, the fin de siècle: Pforzheim was well aware that Historicism and eclecticism with their revivals of long forgotten period styles had for the most part had their day and that a "new art" – drawing on a variety of cultural and artistic influences – had swept Paris. Pforzheim informed itself in all particulars and procured French "sample sheets" to use them as models for its own creative endeavour. It goes without saying that such distinguished exponents of Art Nouveau as the Paris bijouterie manufacturers Piel Frères, Murat and many others were known in Pforzheim.

The Pforzheim contributions to the collective exhibition at the Exposition Universelle prove that Pforzheim was extremely well informed and brilliantly mastered the principles of translating what it knew into lowering prices and simplifying style. Germany was fascinated by Art Nouveau jewellery, especially the creations of René Lalique, Georges Fouquet, Maison Vever and all those who triumphed at the 1900 World Exhibition.

Pforzheim jewellery manufacturers and their creative employees could read in a gushing essay published in the Munich periodical *Dekorative Kunst*: *As if a fairy tale had come true, a fairy tale of rare sparkling stones and costly gleaming ores ..., of coronets and hair-slides, of pearl drop earrings and supple glittering belts, reverently forged in secret smithies, to adorn princes and princesses at their nuptials ... Lines and forms come alive, colours are tinged with soul; the intimate essence of every stone, each metal, each enamel has been captured.* >

Anhänger aus dem Hause Rouvenat, Paris; ausgestellt auf der Pariser Industrieausstellung (abgebildet im Katalog) // A pendant from Rouvenat, Paris, shown at the 1867 Paris Universal Exhibition (pictured in catalogue)

// In Pforzheim jedoch war man weit entfernt von solchen fantasievollen Betrachtungsweisen. Hier stand zwangsläufig der Kommerz, der wirtschaftliche Erfolg, im Vordergrund. Manche – zumindest die Fortschrittlichen unter den Schmuckherstellern – hatten jedoch erkannt, dass dieser neue Stil in der für Pforzheim notwendigen Umsetzung ein riesiges Potential zur eigenen Gewinnmaximierung darstellte. Der Kunstgewerbe-Verein und die Kunstgewerbeschule hatten schon vor der Jahrhundertwende Pariser Originalstücke für ihre Vorbildersammlungen erworben, nicht von den großen Schmuckkünstlern, sondern vornehmlich aus dem einfacheren Genre der Pariser Bijouterie, im vorausschauenden Bewusstsein, dass solche Broschen, Anhänger, Hutnadeln und Armbänder als Motive für die Pforzheimer Produktion sinnvoll und erfolgversprechend genutzt werden könnten. Abgesehen von wenigen Ausnahmen wurde in Pforzheim nicht direkt kopiert. Man versuchte sich eher in der Nachempfindung. Der neue Pariser Stil bot unendlich vielfältige Anregungen, und diese wurden hemmungslos genutzt. Es ist verständlich, dass Paris selbst nicht gerade erfreut war über diesen „Diebstahl“ der Ideen, und entsprechend negativ fiel das französische Urteil bezüglich der Pforzheimer Beteiligung an der Exposition Universelle auch aus.

Einige Pforzheimer hatten schon vor diesem Weltereignis ihre Lektionen gelernt. Sicher waren es nicht viel mehr als zwei Dutzend Firmen, die den Mut hatten, sich auf ihre spezifische Weise dem zu widmen, was in Paris inzwischen en vogue war. Die meisten Schmuckhersteller blieben ihrem traditionellen Stil treu, schufen nur das, was der Großhandel und schließlich der Endverbraucher von ihnen erwartete. Sie scheuten das Risiko, sich mit dem Neuen formal und produktiv auseinanderzusetzen. Und doch gab es sie, diese Mutigen, diese Aufgeschlossenen, und es waren nicht nur die jungen, erst vor kurzer Zeit gegründeten Firmen wie z. B. Gebrüder Falk oder Heinrich Levinger. Auch die eine oder andere Traditionsfirma, die bereits Jahrzehnte existierte, erkannte die enormen Möglichkeiten, die im Art Nouveau und in dessen deutscher Version als Jugendstil lagen.

Anhänger von Wilhelm Heinrich Schuler, Pforzheim, um 1875 // A pendant by Wilhelm Heinrich Schuler, Pforzheim, ca 1875

Art Nouveau – die Neue Kunst – bezog ihre Vorbilder aus der Natur, nicht im Sinne des Naturalismus der zweiten Hälfte des 19. Jahrhunderts, sondern in der ornamentalen Verwandlung und Umsetzung des natürlichen Vorbilds. Im Einklang mit dem in allen Bereichen kreativen Schaffens vorherrschenden Symbolismus (man denke an die Malerei, die Literatur und die Musik jener Zeit) war auch im Kunsthandwerk – und hier im Besonderen in der Schmuckkunst – ein Zusammenwirken von äußerer Gestalt und symbolischem Gehalt angestrebt und bei den großen Künstlern in hohem Maße erreicht worden. Das Abbild des Menschen, vornehmlich der Frau, die Bilder der Tiere – große und kleine Vögel, Insekten, Schlangen, auch Mischwesen zwischen Mensch und Tier – und die Bilder der Pflanzen – Blüten, Ranken, Zweige, Knospen und Blätter – lieferten der kreativen Elite Frankreichs ein geradezu unerschöpfliches Repertoire an Motiven. Die Umsetzung erfolgte auf hohem gestalterischen Niveau und mit blühender Fantasie, weder begrenzt durch stilistische Normen noch durch handwerklich-technische Beschränkungen. Paris hatte in den Protagonisten der Art Nouveau-Schmuckkunst ein Potential, das weit über Frankreich hinaus strahlte. *So sehen wir auf dem Gebiete der Goldschmiedekunst eine ganze Reihe von Künstlern emsig schaffen, und was unter ihren Fingern entsteht, scheint uns die charakteristischste und zarteste Blüte moderner angewandter Kunst in Paris zu sein*, so begeistert ist der Autor des Berichtes in der Zeitschrift „Dekorative Kunst".

Pforzheim wusste also Bescheid, Pforzheim musste aber seinen eigenen Voraussetzungen und Bedürfnissen folgen, und so entstand unter französischem Einfluss die Pforzheimer Variante: der „reduzierte", weitgehend industriell gefertigte Jugendstilschmuck, den es in seiner ersten, der ornamental-figürlichen und floralen Phase, ohne Paris niemals hätte geben können.

// Pforzheim, however, was far removed from such poetic views. In Pforzheim, out of necessity, commerce and success in business had priority. Some jewellery manufacturers – at least the progressive ones – had, however, realised that this new style represented a vast potential for maximising profits if translated in the way it had to be for Pforzheim.

The Kunstgewerbe-Verein and the Kunstgewerbeschule had acquired original Paris pieces for their collections of models. They had done so not from the great artists in jewellery but mainly from the more modest genre traded as bijouterie in Paris, with foresighted awareness that such brooches, pendants, hat pins and bracelets might be meaningfully and promisingly used as motifs for Pforzheim production. With only a few exceptions, direct copying was not done at Pforzheim. Instead, the approach ended to be one of receptive appreciation. The new Paris style provided infinitely diverse sources of inspiration and they were uninhibitedly exploited. Understandably, Paris was not exactly delighted at this "theft" of intellectual property. The French verdict on the Pforzheim contribution to the Exposition Universelle was accordingly negative.

Some Pforzheim jewellery manufacturers had already learnt their lesson before that world-beating event. Certainly it was not more than two dozen firms at best that had the boldness to commit themselves, albeit in their own distinctive ways, to what by then was *en vogue* in Paris. Most Pforzheim jewellery manufacturers remained true to their traditional style, only making what wholesalers and ultimately consumers expected of them. They shunned the risk of having to deal with what was new from the formal angle and the production side. Yet there were some bold, receptive Pforzheim jewellery manufacturers and they were not just the youngest, the most recently established firms such as Gebrüder Falk and Heinrich Levinger. One or two firms that looked back on decades of tradition also realised what enormous potential lay in Art Nouveau and Jugendstil, the German version.

Art Nouveau – new art – drew its models from nature, not as Naturalism had done in the latter half of the 19th century but in ornamental transformation and translation of the natural model. Attuned to the Symbolism that dominated all fields of creative endeavour (think of the painting, literature and music of the time), the applied arts – and especially the art of jewellery-making – strove for correspondence between external appearance and symbolic content and this had been superbly achieved by the great artists. The image of the human being, especially woman, likeness of animals – large and small, birds, insects, serpents, also animal and human hybrids, plants –

flowers, tendrils, twigs, buds and foliage – provided the creative élite of France with a virtually inexhaustible reservoir of motifs. Translating this repertoire took place on a high level of design and was driven by extraordinary powers of imagination, constrained neither by stylistic norms nor by limitations of craftsmanship or technology. In the exponents of Art Nouveau art jewellery, Paris had a potential that resonated far beyond France. *Thus we see a large number of artists industriously creating in the field of goldsmithing and what comes into being in their hands seems to us to be the most characteristic and most exquisite flowering of the modern applied arts in Paris*, raves the author of the report in the periodical *Dekorative Kunst*.
So Pforzheim knew what to do. But Pforzheim had to act according to its own circumstances and needs. Thus the Pforzheim variant emerged under French influence: the "reductive", for the most part industrially manufactured, Jugendstil jewellery, the first phase of which was decoratively figurative and floral and never could have existed without Paris.

(1) Kunstgewerbe-Blatt 1901
(2) siehe Kapitel/see chapter „Pariser Vorbild – Pforzheimer Nachahmung" (S./p. 98)
(3) siehe Kapitel/see chapter „Der Fall Lauer & Wiedmann" (S./p. 120)
(4) Rücklin, Rudolf, Die Pforzheimer Schmuckindustrie, Stuttgart, 1911, S./p. 10

Pforzheim in Paris – die Beteiligung an der Exposition Universelle 1900 // Pforzheim in Paris – showing work at the Exposition Universelle 1900

Für Pforzheim bedeutete es zweifellos eine Herausforderung, als im Januar 1897 der Delegiertentag der Deutschen Kunstgewerbevereine in Berlin die Teilnahme an der für das Jahr 1900 vorgesehenen Weltausstellung in Paris beschloss. Wie in den beiden anderen Schmuckstädten Hanau und Schwäbisch Gmünd war man auch in Pforzheim bemüht, sowohl das heimische Kunstgewerbe als auch die Schmuckindustrie auf möglichst hohem Niveau darzustellen. Dem Kunstgewerbe-Verein wurde die Vorbereitung übertragen, und man kam schließlich überein, dass sich Pforzheim mit dem Schwerpunkt Schmuck im Rahmen einer Kollektivausstellung in Paris repräsentativ vorstellen solle. Im in Wien, Berlin und Budapest herausgegebenen Jahrbuch der Edelmetallindustrie von 1899 wird darauf hingewiesen, *dass Deutschland, welches seinen Weltmarkt in Bijouterieartikeln nicht verlieren will, alles thun wird, um hierbei imposant vertreten zu sein.*[1] Um den Forderungen nach *hochfeinen kunstarbeitsmäßigen Stücken*, aber auch *kunstindustriellen Massenprodukten* gleichermaßen gerecht zu werden, wurde in Pforzheim ein Organisationskomitee unter der Leitung des stellvertretenden Vereinsvorsitzenden Wilhelm Stöffler berufen, dem sieben Vorstandsmitglieder des Vereins angehörten. Nach Beendigung der Exposition Universelle konnte der Kunstgewerbe-Verein in seiner Mitgliederversammlung im März 1901 mit Genugtuung feststellen, dass *die Resultate unserer Kollektivausstellung in Paris durchaus erfreulich* zu nennen seien, *sowohl vom geschäftlichen als vom künstlerischen Standpunkte aus*[2]. Die langwierigen Vorarbeiten hatten sich offenbar gelohnt, wie auch der sonst so kritische Rudolf Rücklin anmerkt, wenn er sein Fazit zieht: *Die im Verfolg unserer modernen Bestrebungen erzielten Ergebnisse und Erfolge werden uns in den Stand setzen, den Anforderungen, welche der Welthandel in stetig steigendem Grade an uns stellen wird, in einem Masse gerecht zu werden, wie es ohne die Weltausstellung und ohne unsere Beteiligung an derselben nicht möglich gewesen wäre. Das soll der Gewinn sein, den wir daraus ziehen.*

Die Esplanade des Invalides; in einem der Paläste wurde die Pforzheimer Schmuck-Ausstellung gezeigt // The Esplanade des Invalides; the Pforzheim jewellery exhibits were displayed in one of these palaces

Da *nur das Beste und Vollkommenste* zugelassen werden sollte, stellte sich die Auswahl der Exponate als eine höchst schwierige Aufgabe dar. Immerhin gab es 1899 in Pforzheim fast 500 Betriebe, die Gold-, Silber- und Doubléschmuck herstellten, es gab die Großherzogliche Kunstgewerbeschule mit ihren höchst angesehenen Professoren und Lehrern, und selbst die Stadtverwaltung Pforzheim wollte mit einem eigenen Beitrag in Paris vertreten sein. Als Resultat umfangreicher Bemühungen zogen 22 Pforzheimer Firmen mit ihren Produkten (Broschen, Ringe, Schließen, Ketten für Damen und Herren, Uhrketten, Armbänder und Armreife, Hutnadeln, Diademe, Zierkämme, Knöpfe, Plaketten und Medaillen, kleine Silberwaren wie Schreibstifte, Papiermesser und Raucherzubehör, Reise-, Kamin- und Tischuhren, Geräte wie silberne Schalen und Kelche sowie aus Achat geschnittene Vasen mit Goldmontierungen) in die Ausstellungshalle an der Esplanade des Invalides im 7. Pariser Arrondissement ein. Zusätzlich und im offiziellen Katalog gesondert aufgeführt stellten der Bildhauer Fritz Wolber, Professor an der Kunstgewerbeschule, eine silberne Plakette und eine von ihm nach einem Entwurf des Kunstgewerbelehrers Adolf Wittmann gestaltete Schreibgarnitur als offiziellen Beitrag der Stadt Pforzheim, der Kunstgewerbeschulprofessor Carl Weiblen industrielle Kunstgegenstände und Ornamente aus, und der Ziseleur Paul Wissmann zeigte ein silberverziertes Fotoalbum. Das Arrangement der Pforzheimer Kollektivausstellung stand unter der Obhut der Großherzoglichen Kunstgewerbeschule *unter der Mitwirkung der Professoren Riester, Kleemann, Weiblen, Wolber und der Lehrer Ad. Wittmann, Rud. Rücklin, Ferd. Hardt.* >

Vignette im offiziellen Ausstellungskatalog des Deutschen Reiches, 1900 ›› Wilhelm Stöffler, 2. Vorsitzender des Kunstgewerbe-Vereins, Organisator der Pforzheimer Kollektiv-Ausstellung für die Exposition Universelle 1900 in Paris // A vignette in the official German Empire Exhibition Catalogue, 1900 ›› Wilhelm Stöffler, vice-chairman of the Kunstgewerbe-Verein Pforzheim and organiser of the collective Pforzheim show at the 1900 Paris Exposition Universelle

// For Pforzheim it undoubtedly represented a challenge when the Delegate Conference of the German Applied Arts Associations passed a resolution in January 1897 to participate in the World Exhibition planned for 1900 in Paris. Like the other two jewellery cities, Hanau and Schwäbisch Gmünd, Pforzheim was doing its utmost to present the local applied arts as well as the jewellery industry to the highest possible standard. The Kunstgewerbe-Verein was charged with preparing for the Pforzheim showing in Paris. It was finally agreed that Pforzheim should focus on jewellery as representative of the city under the auspices of the collective exhibition in Paris. In the 1899 *Jahrbuch der Edelmetallindustrie*, which was published in Vienna, Berlin and Budapest, it was pointed out that *that Germany, which does not want to lose its world market in bijouterie articles, wants to do everything to be impressively represented in this respect.*[1] To meet the requirements imposed for *fine artisanal pieces* as well as *mass-produced industrial art products* equally suitable, an organisation committee was

Goldmedaille der Exposition Universelle 1900 // The Gold Medal awarded at the 1900 Exposition Universelle

appointed with Wilhelm Stöffler, the deputy chairman of the Kunstgewerbe-Verein, at its head. Seven members of the board of governors were on the committee. After the members' meeting in March 1901, the Kunstgewerbe-Verein was pleased to confirm that *the results of our collective exhibition in Paris* could be described as *highly gratifying, both from the commercial and the artistic standpoint.*[2] The time-consuming preparations had evidently paid off, as the otherwise so critical Rudolf Rücklin notes in passing his verdict on Pforzheim's showing: *The results and successes achieved as a result of our striving for Modernity will put us in a position to meet the challenges with which world trade is increasingly going to confront us to an extent that would not have been possible without the World Exhibition and our participation in the same. That will be the profit we will have from it.*

Since only *the best and most perfect* [products] were eligible for submission, the choice of exhibits proved to be a very difficult task indeed. After all, in 1899 there were nearly 500 businesses that were making gold, silver and doublé jewellery. There was also the Kunstgewerbeschule, with its distinguished professors and instructors and even the municipality of Pforzheim wanted to be represented in Paris by a contribution of its own.

The upshot of a rigorously comprehensive selection process was that twenty-two Pforzheim firms submitted products to be shown in the exhibition hall on the Esplanade des Invalides in the 7th arrondissement. The successful entries included brooches, rings, buckles, ladies' and gentlemen's chains, watch chains, bracelets and bangles, hat pins, tiaras, decorative hair combs, buttons, plaquettes and medallions, small articles in silver such as pens, paper knives and smoking utensils, as well as for travelling, mantel-pieces and table clocks, tableware such as silver bowls and goblets, and gold-mounted vases of cut agate. In addition, and with a separate entry in the official catalogue, the sculptor Fritz Wolber, a professor at the Kunstgewerbeschule, exhibited a silver plaquette and a desk-set he had created after a design by Adolf Wittmann, an applied arts instructor, as the official contribution made by the city of Pforzheim. Carl Weiblen, a professor at the school as well, showed industrially manufactured art objects and ornaments and Paul Wissmann, a chaser, showed a silver-mounted photo album. The Pforzheim collective exhibition was under the auspices of the Kunstgewerbeschule, *assisted by Professors Riester, Kleemann, Weiblen, Wolber and Ad. Wittmann, teacher, Rud. Rücklin, Ferd. Hardt.* >

// Beim Kunstgewerbe-Verein lag die Vorbereitung *der mühsam zustande gekommenen Sammelausstellung*, bei der Kunstgewerbeschule die Realisierung. Gesamtverantwortlich war wohl, obwohl dies aus den Quellen nicht eindeutig hervorgeht, Alfred Waag, der in Personalunion sowohl Direktor der Schule als auch erster Vorsitzender des Vereins war.

Längst etablierte Schmuckhersteller gehörten zu den Teilnehmern, wie zum Beispiel die Firma Benckiser & Cie., die bereits 1816 gegründet worden war, August Kiehnle (Gründungsjahr 1840), F. Zerrenner (1843), Theodor Fahrner (1855) und Louis Fiessler & Cie. (1857), aber auch ganz junge Unternehmen wie Gebr. Falk, im Jahre 1897 von den Brüdern Friedrich und Heinrich Falk, die damals gerade 31 und 23 Jahre alt waren, gegründet. Bemerkenswert aber ist, dass andere Pforzheimer Firmen, deren Produkte zweifellos gleichwertig mit denen der Aussteller waren, nicht in Paris aufgetreten sind. Warum waren zum Beispiel A. Odenwald nicht dabei, Lauer & Wiedmann, Heinrich Levinger, Victor Mayer, Meyle & Mayer, Karl Hermann? Die Quellen geben keine Auskunft darüber; vielleicht zögerten die Inhaber, weil sie kein Risiko eingehen wollten, vielleicht waren sie nicht bereit, das Projekt finanziell mitzutragen (obwohl doch *eine ausgiebige finanzielle Unterstützung vom Staate verlangt und gewährt* worden war) oder sie gehörten nicht zu den „Kreisen", die damals das Sagen hatten. Bei der Auswahl der Teilnehmer war sicher auch ein Konkurrenzdenken mit im Spiel und es fällt auf, dass manch einer, dessen Stücke in Paris mit dabei waren, selbst dem Organisationskomitee angehörte (so zum Beispiel Wilhelm Stöffler, Friedrich Falk und auch Georg Lerch, der Inhaber der Firma F. Zerrenner war).
Und doch: *Alle Sachverständigen geben es zu, dass noch niemals so gute Leistungen der Pforzheimer in die Welt gegangen*, denn – so berichtet das Kunstgewerbe-Blatt im Jahre 1901 – *soviel steht fest, dass die … Aussteller ihre Aufgabe glänzend gelöst und Pforzheim und seiner Zukunft einen großen Dienst erwiesen haben.* Insgesamt wurden die 25 teilnehmenden Firmen und Einzelaussteller mit 23 Gold-, Silber- und Bronzemedaillen ausgezeichnet, was nicht nur sie mit berechtigtem Stolz erfüllte. Hinzu kamen noch zehn Silber- und Bronzemedaillen, die an einzelne Mitarbeiter der Pforzheimer Firmen gesondert verliehen worden waren.
War dieser Erfolg wirklich so bedeutend, wie die Pforzheimer ihn selbst sahen? Sicher, sie waren mit vielen Ehrungen aus Frankreich zurückgekehrt, sie haben sich selbst wohlwollende Zeugnisse ausgestellt, sie schauten mit einer gewissen Selbstzufriedenheit und mit Stolz auf ihre Pariser Präsentation zurück. Im Vergleich jedoch zu dem, was sie bei den französischen Konkurrenten, sowohl in der Schmuckkunst eines Lalique, eines Fouquet, des Hauses Vever wie auch bei der französischen Schmuckindustrie, gesehen hatten, musste in selbstkritischer Objektivität doch festgestellt werden: *An künstlerischer Strebsamkeit im Schmuckgewerbe fehlt es jedenfalls bei uns nicht, wenn auch die traditionelle Zielsicherheit im Erreichen des Schmuckeffektes, wie sie den Franzosen zu eigen ist, vielfach noch mangelt.*
Aus Pforzheimer Sicht war die Pariser Weltausstellung an sich und die Beteiligung daran eine *Veranstaltung, die eine außerordentlich lehrreiche und anregende Rückwirkung auf die gesamte Industrie ausübte*[3]. >

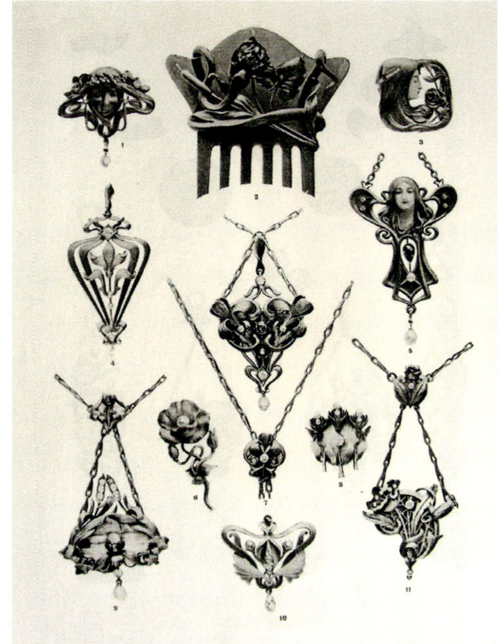

Pforzheimer Schmuck auf der Exposition Universelle; aus Rudolf Rücklin, Das Schmuckbuch, 1901 // Pforzheim jewellery at the Exposition Universelle: from Rudolf Rücklin, Das Schmuckbuch, 1901

Brosche von F. Zerrenner, abgebildet in der Revue de la bijouterie, joaillerie et orfèvrerie, Nr. 6, 1900 ›› Anhänger von F. Zerrenner, abgebildet in der Revue de la bijouterie, joaillerie et orfèvrerie, Nr. 6, 1900 ›› Schmuckkamm von F. Zerrenner, ausgestellt in Paris 1900 // A brooch by F. Zerrenner, pictured in the Revue de la bijouterie, joaillerie et orfèvrerie, No. 6, 1900 ›› A pendant by F. Zerrenner, pictured in the Revue de la bijouterie, joaillerie et orfèvrerie, No. 6, 1900 ›› A decorative comb by F. Zerrenner, shown in Paris in 1900

// Preparations for *the collective exhibition that was only achieved with difficulty* were handled by the Kunstgewerbe-Verein, the school was in charge of realising the show in Paris. Although the sources are not quite clear on this, the overarching responsibility for the project was in the hands of Alfred Waag, who in his person combined the posts of both director of school and chairman of the association.

Participants included long established jewellery manufacturers, such as Benckiser & Cie., which was founded as long ago as 1816; August Kiehnle (est. 1840), F. Zerrenner (1843), Theodor Fahrner (1855) and Louis Fiessler & Cie. (1857). However, very new firms, including Gebr. Falk, which was founded in 1897 by Friedrich and Heinrich Falk, brothers who were just thirty-one and twenty-three years old respectively at the time, were also chosen to participate. What is odd, however, is that other Pforzheim firms, whose products were beyond all doubt of a quality matching that of the exhibits selected, were not asked to show in Paris. Why, for instance, were A. Odenwald, Lauer & Wiedmann, Heinrich Levinger, Victor Mayer, Meyle & Mayer, Karl Hermann all excluded? The sources are silent on the matter. Perhaps the proprietors of those firms had hesitated because they did not want to incur risks. Perhaps they simply were unwilling to contribute to supporting the project financially although *generous financial support was requested of the state and granted*, or they did not belong to the "circles" that had any say in the matter. Competitiveness must surely have played a role in the process of selecting participants. It is noticeable, too, that many an exhibitor represented by pieces in Paris was also on the organisation committee (for instance, Wilhelm Stöffler, Friedrich Falk and Georg Lerch, who was the proprietor of the firm of F. Zerrenner).

And yet: *All experts admit that never have such good products by Pforzheimers been sent out into the world*; after all – as the Kunstgewerbe-Blatt reported in 1901 – *so much is certain that the … exhibitors have fulfilled their tasks brilliantly and have done a great service to Pforzheim and its future.*

The twenty-five participants, including both the twenty-two firms and three solo exhibitors, were awarded a total of twenty-three gold, silver and bronze medals, a feat that not only made them justifiably proud. In addition, there were ten silver and bronze medals that were separately awarded to individual employees of the participating Pforzheim firms.

Was that success really as significant as the people of Pforzheim themselves saw it as being? Certainly, they had returned with many honours from France. They also rewarded themselves with positive testimonials. They could look back with a certain amount of complacency and pride at their Paris presentation. However, compared to what they had seen in the shows mounted by their French competitors, both in the art jewellery shown by Lalique, Fouquet and Maison Vever and the products exhibited by the French jewellery industry, it had to be admitted in a spirit of critical objectivity: *In any case, there is no lack of artistic endeavour in the jewellery trade at home even though the traditional purposiveness in achieving effects with jewellery, which the French possess, is often still lacking.*

As Pforzheim saw it, the Paris World Exhibition itself and Pforzheim's participation in it represented an *event that in retrospect exerted an extraordinarily instructive and stimulating influence on the entire industry.*[3] >

// Die französische Fachpresse setzte sich detailliert und kritisch mit der *Bijouterie étrangère à l'exposition de 1900* auseinander und stellt selbstbewusst und völlig richtig fest, dass die Deutschen, geschickt, fleißig und ausdauernd *(industrieux et persévérant)* wie sie sind, von den französischen Kreationen profitieren, wenn auch ihre Produkte einen Mangel an Anmut *(dépourvoir de grace)* aufweisen. Selbstbewusst stellt René Chanteclair, der für die Pariser *Revue de la bijouterie, joaillerie et orfèvrerie* schreibt, die rhetorische Frage, ob man denn die Freude über diese Aufdeckung der französischen Überlegenheit *(notre joie devant la révélation de la supériorité française)* unterdrücken solle. Er fragt auch, ob man sich für die deutsche Abteilung überhaupt interessieren solle *(la section allemande va-t-elle nous intéresser?)*, ob man denn irgendwelche bemerkenswerte Produkte entdecken könne bei den *industriels de Pforzheim*, die Sensationelles angekündigt hätten, und gibt die Antwort, dass die deutschen Aussteller Schmuckstücke präsentierten, die die Franzosen in keiner Weise überrascht hätten, denn sie würden an die eigenen erinnern *(qui ne nous surprennent en aucune façon parce qu'ils rappellent les nôtres)*.

Pforzheimer Schmuck auf der Exposition Universelle; aus: Jubiläums-Heft, Kunstgewerbe-Blatt 1902 // Pforzheim jewellery at the 1900 Exposition Universelle; from Jubiläums-Heft, Kunstgewerbe-Blatt, 1902

Immerhin erwähnt der Autor die Firma Louis Kuppenheim namentlich und würdigt im Besonderen F. Zerrenner, indem er sechs Schmuckstücke dieser Firma abbildet und zugesteht, sie biete nach seiner Ansicht einige neue Broschen an, die allerdings sehr einfach und bescheiden seien *(quelques broches nouvelles très simples et très modestes)*. Sucht Zerrenner diese Einfachheit ganz bewusst, fragt Chanteclair weiter. Dies sei anzunehmen, und es scheine, Zerrenner wolle sich so einer allzu zu scharfen Kritik entziehen *(éviter une critique trop sévère)*.(4) Übrigens: Zerrenner kam lediglich mit einer Silbermedaille aus Paris zurück!

Und noch einmal – zwei Jahre später – berichtet die *Revue* erneut über *Les Bijoux Étrangers*, dieses Mal allerdings nicht auf eine einzige Ausstellung bezogen, sondern auf Messen in verschiedenen europäischen Städten und in den USA. Zerrenner wird in dem Beitrag des Autors Viator zwar nicht namentlich genannt, immerhin bildet er einen Anhänger und eine Brosche aus diesem Pforzheimer Hause ab. Sehr viele Schmuckstücke aus Pforzheim scheinen damals auf internationaler Ebene ausgestellt gewesen zu sein, und Viator bemerkt bedauernd, dass, weil die kommerzielle Idee dort vorherrschend sei, die künstlerische Qualität der unzähligen Produkte bedauerlicherweise *(malheuresement)* keinesfalls ihrer Quantität entspreche (*la qualité artistique ne répond pas à la quantité des innombrables articles*). In Pforzheim gebe es viele Fabrikanten und sie seien einander sehr ähnlich (*ils sont semblables les uns aux autres!*). Immerhin erwähnt Viator Louis Fiessler, August Kiehnle, Louis Kuppenheim, der im Jahre 1900 mit einer Goldmedaille ausgezeichnet worden war, und die Firma Ernst UnterEcker, die 1900 nicht in Paris ausgestellt hatte. Die Ringfabrik F. Mahla wird lobend erwähnt (*la joaillerie de M. Mahla est très soignée, ses bijoux sont d'un bon aspect*) und auch die Stücke der Firma H. Drews finden anerkennende Beachtung: *La petite orfèvrerie des M. Drews est très agréable.*(5)

Auf der einen Seite war der Schmuck aus Pforzheim kommerziell weiterhin sehr erfolgreich (1902 gab es laut Augustus Steward, dem Chefredakteur der englischen Fachzeitschrift „The Watchmaker, Jeweller, Silversmith and Optician“, rund 700 Schmuck herstellende Betriebe mit mehr als 18.000 Arbeitern und Arbeiterinnen und ungefähr 150 Großhändler)(6), andererseits war zumindest die ausländische Fachwelt eher zurückhaltend in der Beurteilung dessen, was die Pforzheimer Schmuckindustrie auf den internationalen Markt brachte. Es ist anzunehmen, dass die kritisch-skeptische Bewertung des Pforzheimer Schmuckes weitgehend an den falschen Maßstäben lag, mit denen man ihn gemessen hat. Henri Vever, der Pariser Juwelier und Schmuckhistoriker bleibt im dritten Band seiner Geschichte des französischen Schmuckes, den er 1908 veröffentlicht hat, weiterhin kritisch: er wirft den Nachbarn im Norden und Osten vor, vom Erfolg

Schmuck von Theodor Fahrner auf der Exposition Universelle, aus Rudolf Rücklin, Das Schmuckbuch, 1901 // Theodor Fahrner jewellery at the Exposition Universelle; from Rudolf Rücklin, Das Schmuckbuch, 1901

Brosche von Theodor Fahrner, Entwurf M. J. Gradl; ausgestellt in Paris 1900 ›› Brosche von Theodor Fahrner, Entwurf M. J. Gradl; ausgestellt in Paris 1900 // A Theodor Fahrner brooch, designed by M. J. Gradl: shown in Paris in 1900 ›› A Theodor Fahrner brooch designed by M. J. Gradl: shown in Paris in 1900

des neuen Stils profitieren zu wollen, und er erwähnt auch Pforzheim, wo man in großen Mengen minderwertige Dinge produziere, ausschließlich in der Absicht, damit Geld verdienen zu wollen, *et surtout les Allemands inondèrent le monde entier de déplorable „Art Nouveau"*.(7)
Aber schließlich war es in Pforzheim weder Absicht noch Ziel, sich mit der Haute Joaillerie in London, Paris, Wien, Berlin und Rom zu messen. In Pforzheim wurde Schmuck produziert, der sich bewusst an einen großen Kundenkreis richtete; dieser Klientel musste man, was Preis und auch den Geschmack dieser Zielgruppe anging, mit einem geeigneten Angebot gerecht werden.

// The French specialist magazines discussed the *bijouterie étrangère à l'exposition de 1900* in detail and critically. It noted with pride and justifiably that the Germans, clever, industrious and persevering *(industrieux et persévérant)* as they were, profited from the French creations even though their own products were bereft of elegance *(dépourvu [...] de grâce)*. René Chanteclair, writing for the Paris *Revue de la Bijouterie, Joaillerie et Orfèvrerie*, complacently asked the rhetorical question of whether this gloating over the discovery that the French were superior *(notre joie devant la révélation de la supériorité française)* should not rather be suppressed. He also wondered whether one ought to be interested at all in the German section *(la section allemande va-t-elle nous intéresser?)*, whether any remarkable products might be spotted among those presented by the *industriels de Pforzheim*, who had made such a point of announcing sensational exhibits, and answered his own musings by saying that the German exhibitors presented pieces of jewellery which did not catch the French at all by surprise because they were, after all, reminiscent of their own *(qui ne nous surprennent en aucune façon parce qu'ils rappellent les nôtres)*. Still, the writer does mention the firm of Louis Kuppenheim by name and singles out F. Zerrenner for praise by reproducing six pieces of jewellery by that firm as illustrations, albeit a backhanded complement because he admits that, in his opinion, F. Zerrenner is offering

Chatelaine von Louis Fiessler, ausgestellt in Paris 1900; aus Rudolf Rücklin, Das Schmuckbuch, 1901 // A Louis Fiessler châtelaine shown in Paris in 1900; from Rudolf Rücklin, Das Schmuckbuch, 1901

some new brooches that are, however, very simple and very modest *(quelques broches nouvelles très simples et très modestes)*. Chanteclair goes on to ask innocently whether Zerrenner is deliberately cultivating this simplicity and adds wryly that it would seem Zerrenner was doing it to avoid all too acerbic criticism *(éviter une critique trop sévère)*.(4) Incidentally: Zerrenner only took a silver medal home with him from Paris!

And once again – two years later – the *Revue* reported on *les bijoux étrangers*, this time, however, without referring to any specific exhibition but more generally to trade fairs in various European cities and the United States. Zerrenner is not mentioned by name in this article by Viator although a pendant and a brooch from that Pforzheim firm are shown. A great many pieces of Pforzheim jewellery seem to have been shown internationally at that time and Viator remarks with regret – *malheureusement* – that, because commerce has priority there, the artistic quality of all those innumerable products certainly did not correspond to their quantity *(la qualité artistique ne répond pas à la quantité des innombrables articles)*. In Pforzheim, he says, there were many industrialists and they were all very much alike *(ils sont semblables les uns aux autres!)*. Nevertheless Viator does mention Louis Fiessler, August Kiehnle, Louis Kuppenheim, who had been awarded a gold medal in 1900, and the firm of Ernst UnterEcker, which had not exhibited in Paris in 1900. F. Mahla, a ring factory, is praised because its products are beautifully finished and its rings look smart *(la joaillerie de M. Mahla est très soignée, ses bijoux sont d'un bon aspect)*. The pieces made by the firm of H. Drews are also rather condescendingly noted: *The little jewellery-making firm of M. Drews is quite acceptable (La petite orfèvrerie de M. Drews est très agréable)*.(5)

On the one hand, jewellery from Pforzheim continued to be commercially very successful (in 1902 there were, according to Augustus Steward, general editor of the English specialist journal *The Watchmaker, Jeweller, Silversmith and Optician*, some 700 jewellery manufacturers employing a workforce of more than 18 000 men and women and supplying approx 150 wholesalers).(6) On the other, specialists outside Germany at least tended to be rather reticent in their verdict on what the Pforzheim jewellery industry was putting on the international market. It is safe to assume that the critical and sceptical evaluation of Pforzheim jewellery was due to its being measured by false standards. Henri Vever, the Paris jeweller and historian of jewellery, remains critical even in the third volume of his history 19th century French jewellery, published in 1908. He accuses the neighbouring countries to the north and east of trying to profit from the success of the new style. He also mentions Pforzheim, where, he maintains, inferior articles were produced in vast quantities with the sole intention of making money: *et surtout les Allemands inondèrent le monde entier de déplorable "Art Nouveau".*[7]

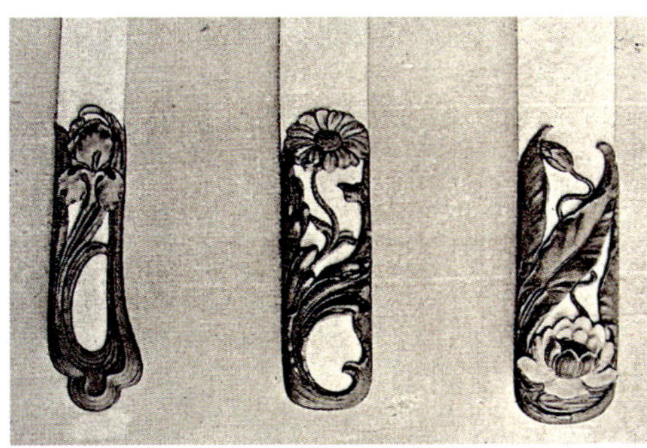

Drei Griffe für Papiermesser von Louis Kuppenheim, in Paris 1900 mit einer Goldmedaille ausgezeichnet; abgebildet in der Revue de la bijouterie, joaillerie et orfèvrerie, Nr. 6, 1900 // Three handles for paper-knives by Louis Kuppenheim; awarded a gold medal in Paris in 1900 and pictured in the Revue de la bijouterie, joaillerie et orfèvrerie, No. 6, 1900

After all, it was neither the intention nor the aim in Pforzheim to compete with the haute joaillerie in London, Paris, Vienna, Berlin and Rome. The jewellery produced in Pforzheim deliberately targeted a broad-ranging clientele. The needs of those market segments had to be met with a suitable offering as far as price and tastes were concerned.

(1) Jahrbuch der Edelmetall-Industrie, Berlin, Budapest, Wien, 1899, S./p. 12
(2) Alle nachfolgenden Zitate aus Kunstgewerbe-Blatt, 1901, in mehreren aufeinander folgenden Heften/All subsequent quotations from Kunstgewerbe-Blatt, 1901 in several successive issues
(3) Rücklin, Rudolf, Die Pforzheimer Schmuckindustrie, Stuttgart 1911, S./p. 1
(4) Revue de la bijouterie, joaillerie et orfèvrerie, Oktober 1900, S./p. 71 ff
(5) Revue de la bijouterie, joaillerie et orfèvrerie, 1902, S./p. 207 ff
(6) zitiert im/quoted in Kunstgewerbe-Blatt 1903
(7) Henri Vever, La Bijouterie Française en XIXme siècle, Paris, Band III, S./p. 774, englische Übersetzung von/English translation by Katherine Purcell, London 2001, S./p. 1282 f

Pariser Vorbild – Pforzheimer Nachahmung // Paris the model – imitated in Pforzheim

Er war überall gegenwärtig, nicht erst seit seinem grandiosen Auftritt auf der Exposition Universelle 1900 in Paris. René Lalique wurde bewundert, man lobte ihn in den höchsten Tönen, nicht nur in Paris, sondern überall, wo man sich mit Schmuck beschäftigte. Auch seine extravagante Präsentation auf der „Saint Louis World's Fair" im Jahre 1904 rief Stürme der Bewunderung hervor, die denen von 1900 in nichts nachstanden. Rudolf Rücklin berichtete darüber mit folgenden Worten: *Man wird sich an die Begeisterung erinnern, mit der Lalique's Arbeiten auf der Pariser Ausstellung bewundert und gepriesen wurden. Für mein* (Rücklins) *Gefühl wird jene Darbietung noch übertroffen von dem, was in St. Louis ausgestellt war.*[1]
Aber nicht erst seit Paris oder St. Louis war Rücklin ein wahrer Verehrer der Schmuckkunst des René Lalique, schon viel früher war der Pforzheimer auf das Pariser Genie aufmerksam geworden. 1901 veröffentlichte er in seinem zweibändigen „Schmuckbuch" zahlreiche Lalique-Schmuckstücke und würdigte den Franzosen auf nachdrückliche Weise.
Lalique war zum großen Vorbild geworden. Ihm folgten nicht nur die Pariser Kollegen und Mitbewerber wie Gautrait, Gaillard, Fouquet und viele andere, auch in Belgien und in Katalonien[2], sondern – auf einem wie immer zwangsläufig reduzierten Niveau – natürlich auch in Pforzheim.
Man kannte hier die Pariser Fachpresse (für die Bibliothek des Kunstgewerbe-Vereins war zum Beispiel die „Revue de la bijouterie, joaillerie et orfèvrerie" abonniert worden und stand somit allen Mitgliedern des Vereins zur Verfügung), man war zum Sammeln neuer Erkenntnisse und Anregungen regelmäßig selbst an die Seine gereist, kurzum, die Pforzheimer Schmuckhersteller und ihre Entwerfer waren bestens informiert.
Man wollte und musste dieses Wissen nutzen, um es in eigenen geschäftlichen Erfolg umzusetzen und man war in Pforzheim keineswegs zurückhaltend – gelegentlich sogar recht skrupellos – in der Verwendung vieler fremder Ideen zum Wohle der Pforzheimer Industrie.[3]
Keines der gängigen Schmuckmotive des Art Nouveau wurde ausgelassen: die Blumen und Blüten, die Vögel und andere Tiere, die Frau in ganzer Gestalt oder das Frauenköpfchen in Frontansicht oder im Profil. In Pforzheim jedoch war eines ganz anders als in Paris: der Art Nouveau-Schmuck aus Frankreich war voll von Symbolbezügen, voller Aussagekraft, er stand in engstem Kontext zu den künstlerischen Äußerungen seiner Epoche in Musik, Dichtkunst, Malerei, grafischer Kunst und Architektur. In Pforzheim scheint man darauf weniger Wert gelegt zu haben, hier kam es vorrangig auf den äußeren und äußerlichen Reiz an, der nicht mit zuviel Magie, Zauber und Symbolismus befrachtet zu sein brauchte. Die gefällige Form stand in Pforzheim im Vordergrund, wogegen in Paris die Gestaltung eine Symbiose eingegangen war mit Aussagekräften, die den Schmuckgegenstand weit über das rein Dekorative hinaus hoben.

Von Leda, der sich Zeus in der griechischen Mythologie in Gestalt eines Schwanes näherte, bis zu Wolfram von Eschenbachs und Richard Wagners Lohengrin und Tschaikowskis berühmtem Ballett, wo Schwänen jeweils symbolhafte Rollen zukommen, reicht die Spannweite, die dieser Vogel in Märchen, Sagen und vielfältigen Äußerungen der unterschiedlichsten Künste einnimmt.[4] René Lalique hat sich ausgiebig dem Schwan, vornehmlich für seine stimmungsvollen Anhänger, gewidmet.[5] Geradezu zwangsläufig musste der Schwan auch im Pforzheimer Schmuck des Jugendstils in Erscheinung treten.
Rücklins „Schmuckbuch" von 1901 zeigt im zweiten Band einen Anhänger von Lalique, der bereits drei Jahre zuvor in einem Aufsatz von Henri Vever in der französischen Zeitschrift „Art et Décoration" veröffentlicht worden war.[6] Das Schmuckstück mit zwei weiß emaillierten Schwänen auf einem von Schilf gesäumten Teich war mit Sicherheit in Pforzheim bekannt, und es wurde zum Vorbild für manch einen „Zeichner", wie zahlreiche Pforzheimer Anhänger-Entwürfe mit dem Schwan-Motiv beweisen. Schon zum Friedrich-Wilhelm-Müller-Wettbewerb des Jahres 1899 wurde eine Zeichnung mit zwei in einem Teich schwimmenden Schwänen eingereicht: eindeutig ein französisches Motiv[7], das in Pforzheim wie üblich vereinfacht wurde und weniger elegant in der Aufteilung der Formen und Flächen erscheint. Der Zeichner Karl Bissinger, der 1903 Partner von Emil Levinger werden sollte, reichte 1901 eine Schwanen-Brosche zu einem der Wettbewerbe ein; auch Lauer & Wiedmann widmete sich in mehreren Schmuckstücken dem Schwan als zentralem Motiv! >

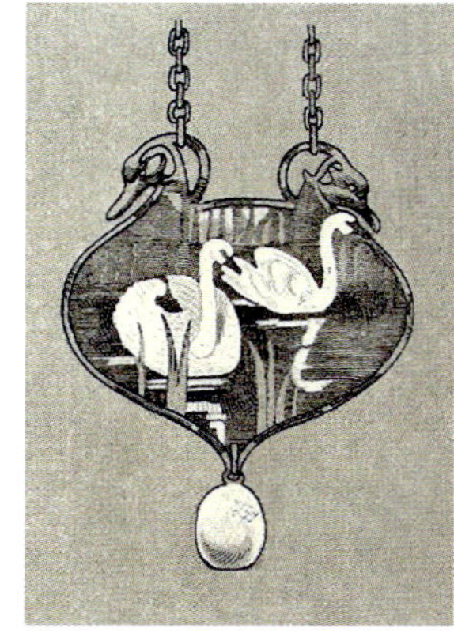

Schwan-Anhänger von René Lalique, Abbildung aus Rücklin, Das Schmuckbuch, 1901 ›› Entwurf für einen Schwan-Anhänger; Friedrich-Wilhelm-Müller-Wettbewerb 1899 ›› Entwurf für eine Schwan-Brosche von Karl Bissinger, 1901 ›› Schwan-Brosche von Lauer & Wiedmann; Foto aus dem Musterbuch // A René Lalique swan pendant, pictured in Rücklin, Das Schmuckbuch, 1901 ›› Design for a swan pendant: Friedrich Wilhelm Müller competition, 1899 ›› Design for a swan brooch by Karl Bissinger, 1901 ›› A Lauer & Wiedmann swan brooch; photograph from the Sample Book

// He was omnipresent and not just since he first burst on the scene at the Exposition Universelle in Paris. René Lalique was admired; he was vociferously acclaimed and not just in Paris but everywhere there was interest in jewellery. The extravagant show Lalique put on at the 1904 St. Louis World's Fair evoked a whirlwind of enthusiasm which equalled the excitement shown in 1900. Rudolf Rücklin reported on it as follows: *The enthusiasm will be recalled with which Lalique's pieces were admired and praised at the Paris exhibition. My feeling* [Rücklin's] *is that offering is even surpassed by what was exhibited in St. Louis.*[1]

However, Rücklin had not been a fervent admirer of René Lalique's jewellery since Paris and St. Louis; long before that, the Pforzheim critic had become aware of the Paris genius. Rücklin published numerous Lalique pieces in his two-volume *Schmuckbuch* (1901) and paid emphatic tribute to the French artist.

Lalique had become the model to emulate. He was followed not only by Paris colleagues and competitors such as Gautrait, Gaillard, Fouquet and many others but also in Belgium and in Catalunya[2] and naturally also, as was to be expected, to a more modest standard in Pforzheim. There the Paris specialist press was known (to take one example, a subscription to the *Revue de la bijouterie, joaillerie et orfèvrerie* had been taken out for the Kunstgewerbe-Verein library so that it was available to all members of the association). Delegations and individuals from Pforzheim travelled regularly to the Seine to imbibe new knowledge and fresh inspiration; in brief, the Pforzheim jewellery manufacturers and the designers in their employ were well-informed on developments in Paris.

This knowledge was to be used, had to be used, to ensure commercial success at home in Pforzheim. Pforzheim did not hesitate – indeed, was unscrupulous about doing so on occasion – to make use of many foreign ideas to the advantage of the Pforzheim industry.[3]

None of the usual Art Nouveau jewellery motifs was eschewed in Pforzheim: the flowers and blooms, the birds and other fauna, woman in full-figure representation as well as frontal and profile views of female heads. In Pforzheim, however, one fundamental aspect was entirely different to the Paris approach; French Art Nouveau jewellery was informed by symbolic references; it was embedded in the context of other expressions of the French aesthetic of the day in music, poetry, painting, the graphic arts and architecture. In Pforzheim, by contrast, it would seem that less importance was attached to these connotations. There what mattered most was the external and extrinsic attractiveness of a piece, which did not need to be burdened with much magic, enchantment and symbolism. Pleasing form was paramount in Pforzheim whereas in Paris design had entered on a symbiosis with the statements to be made, which raised pieces of jewellery far above the status of purely decorative objects.

The range covered by the swan in fairytales, legends and the manifold statements made in so many art forms includes Leda, whom Zeus, as Greek mythology has it, approached disguised as a swan, to the *Lohengrin* of Wolfram von Eschenbach and Richard Wagner as well as the celebrated Tchaikovsky ballet, *Swan Lake*, in which swans are also assigned symbolic roles.[4] René Lalique devoted himself extensively to the swan, notably in his entrancing pendants.[5] The swan, therefore, simply had to figure prominently in Pforzheim Art Nouveau jewellery as well.

In the second volume of the 1901 Rücklin *Schmuckbuch*, a Lalique pendant is shown that three years previously had been published in an essay by Henri Vever in the French journal *Art et Décoration*.[6] That piece, featuring two swans in white enamel on a reed-fringed pond, was definitely known in Pforzheim. It became the model for many a "draughtsman", as the many Pforzheim designs for pendants with the swan motif show. As early as the 1899 Friedrich-Wilhelm-Müller competition a drawing with two swans floating on a pond was submitted: unequivocally a French motif[7], which, as usual, was simplified in Pforzheim and looks less elegant in the articulation of forms and surfaces. Karl Bissinger, the draughtsman who would become Emil Levinger's business partner in 1903, submitted a swan brooch as his entry in 1901; Lauer & Wiedmann also devoted themselves to the swan as the central motif of several of their pieces. >

// Der Pfau war um 1900 in Paris – bei Lalique, bei Alphonse Mucha, bei Fouquet und bei anderen Künstlern – auch schon in den 1860er Jahren zum Beispiel bei Baugrand – ein markantes, mit vielfältiger Symbolik ausgestattetes Schmuckmotiv.[8] Wie nicht anders zu erwarten erscheint er nun auch mit größter Selbstverständlichkeit im Pforzheimer Schmuck, beispielsweise bereits um 1890 sehr dekorativ bei der Firma Knoll & Pregizer, und dann im Jugendstil, und nicht nur bei Lauer & Wiedmann!

Die Pflanze als ein Symbol des Lebens und der Fruchtbarkeit spielte im Schmuck von Art Nouveau und Jugendstil eine wesentliche Rolle. Blumen waren in der Geschichte des Schmuckes seit jeher beliebte Vorbilder gewesen. Alle Pariser Schmuckkünstler und auch die Hersteller der weniger anspruchsvollen französischen Bijouterie nutzten Blüten, Blumen, blühende Ranken, Knospen und Samenkapseln (wie oft findet man zum Beispiel Mohnblüten und Mohnkapseln, deren Symbolbedeutung unübersehbar ist). Und so war es auch für Pforzheim unumgänglich, sich den floralen Vorbildern zuzuwenden. Emil Riester hat sicherlich nicht ohne Kenntnis der Vorgänge im benachbarten Ausland seine 1897/98 erschienene Vorlagen-Mappe herausgegeben, sind doch zwei Taschenuhren mit Châtelaines – die eine von Patek-Philippe in Genf, die andere als Entwurf von Emil Riester – von verblüffender Ähnlichkeit. Schmuckzeichnungen mit Blumen und Blüten waren häufig bei den Einreichungen zu den Pforzheimer Wettbewerben zu finden.

Pfau-Brosche der Maison Baugrand, Paris; ausgestellt auf der Pariser Industrieausstellung 1867 ›› Pfau-Brosche von Emil Haberstroh, Pforzheim, um 1905 ›› Entwurf für einen Anhänger mit drei Pfauen; Firma Knoll & Pregizer, Pforzheim, um 1890 (Privatbesitz) ›› Entwurf für eine Pfau-Brosche; anonymes Pforzheimer Vorlagenblatt, um 1900 // A Baugrand, Paris, peacock brooch, exhibited at the 1867 Paris Universal Exhibition ›› An peacock brooch by Emil Haberstroh, Pforzheim, ca 1905 ›› Design for a pendant with three peacocks: Knoll & Pregizer, Pforzheim, ca 1890 (private collection) ›› Design for a peacock brooch: anonymous Pforzheim sample sheet, ca 1900

Taschenuhr von Patek-Philippe, Genf; abgebildet in Revue de la bijouterie, joaillerie et orfèvrerie ›› Entwurf für eine Taschenuhr von Emil Riester; auf Tafel 3 seines Vorlagenwerkes von 1897/98 // A Patek-Philippe pocket watch, Geneva: shown in the Revue de la bijouterie, joaillerie et orfèvrerie ›› An Emil Riester design for a pocket watch: shown on plate 3 of his 1897–98 sample book

Besonders aktuell war im Pariser Künstlerschmuck und in der Bijouterie – auch hier häufig mit symbolträchtigem Hintergrund – die Darstellung der Frau, ob als „femme fatale" oder als Abbild unschuldiger Jungfräulichkeit. Aufrecht stehende oder lüstern hingegossene weibliche Akte auf Gürtelschließen, Broschen und Anhängern, mit wallendem Haar als eindeutig erotischem Attribut gehörten zum hundertfach variierten Repertoire der Schmuckmacher in Paris. Frauen- und Mädchenköpfe in Frontalansicht und im Profil erschienen auf Anhängern und Broschen, auf Fingerringen und dekorativen Ziernadeln. Und so sind die Frauenmotive auch im Pforzheimer Schmuck zu finden, etwas dezenter, weniger lasziv, wie immer reduziert und weniger anspruchsvoll in der künstlerischen Form, wurde der Schmuck hier doch produziert für einen ganz anderen Kundenkreis als in Paris.

Vielgestaltige und oft vielfältig verwandelte Insekten wie Schmetterlinge, Nachtfalter, Libellen und Käfer, auch anderes Getier wie Schlangen, Echsen, Fledermäuse und noch viel mehr waren auf den Pariser Schmuckstücken zu sehen. Pforzheim nutzte all diese Motive für die eigene Pro-

duktion und begab sich somit erneut in eine Abhängigkeit von Frankreich, die man in Umfang und Ausmaß hier sicherlich nicht wahrnehmen wollte, die sich dem objektiven, und vor allem dem französischen Betrachter jedoch deutlich offenbart haben muss.
Ein reizvoller Anhänger, der allerdings nicht für die industrielle Produktion, sondern als Einzelstück entstanden ist, wirft ein besonderes Licht auf die Paris-Pforzheim-Beziehung. Kurz nach 1900 hatte der Pforzheimer Unternehmer Ernst UnterEcker – er war auch Vorstandsmitglied im Kunstgewerbe-Verein – bei Étienne Tourette in Paris einige delikate Fensteremail-Plaketten erworben, darunter auch eine besonders attraktive mit dem Profilbildnis einer jungen Frau. Tourette gehörte zur Elite der Pariser Emailkünstler, er arbeitete eng mit René Lalique und Georges Fouquet zusammen. Die zierliche Plakette, die ohne die Plakate und Schmuckentwürfe des Alphonse Mucha nicht zu denken ist, wurde auf UnterEckers Wunsch zum Mittelpunkt eines vom Kunstgewerbe-Verein im Jahre 1904 ausgeschriebenen Gestaltungswettbewerbs.(9) Es sollte ein ornamentaler Rahmen entworfen werden zur Ausführung *in feiner Arbeit in Gold- oder Platinafassung*, der die Tourette-Plakette zum Anhänger werden ließ. *Das Preisausschreiben hatte guten Erfolg, es liefen viele Entwürfe ein, von denen zwei des Herrn Jos. Preissler die beiden ersten Preise und zwei des Herrn Rühle die beiden zweiten Preise erhielten.* Interessanterweise wurde der mit dem zweiten Preis ausgezeichnete Entwurf des Graveurs August Rühle mit nur geringfügigen Veränderungen ausgeführt. Rühle hatte mit großem Einfühlungsvermögen eine Pforzheimer Rahmung geschaffen für ein kleines Pariser Meisterwerk. Es war auf diese Weise ein Schmuckstück entstanden, das die beiden Schmuckmetropolen – die große, prächtige an der Seine und die kleine, doch weltweit operierende am Rande des Schwarzwaldes – auf charmante und äußerst attraktive Weise miteinander verbindet.

// Around 1900, the peacock was a distinctive jewellery motif in Paris – in Lalique's work, in that of Alphonse Mucha and Fouquet as well as other artists, and as early as the 1860s it was used by Baugrand – another motif that was steeped in symbolism.(8) How could it be otherwise; it surfaced as a matter of course in Pforzheim jewellery, featured for instance, by 1890, in a very decorative form at Firma Knoll & Pregizer, and then in Art Nouveau and not just at Lauer & Wiedmann.
Plants as symbols of life and fertility played a crucial role in Art Nouveau and Jugendstil. Flowers had been popular motifs in jewellery from time immemorial. All Paris artists in jewellery as well as the French makers of less grand trinkets used blossoms, flowers, sprays of flowers, buds and seed capsules (poppies and seed capsules, whose symbolic meaning is unmistakable, occur frequently). Hence it was inevitable that Pforzheim would also address floral models. Emil Riester did not publish his portfolio of samples (1897–98) without being aware of what was going on in neighbouring countries. After all, two pocket watches with châtelaines – one by Patek-Philippe in Geneva, the other a design by Emil Riester – were astonishingly similar. Drawings of jewellery with flowers and blossoms crop up often among the entries submitted to Pforzheim competitions.
Particularly fashionable in Paris art jewellery as well as bijouterie – here, too, often with heavily symbolic overtones – were representations of women, whether as

Entwurf für einen Anhänger von F. Ledresseur, Paris, 1899 ›› Entwurf für einen Anhänger; Wettbewerb des Kunstgewerbe-Vereins, um 1902 ›› Anhänger von Fr. Speidel, Pforzheim, um 1902 ›› Gürtelschließe von René Lalique, 1897; Abbildung aus Rücklin, Das Schmuckbuch, 1901 ›› Entwurf für eine Gürtelschließe von Karl Uebelhör, Pforzheim, um 1902/03 ›› Gürtelschließe aus Paris, Hersteller unbekannt, um 1900 // Design for a pendant: F. Ledresseur, Paris, 1899 ›› Design for a pendant: Kunstgewerbeverein competition, ca 1902 ›› A pendant from the firm of Speidel, Pforzheim, ca 1902 ›› A René Lalique belt buckle, 1897: illustration from Rücklin, Das Schmuckbuch, 1901 ›› Design for a belt buckle by Karl Uelbelhör, c 1902–03 ›› A belt buckle from Paris, maker unknown, ca 1900

"femmes fatales" or as the epitome of virgin innocence. Female nudes, either standing or depicted as voluptuously reclining on belt buckles, brooches and pendants, with masses of waving hair as an obviously erotic attribute, were part and parcel of a repertory varied hundreds of times over by jewellery-makers in Paris. The heads of women and girls, portrayed both frontally and in profile, appeared on pendants and brooches, finger rings and decorative ornamental pins. So women occur as a motif in Pforzheim jewellery as well, albeit somewhat more reticently depicted, less lasciviously rendered, reduced in many ways and less ambitiously handled as art, since jewellery was produced in Pforzheim for a clientele entirely different to the market targeted by Paris makers.

Insects such as butterflies, nocturnal moths, dragonflies and beetles in all sorts of forms and frequently varied as well as other fauna, including snakes, lizards, bats and a host of other creatures, adorned Paris jewellery. Pforzheim used all those motifs for its own products, thus once again submitting to dependence on France to an extent that probably no one wanted to admit but that must have been obvious to objective observers and especially to French eyes.

An attractive pendant, which was, however, not intended for mass production but was made as a one-off, sheds quite a bit of light on relations between Paris and Pforzheim. Not long after 1900, the Pforzheim entrepreneur Ernst UnterEcker (who was also on the board of the Kunstgewerbe-Verein) acquired several exquisite

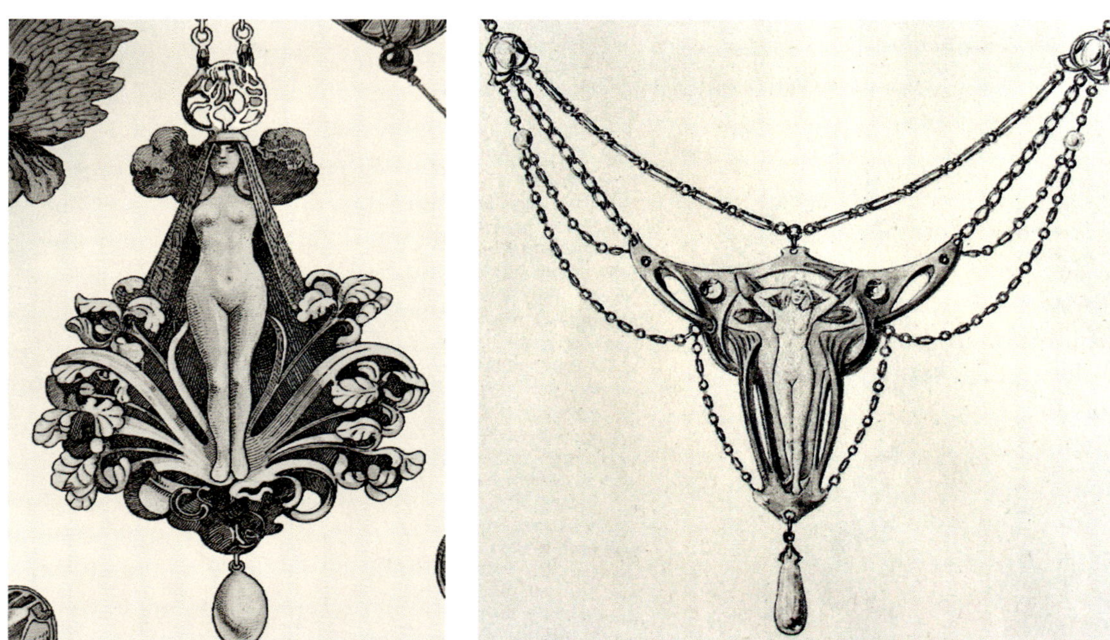

Anhänger von René Lalique, 1898; Abbildung aus Rücklin, Das Schmuckbuch, 1901 ›› Entwurf für einen Anhänger von Karl Bissinger, 1901 // A René Lalique pendant, 1898: illustration from Rücklin, Das Schmuckbuch, 1901 ›› Design for a pendant by Karl Bissinger, 1901

plaquettes executed in *plique à jour* enamel from Étienne Tourette in Paris, among them a particularly charming portrait in profile of a young woman. Tourette, who belonged to the élite of Paris artisans working in enamel, collaborated closely with the likes of René Lalique and Georges Fouquet. The delicate plaquette, which would be unthinkable without Alphonse Mucha's posters and jewellery designs, was, at UnterEcker's insistence, made the focus of a design competition mounted by the Kunstgewerbe-Verein in 1904.(9) A decorative frame was to be designed for it to be executed *in fancy work in a gold or platina setting*, which would turn the Tourette plaquette into a pendant. *The competition was successful; many designs were submitted, of which two by Herr Jos. Preissler were awarded the two first prizes and two by Herr Rühle the two second prizes*. Interestingly, one of the designs by August Rühle (an engraver), which was awarded a second prize, was actually executed with only

Gürtelschließe von Savard, Paris, 1900; abgebildet in Vever, Band III, 1908 ›› Brosche von Gebr. Falk, ausgestellt auf der Weltausstellung Paris 1900 ›› Entwurf für einen Anhänger von O. Beck, Pforzheim; Friedrich-Wilhelm-Müller-Wettbewerb 1901 ›› Entwurf für eine Gürtelschließe von W. Claus, Pforzheim; C. A.-Schmitz-Wettbewerb 1901 ›› Anhänger von Eugène Feuillâtre, Paris, um 1900; abgebildet in Vever, Band III, 1908 ›› Brosche von Meyle & Mayer, Pforzheim, um 1902/03 // A belt buckle from Savard, Paris, 1900; illustrated in Vever, volume III, 1908 ›› A Gebr. Falk brooch exhibited at the 1900 Paris Exhibition ›› Design for a pendant by O. Beck, Pforzheim: Friedrich Wilhelm Müller competition, 1901 ›› Design for a belt buckle by W. Claus, Pforzheim: C. A. Schmitz competition, 1901 ›› Pendant by Eugène Feuillâtre, Paris, ca 1900; illustrated in Vever, volume III, 1908 ›› A Meyle & Mayer brooch, Pforzheim, ca 1902–03

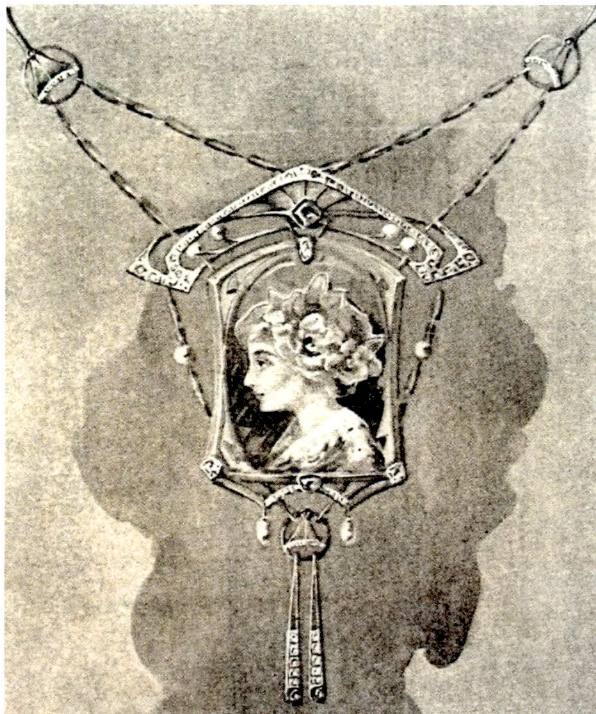

August Rühle, Entwurf zur Fassung einer Plakette von Étienne Tourette, Paris; 2. Preis im Wettbewerb des Kunstgewerbe-Vereins 1904 ›› Anhänger mit der Tourette-Plakette nach dem Entwurf von August Rühle, 1904/05 // August Rühle, design for the mounting of a plaquette by Étienne Tourette, Paris; awarded 2nd prize at the 1904 Kunstgewerbe-Verein competition ›› Pendant with the Tourette plaquette after the design by August Rühle, 1904–05

minor changes. With great sensitivity, Rühle had created a Pforzheim frame for the little Paris masterpiece. Thus a piece of jewellery emerged that links the two jewellery capitals – the grand metropolis on the Seine and the city on the fringes of the Black Forest, which, small though it was, operated worldwide – in a most charming and delightful way.

(1) Kunstgewerbe-Blatt 1904, S./p. 1
(2) Schmuck-Kunst im Jugendstil, Stuttgart, 1999
(3) siehe die Kapitel/see chapters „Pforzheim und Paris" (S./p. 80), „Pforzheim in Paris" (S./p. 88) und/and „Der Fall Lauer & Wiedmann" (S./p. 120)
(4) Zum Schwan in Kunst und Literatur: Ulrike von Hase, Schmuck in Deutschland und Österreich, S./p. 31
(5) Sigrid Barten, René Lalique, Schmuck und Objets d'art, München 1977, S./p. 299 f
(6) Barten, a.a.O., S./p. 298; für die Bibliothek des Kunstgewerbe-Vereins waren auch französische Fachzeitschriften abonniert/ The Kunstgewerbe-Verein subscribed to the relevant French trade journals for its library
(7) Auch Eugène Feuillatre und andere Pariser Schmuckkünstler haben sich mit dem Schwan befasst; ebenso Philippe Wolfers in Belgien / Eugène Feuillatre and other Paris artists in jewellery used the swan motif and so did Philippe Wolfers in Belgium
(8) Ulrike von Hase, a.a.O., S./p. 31
(9) siehe Kapitel/see chapter „Der Kunstgewerbe-Verein" (S./p. 48)

Ein Künstler für die Industrie – Georg Kleemann[1] // An artist for industry – Georg Kleemann[1]

Er war gerade 24 Jahre alt, als er an die Kunstgewerbeschule Pforzheim, die im Januar 1887 in staatliche Verwaltung übernommen worden war, berufen wurde: der Maler und Zeichner Georg Kleemann, der um 1900 einer der einflussreichsten Lehrer dieser Schule und wohl auch einer der führenden Ideengeber für die Pforzheimer Schmuckindustrie werden sollte. Mit Schmuck hatte der junge Mann ursprünglich nichts zu tun. Er war 1863 in Mittelfranken geboren worden, hatte die Kunstgewerbeschule in München besucht und anschließend dort in einem kunsthandwerklichen Atelier eine Lehre absolviert, wo er sich unter anderem mit Entwürfen für Keramik, Tapeten und mit Buchausstattungen befasste.[2] In Pforzheim war Kleemann – er wurde 1893 im Alter von 30 Jahren zum Professor ernannt – offiziell als Lehrer für ornamentales Zeichnen und Schmuckentwurf tätig. In dieser Funktion leistete er einen wesentlichen Beitrag zur künstlerischen Ausbildung der für die Pforzheimer Industrie tätigen Schmuckentwerfer. Von einer „Kleemann-Schule" zu sprechen, wie dies in jüngerer Zeit gelegentlich versucht wurde, entspricht allerdings nicht der damaligen Realität. Dass mancher seiner Schüler und Studenten von ihm beeinflusst wurde, ist dennoch nicht zu übersehen; und so erscheint es zumindest gerechtfertigt, von einer Art „Kleemann-Stil" zu sprechen, der bei dem einen oder anderen preisgekrönten Entwurf zu den Wettbewerben des Kunstgewerbe-Vereins erkennbar ist.[3] Georg Kleemann war zu differenziert in seinem Schaffen, sowohl als Lehrer als auch in seiner variationsreich ausgeübten Funktion als Entwerfer für die Schmuckindustrie, als dass man ihn zum Begründer einer „Schule" stilisieren könnte. Seine beeindruckend vielseitige Begabung, unterschiedliche gestalterische Bedürfnisse befriedigen zu können – je nach „Philosophie" und kommerzieller Ausrichtung des jeweiligen Auftraggebers, für den und mit dem er kurzfristig oder auch über längere Zeit verbunden war – bescheinigt Kleemann eine Breite der Kreativität, wie sie bei wohl keinem anderen Pforzheimer Schmuckgestalter der Zeit um 1900 anzutreffen ist.

War der inzwischen zum angesehenen Pforzheimer Bürger gewordene Professor (er baute 1908/09 in der „Eutinger Künstlerkolonie", wo auch Julius Müller-Salem sein Haus hatte, nur wenige Kilometer von Pforzheim entfernt eine repräsentative Villa; er starb, nachdem er im Jahre 1928 pensioniert worden war, 1932 in Pforzheim) ein Genie, das die unterschiedlichsten Anforderungen seiner Partner mühelos erfüllen konnte, war er ein Chamäleon, das sich immer an die jeweils gewünschte spezifische Situation anpasste, oder war er der kraftvolle und ideenreiche „spiritus rector", der die Stile so unterschiedlicher Schmuckhersteller wie Theodor Fahrner, Karl Hermann, Lauer & Wiedmann, Rodi & Wienenberger, Victor Mayer und F. Zerrenner mit

Signatur von Georg Kleemann // Georg Kleemann's signature

seiner Gestaltungskraft maßgeblich prägte? Betrachtet man die 100 Entwürfe für überwiegend Schmuckstücke, aber auch Damentäschchen, Schirmgriffe und anderes Metallgerät, die Kleemann wohl 1899 schuf und unter dem Titel „Moderner Schmuck" veröffentlichte (das kleine Buch wurde genau im Jahr der Pariser Weltausstellung 1900 im Pforzheimer Verlag Birkner und Brecht publiziert!), stellt man unschwer fest, dass Kleemann sich darin keineswegs auf einen („Kleemann"-) Stil festlegen lässt. Der Maler, Illustrator und Lehrer für *ornamentales Zeichnen* spielt virtuos mit den verschiedenen Erscheinungsformen des Jugendstils. Er variiert vom Ornamental-Figürlichen zum Ornamental-Floralen und widmet sich so früh schon virtuos einer Jugendstil-Geometrie, die er wohl nicht selbst erfunden hat, mit deren Repertoire er jedoch meisterhaft umzugehen weiß. Da Kleemann mit vielen ganz unterschiedlich ausgerichteten Pforzheimer Schmuckherstellern zusammenarbeitete, hat er sich – auf deren Wunsch oder aufgrund seiner eigenen Empfehlung? – in bewundernswürdiger Kreativität für jeden dieser Partner etwas anderes ausgedacht.
Was er für Lauer & Wiedmann entwarf, war ganz anders geartet als seine Vorschläge für Victor Mayer. Die Entwürfe für Theodor Fahrner standen unter anderen Vorzeichen als die für Rodi & Wienenberger, und wieder andere Akzente setzte Kleemann für F. Zerrenner und für Karl Hermann. Die Fähigkeit, seine eigene Gestaltungskraft den jeweiligen Anforderungen anzupassen beziehungsweise diese „stilbildend" einzubringen, macht einen großen Teil von Kleemanns Genialität aus. >

Entwurf für einen Zierkamm im „Kleemann-Stil", von R. Müller; ausgezeichnet mit dem 1. Preis im C. A. Schmitz-Wettbewerb 1902 // Design by R. Müller for a decorative comb in the "Kleemann style", awarded 1st prize at the 1902 C. A. Schmitz competition

// He had just turned twenty-four when he was appointed to teach at the Kunstgewerbeschule Pforzheim, which had been taken over to be administered by the state in January 1887: Georg Kleemann, painter and draughtsman, who would become one of the most influential teachers at that school and probably also one of the leading producers of ideas for the Pforzheim jewellery industry around 1900. The young man originally had nothing at all to do with jewellery. Born in central Franconia in 1863, he had attended the Applied Arts School in Munich before serving an apprenticeship there in an applied arts studio, where he worked *inter alia* on designing ceramics, wallpaper and book layout, and decoration.[2] In Pforzheim, Kleemann – he was appointed professor in 1893 at the age of thirty – worked officially as a teacher of drawing for decoration and jewellery design. In that capacity, he made a substantial contribution to the art education of jewellery designers working for the Pforzheim jewellery industry. However, to speak of a "Kleemann School", as has recently been done on occasion, does not match the reality of that time. Nonetheless, the fact cannot be overlooked that some of his pupils and students were influenced by him. Hence it would seem justifiable to speak at least of a sort of "Kleemann Style". It can be picked out among other things in one or another of the prize-winning entries submitted to the Kunstgewerbe-Verein competitions.[3] Georg Kleemann was too sophisticated in his work, both as a teacher and in his capacity of designer for the jewellery industry, to be stylised into the founder of a "school". His impressive versatility and talent for being able to meet a wide range of design needs – depending on the "philosophy" and commercial orientation of those for whom he briefly worked on commission or to whom he had ties over the longer term – attest that Kleemann's creativity was probably more broad-ranging than that of any other Pforzheim jewellery designer in the period around 1900.

Was the professor, who had by then become a respected Pforzheim citizen (in 1908–09 he built a stately villa in the "Eutinger Artists' Colony", only a few kilometres distant from Pforzheim, where Julius Müller-Salem also had his house; Kleemann retired in 1928 and died in Pforzheim in 1932), a genius who effortlessly met the quality standards his partners expected of him? Was he a chameleon, who invariably adapted to whatever specific situation was desired, or was he the powerful "guiding spirit" who had a paramount role in moulding the styles of such a wide variety of different jewellery manufacturers as Theodor Fahrner, Karl Hermann, Lauer & Wiedmann, Rodi & Wienenberger, Victor Mayer and F. Zerrenner with his powers of creativity in design?

If one looks at the 100 designs, mainly for pieces of jewellery but also for ladies' handbags, umbrella handles and other metal utensils, that Kleemann created, probably in 1899, and published as *Moderner Schmuck* (the little book was published in the same year as the 1900 Paris World Exhibition by the Pforzheim publishers Birkner and Brecht!), it is easy to see that Kleemann cannot be pinned down to a single overriding ("Kleemann") style. A painter, illustrator and instructor of *ornamental drawing*, Kleemann played like the virtuoso he was with the various forms taken by Jugendstil/Art

Aus dem Kleemann-Buch „Moderner Schmuck"; 1900; Entwurf für einen Anhänger im „französischen Stil" ›› Aus dem Kleemann-Buch „Moderner Schmuck"; 1900; Entwurf für eine Brosche im „französischen Stil" ›› Aus dem Kleemann-Buch „Moderner Schmuck"; 1900; Entwurf für einen Anhänger im „französischen Stil" // From the Kleemann book Moderner Schmuck, 1900: design for a pendant in the "French style" ›› From the Kleemann book Moderner Schmuck, 1900: design for a brooch in the "French style" ›› From the Kleemann book Moderner Schmuck, 1900: design for a pendant in the "French style"

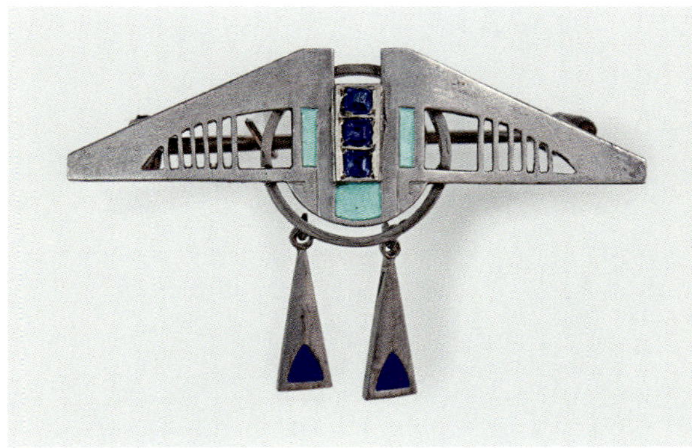

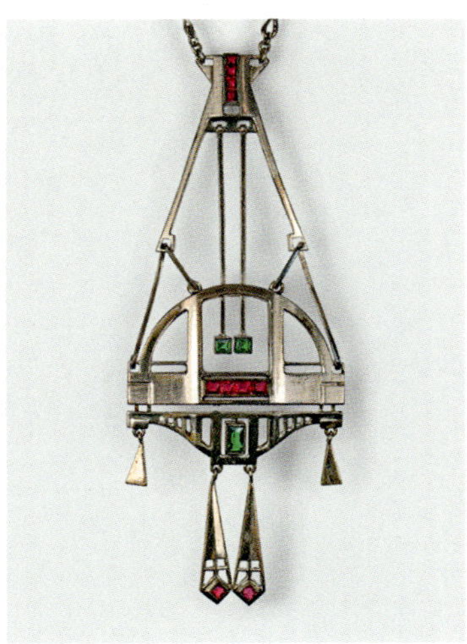

Brosche von Victor Mayer nach einem Entwurf von Georg Kleemann, um 1902 ›› Georg Kleemann, Entwurf für eine Brosche für Lauer & Wiedmann, um 1901 (Privatbesitz) ›› Brosche von F. Zerrenner nach einem Entwurf von Georg Kleemann, um 1900 ›› Anhänger von Rodi & Wienenberger nach einem Entwurf von Georg Kleemann, um 1902 // A Victor Mayer brooch after a design by Georg Kleemann, ca 1902 ›› A Kleemann design for a brooch for Lauer & Wiedmann, ca 1901 (private collection) ›› An F. Zerrenner brooch after a design by Georg Kleemann, ca 1900 ›› A Rodi & Wienenberger pendant after a design by Georg Kleemann, ca 1902

Nouveau. His range of variation encompassed the figurative in decoration as well as floral decoration. He devoted himself with such virtuosity to a Jugendstil geometry that, although he probably did not invent it himself, he nonetheless handled its repertory with consummate mastery. Since Kleemann collaborated with a wide variety of Pforzheim jewellery manufacturers of diverse orientation, he always thought up something different – at their request or on the basis of what he himself recommended to them? – for each of those partners, always with an admirable display of creativity.
What Kleemann designed for Lauer & Wiedmann was entirely different to his proposals for Victor Mayer. His designs for Theodor Fahrner reveal an entirely different signature to those he produced for Rodi & Wienenberger. Kleemann's approach was again different in what he designed for F. Zerrenner or for Karl Hermann. Kleemann's genius consisted to a great extent in his ability to adapt his own powers of creative design to the requirements of each commission or rather to use it effectively to "shape style". >

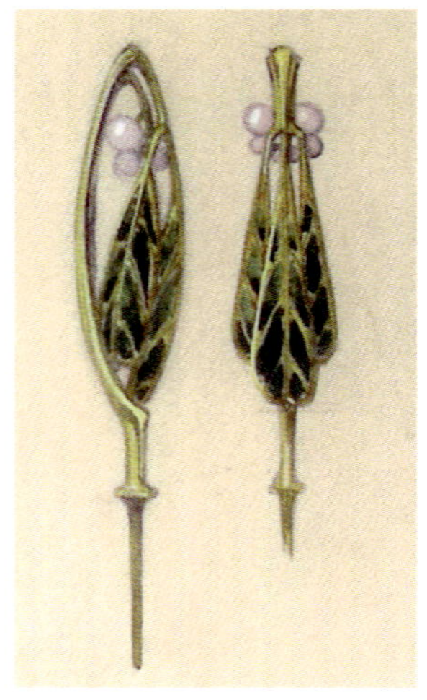

Kleemann-Entwurf für eine Nadel für Lauer & Wiedmann, um 1901 ›› Nadel von Lauer & Wiedmann nach dem Entwurf von Georg Kleemann, um 1901 // A Kleemann design for a pin for Lauer & Wiedmann, ca 1901 ›› A Lauer & Wiedmann pin after a design by Georg Kleemann, ca 1901

// Schaut man sich die Entwürfe in seinem Büchlein an und versucht, sie zu analysieren und zu ordnen, wird die Breite des „Angebots" deutlich. Kleemann bewegt sich mit einer Reihe von Zeichnungen im „französischen Stil", wenn er zum Beispiel Anhänger entwirft, die vermutlich Emailplaketten in der Art des Étienne Tourette aufnehmen sollten – es gibt vier Beispiele hierfür in seinem Buch. Auch einige Anhänger und eine Gürtel- oder Gewandschließe mit vegetabilen Motiven sind verwandt mit Vorbildern aus Paris. Ein Anhänger, der in nur geringfügig veränderter Form von C. W. Müller ausgeführt wurde, ist ebenfalls französisch beeinflusst wie auch einige der (im Buch allerdings keine direkten Entsprechungen findenden) Entwürfe für Schmuckstücke, die bei F. Zerrenner und bei Lauer & Wiedmann ausgeführt wurden. Erhaltene Originalzeichnungen des Künstlers, die er wohl im Auftrag Wilhelm Silbereisens für Lauer & Wiedmann geschaffen hat, beweisen Kleemanns kompetente Fähigkeit, dem französischen Art Nouveau einen adäquaten Pforzheimer Jugendstil gegenüberzustellen. Bei den Schmuckentwürfen im Buch gehen pflanzliche Formen gelegentlich Verbindungen mit geometrischer Gestaltung ein, in einer meist überzeugenden, manchmal aber auch etwas krampfhaften Verquickung aus Anregungen aus der Natur mit streng rationalen Prinzipien. Der Schmuckprofessor verknüpft fließend-bewegte, elegant schwingende Linien mit Geraden, mit Schrägen, mit Kreisen, Kreissegmenten und Ovalen. Seine zahlreichen Käfervariationen, die sowohl im Buch erscheinen als auch nur leicht verändert sowohl für Fahrner als auch für Lauer & Wiedmann und für Zerrenner für die Serienproduktion entworfen worden sind, kombinieren das natürliche Vorbild mit oft wagemutiger Abstraktion. Kleemanns Insekten-Broschen, die Anhänger und vor allem die Zierkämme sind Beispiele dafür, wie der Schmuckkünstler spielerisch mit einem Thema – immer wieder überraschend neue Akzente setzend – umzugehen weiß. Und dann spielt er mit der geometrischen Grundform, deren Strenge er in vielen seiner Entwürfe noch mildert durch leicht gebogene oder gespannte Linienführung, durch nach außen führende oder konkav eingezogene, eine gewisse Weichheit ausdrückende Gestaltung. Diese Entwürfe erinnern kaum mehr an Vorbilder aus der Natur; sie sind inzwischen weitgehend abstrakt und leiten den geometrischen Jugendstil ein.

Der Weg zur „reinen" Geometrie ist nicht mehr weit. Zahlreich sind die Beispiele in dem kleinen Buch, wo die geraden Linien vorherrschen. In spannungsreichem Zu- und Gegeneinander ordnet Kleemann die meist ebenen und glatten Flächen seiner Broschen und Anhänger. Er akzentuiert sie markant mit farbigen – meist blauen und grünen – Edelsteinen und mit Email. Hier ist er ganz in seinem gestalterischen Element, und hierfür hat er in Victor Mayer (aber nicht nur in ihm!) einen interessierten und aufgeschlossenen Partner gefunden. >

// If one looks at the 100 designs in Kleemann's little book and tries to analyse them and arrange them in some order, the breadth of the "range" becomes apparent. Kleemann was working in the "French style" in quite a number of his jewellery designs, for instance, when he designed pendants that were presumably intended to hold enamel plaquettes in the manner of Étienne Tourette – there are four examples of this in his book. Some pendants and a belt buckle or dress clasp with vegetal motifs are also modelled after Paris pieces. A pendant that was executed in an only slightly altered version by C. W. Müller also shows French influence. So do some designs for pieces of jewellery executed by F. Zerrenner and Lauer & Wiedmann (there are, however, no direct matches in the Kleemann book). Original drawings from Kleemann's hand that have survived were probably commissioned by Wilhelm Silbereisen for Lauer & Wiedmann. They furnish evidence for Kleemann's competence in coming up with a Pforzheim Jugendstil that can more than adequately hold its own against French Art Nouveau. In the Kleemann book, vegetal forms are occasionally linked with geometric configuration in designs for jewellery in what is a usually convincing but occasionally forced union of inspiration from nature with strictly rational principles. The jewellery professor links the fluid movement of elegantly curving line with straight lines, diagonals, circles, segments of circles and ovoid forms. The numerous variations on beetles, which appear both in the Kleemann book and also, only slightly altered, in designs executed for Fahrner as well as Lauer & Wiedmann and Zerrenner for mass production, combine the natural model with abstraction that is often bold. Kleemann's insect brooches, pendants and, most notably, his hair combs exemplify the way this artist in jewellery could play with a motif – always adding new touches. And then he plays with the geometric basic form, alleviating its austere stringency in many of his designs with slightly curving or again tautened handling of line, by

Kleemann-Entwurf für ein Medaillon für Victor Mayer, um 1902 (Firmenarchiv Victor Mayer) ›› Aus dem Kleemann-Buch „Moderner Schmuck“; 1900; Entwurf für ein Medaillon ›› Medaillon von Victor Mayer nach dem Entwurf aus dem Kleemann-Buch, 1900 // A Kleemann design for a medallion for Victor Mayer, ca 1902 (Victor Mayer archives) ›› From the Kleemann book Moderner Schmuck, 1900: design for a locket ›› A Victor Mayer locket after a design from the Kleemann book, 1900

design that leads outwards or is, alternatively, concave, expressing a certain softness. These designs have little that is reminiscent of nature: by now they are largely abstract and introduce geometric Jugendstil. The way to "pure" geometry is not far. In the little Kleemann book, there are numerous examples featuring predominantly straight lines.

Kleemann has ordered the usually level and smooth surfaces of his brooches and pendants in an exciting tension created by simultaneous attraction and repulsion. He accentuates them with pronounced touches of colour – usually blue and green – semiprecious stones and enamel. Here he is in his element as a designer and for this approach he found an interested, open-minded partner in Victor Mayer (but Mayer wasn't the only one!). >

Aus dem Kleemann-Buch „Moderner Schmuck"; 1900; Entwurf für eine Käferbrosche ›› Kleemann-Entwurf für eine Käfer-Brosche für Lauer & Wiedmann, um 1902 (Privatbesitz) ›› Kleemann-Entwurf für eine Käfer-Brosche für Lauer & Wiedmann, um 1902 (Privatbesitz) ›› Käfer-Brosche von Lauer & Wiedmann nach dem Entwurf von Georg Kleemann; ausgestellt auf der Weltausstellung 1904 in St. Louis ›› Nadel mit Käfer-Motiv von Lauer & Wiedmann, nach einem Entwurf von Georg Kleemann, um 1902 // From the Kleemann book Moderner Schmuck, 1900: design for a beetle brooch ›› A Kleemann design for a beetle brooch for Lauer & Wiedmann, ca 1902 (private collection) ›› A Kleemann design for a beetle brooch for Lauer & Wiedmann, ca 1902 (private collection) ›› A Lauer & Wiedmann beetle brooch after a design by Georg Kleemann: exhibited at the 1904 St. Louis World's Fair ›› A Lauer & Wiedmann pin with a beetle motif, after a design by Georg Kleemann, ca 1902

// Georg Kleeman war ein Künstler für die Industrie, aber nicht nur das! In Zusammenarbeit mit Otto Zahn, der als „Montierlehrer" an der Kunstgewerbeschule tätig war, entstanden einige Schmuckstücke, die nicht für die industrielle Produktion vorgesehen waren. Kleemann brauchte – wie auch Wilhelm Lucas von Cranach in Berlin – einen Handwerker, der als Goldschmied in der Lage war, seine individuell konzipierten Entwürfe kongenial umzusetzen. Sie waren Kollegen, Kleemann und Zahn, sie arbeiteten in einem Haus, und so konnte der Künstler dem ausführenden Handwerker bei der Arbeit über die Schulter schauen, wenn nötig eingreifen, damit ganz im Sinne Kleemanns unter den Händen Zahns das Schmuckstück entstehe und der ursprünglichen Idee auch wirklich entspräche. Auf diese Weise sind wohl manche bemerkenswerten Kleinode entstanden; leider ist nur Weniges erhalten geblieben. Die noch vorhandenen Zeugnisse dieser Kooperation stammen aus relativ später Zeit. Entstanden in den Jahren 1906 und 1907 bewahren sie dennoch den Geist des Jugendstils, den Georg Kleemann für Pforzheim auf so hohem Niveau mitgeprägt hat. Raffiniert abstrahierte Käfer und Schmetterlinge, wie es sie einfacher in seinem Buch von 1900 und für einige Pforzheimer Firmen als Kleemann-Entwürfe schon früher gegeben hat, sind hier als grandiose Einzelstücke in Gold und Silber mit Edelsteinen, Perlen, Perlschalen und Perlmutt, manchmal auch mit Email von Otto Zahn umgesetzt worden. Ein Zierkamm von 1907 verleugnet seine Herkunft nicht von denen, die Kleemann einige Jahre zuvor für Lauer & Wiedmann gezeichnet hat. Der große Brustschmuck – ebenfalls um 1907 zu datieren – reflektiert die bei Fahrner entstandene Käfer-Brosche, deren wohl erster Entwurf sich schemenhaft auf einem Blatt erhalten hat, das Kleemann an Lauer & Wiedmann gegeben hatte. Noch weiter getrieben und dennoch zu erahnen ist die Abstraktion beim zentralen Motiv eines Collier de Chien, bei einer stark stilisierten Brosche und bei zwei in der Zusammenarbeit Kleemann-Zahn entstandenen geradezu filigran wirkenden Anhängern.

Manch ein Künstler des deutschen Jugendstils und der österreichischen Sezession hat sich als Schmuckentwerfer betätigt. Es waren Maler, Bildhauer und Architekten, die sich für die angewandte Kunst engagierten und sich für ein einheitliches Erscheinungsbild von Architektur, Kunst und Kunsthandwerk einsetzten, wie dies noch immer konzentriert in Darmstadt und vielfältig in Wien nachzuvollziehen ist. Ludwig Habich, Patriz Huber, Christian Ferdinand Morawe und Joseph Maria Olbrich von der Mathildenhöhe in Darmstadt haben für Pforzheim, Josef Hofmann, Otto Prutscher und Carl Otto Czeschka für die Wiener Werkstätte Schmuck gestaltet. Von ihnen allen ist ein breites künstlerisches Œuvre – Gemälde, Skulpturen, kunsthandwerkliche Arbeiten und Architekturen – bekannt. Von dem Maler und Zeichner Georg Kleemann aber kennt man nur seine Schmuckentwürfe! Hat er in seiner Pforzheimer Zeit überhaupt noch gemalt, war er anderweitig künstlerisch tätig gewesen, abgesehen von seinem Engagement für den Schmuck, als Lehrer, als „Designer" und ab und zu einmal als Entwerfer einer Vignette oder eines Titel-Entwurfs für das Kunstgewerbe-Blatt? Es ist nichts erhalten geblieben, sein Haus in der Künstlerkolonie wurde in der Zwischenzeit stark verändert; es gibt kein Zeugnis mehr vom Lebensstil seines Erbauers. In keiner öffentlichen oder privaten Sammlung haben sich Gemälde oder Zeichnungen Kleemanns erhalten. Als er 1887 nach

Titelvignette des Buches „Moderner Schmuck", 1900; von Georg Kleemann // Title vignette of the Georg Kleemann book Moderner Schmuck, 1900

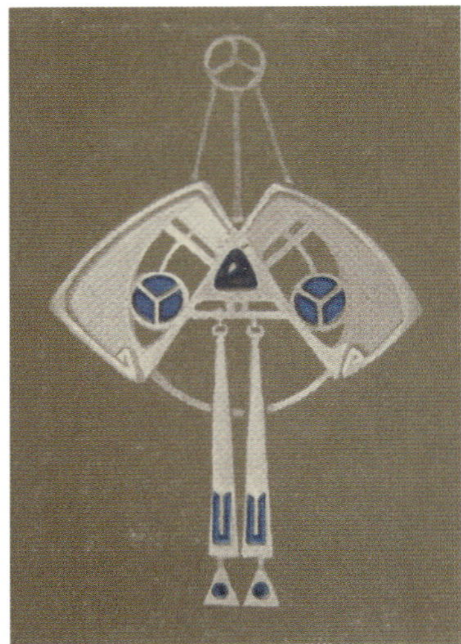

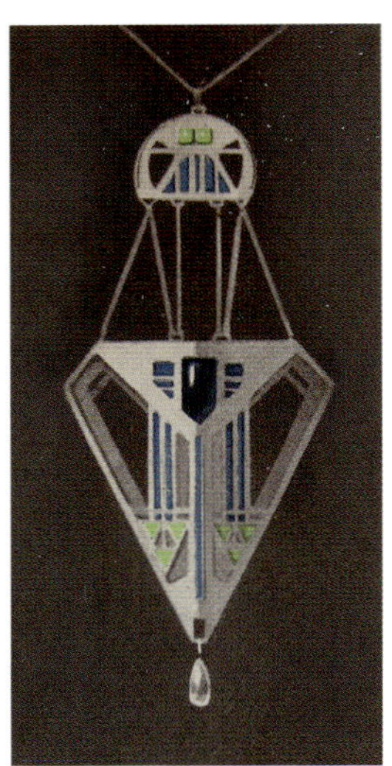

Aus dem Kleemann-Buch „Moderner Schmuck",1900; Entwurf für eine Brosche in der Kombination von floralen und geometrischen Motiven ›› Aus dem Kleemann-Buch „Moderner Schmuck", 1900; Entwurf für einen Anhänger in starker Abstraktion floraler Motive ›› Aus dem Kleemann-Buch „Moderner Schmuck", 1900; Entwurf für einen Anhänger unter Verwendung geometrischer Formen ›› Aus dem Kleemann-Buch „Moderner Schmuck", 1900; Entwurf für eine Brosche unter Verwendung geometrischer Formen ›› Aus dem Kleemann-Buch „Moderner Schmuck", 1900; Entwurf für einen Anhänger unter Verwendung geometrischer Formen // From the Kleemann book Moderner Schmuck, 1900: design for a brooch combining floral and geometric motifs ›› From the Kleemann book Moderner Schmuck, 1900: design for a pendant featuring highly abstract floral motifs ›› From the Kleemann book Moderner Schmuck, 1900: design for a pendant featuring geometric forms ›› From the Kleemann book Moderner Schmuck, 1900: design for a brooch using geometric forms ›› From the Kleemann book Moderner Schmuck, 1900: design for a pendant using geometric forms

Pforzheim gekommen war, scheint ihn der Schmuck so fasziniert zu haben, dass er sich dieser Pforzheimer Spezialität mit aller Kraft und fast ausschließlich widmete. Anfänglich noch ganz im Historismus verhaftet – der 1894 gestaltete Umschlag für das „Kunstgewerbeblatt" bietet einen Nachweis hierfür –, wurde Georg Kleemann zu einer der zentralen Persönlichkeiten des Pforzheimer Jugendstilschmucks. Viele haben bei ihm studiert und von ihm gelernt, manche haben ihn zu kopieren versucht, keiner jedoch hat die hohe künstlerisch-gestalterische Qualität erreicht, die Georg Kleemann vor allen anderen auszeichnet.

// Georg Kleemann was an artist who worked for the jewellery industry but that wasn't all! In collaboration with Otto Zahn, who *tought mounts and setting* at the Kunstgewerbeschule, Kleemann also made some pieces of jewellery that were not intended for industrial manufacture. Kleemann – like Wilhelm Lucas von Cranach in Berlin – needed a craftsman, a goldsmith able to execute his distinctively individual designs with empathy. They were colleagues, Kleemann and Zahn. They worked in the same house so the artist could look over the shoulder of the craftsman executing his design, could intervene if necessary to ensure that the piece of jewellery would be created in Zahn's hands just as Kleemann had intended and really corresponded to the original idea. Many remarkable treasures were probably created in this way; unfortunately, very little has survived. The extant testimonials to this collaboration are relatively late works. Made in 1906 and 1907, they are still informed by the spirit of the Jugendstil Georg Kleemann helped to raise to such a high standard for Pforzheim. Beetles and butterflies in sophisticated abstraction of the kind that had featured in the book in 1900 and as Kleemann designs for some Pforzheim firms are here conceived on simpler lines. These later works are grand one-off pieces in gold and silver set with precious stones, pearls and mother-of-pearl, sometimes also with enamels, executed by Otto Zahn. A 1907 hair comb unabashedly derives from decorative hair ornaments of this type that Kleemann had drawn some years previously for Lauer & Wiedmann. A large pectoral – which should also be dated to about 1907 – reflects the Kleemann beetle brooch, the first design for which has survived in outline on a sheet Kleemann submitted to Lauer & Wiedmann. Pushing abstraction even further yet still vaguely representational is the central motif of a "collier de chien", a highly stylised brooch and two pendants resulting from the Kleemann-Zahn collaboration, which look decidedly delicate.

Quite a few German Jugendstil artists and members of the Viennese Secession worked as jewellery designers. They were painters, sculptors and architects who felt a strong commitment to the decorative and applied arts and threw their weight behind a uniform appearance in architecture, fine art and the applied arts, a phenomenon that was still concentrated in Darmstadt and could be observed in places in Vienna. Ludwig Habich, Patriz Huber, Christian Ferdinand Morawe and Joseph Maria Olbrich from the Mathildenhöhe in Darmstadt designed jewellery for Pforzheim while Josef Hofmann, Otto Prutscher and Carl Otto Czeschka did so for the Wiener Werkstätte. All those artists are known to have produced a diverse range of work from several

Zierkamm nach einem Entwurf von Georg Kleemann, ausgeführt von Otto Zahn, um 1907 ›› Brustschmuck nach einem Entwurf von Georg Kleemann, ausgeführt von Otto Zahn, um 1907 ›› Halsschmuck nach einem Entwurf von Georg Kleemann, ausgeführt von Otto Zahn, um 1907 // Decorative comb: design by Georg Kleemann, execution by Otto Zahn, ca 1907 ›› Pectoral: design by Georg Kleemann, execution by Otto Zahn, ca 1907 ›› Necklace: design by Georg Kleemann, execution by Otto Zahn, ca 1907

different fields of art – paintings, sculpture, art objects and architecture. However, Georg Kleemann is known only for his jewellery designs! Did he still paint in his Pforzheim days? Did he work in any other fields of art apart from the jewellery he was so committed to? As a teacher or, in his capacity as a "designer", did he now and then create a vignette to decorate books or perhaps a cover for the *Kunstgewerbeblatt*? If he did, no such works have survived. In the meantime, his house in the artists' colony has been extensively remodelled; nothing remains to attest to the lifestyle led by the man who built it. No paintings or drawings from Kleemann's hand are extant in public or private collections. It would seem that, when he arrived in Pforzheim in 1887, jewellery so fascinated him that he devoted his energies almost exclusively to that Pforzheim speciality. Initially still caught up with Historicism – the jacket he designed in 1894 for the *Kunstgewerbeblatt* furnishes proof of this – Georg Kleemann went on to become a leading exponent of Pforzheim Jugendstil jewellery. Many studied under him and learned from him; some tried to copy his work. No one, however, attained the high standard of design that sets Georg Kleemann apart from all his Pforzheim contemporaries.

(1) Ausführliche Würdigung und Analyse Kleemanns in Ulrike von Hase, Schmuck in Deutschland und Österreich, S./p. 99 und S./p. 106 f
(2) Ulrike von Hase Schmundt in Theodor Fahrner, Schmuck zwischen Avantgarde und Tradition, S./p. 109
(3) siehe Kapitel/see chapter „Der Kunstgewerbe-Verein" (S./p. 48)

Der Fall Lauer & Wiedmann // The case of Lauer & Wiedmann

Hermann Lauer und Heinrich Wiedmann gründeten ihre Schmuckfirma im Jahre 1884. Im Pforzheimer Adressbuch von 1898 findet man die Auflistung der verschiedenen Schmuckarten, die damals in diesem Hause produziert wurden: *Bracelets, Broches, Ohrringe, Nadeln, Medaillons, Breloques ect. in feinem mattem Genre.* Es wird darauf hingewiesen, dass das in der Luisenstraße 62 angesiedelte Unternehmen für *Deutsch und Export* arbeitete.

Zwei erhaltene Musterbücher, die wohl zwischen 1898 und 1910 angelegt worden sind, zeigen auf Hunderten vergilbter und leider auch durch häufige Benutzung der Bücher teilweise stark verkratzter Originalfotos das breite Spektrum dessen, was Lauer & Wiedmann um die Jahrhundertwende hergestellt hat. Die Alben sind unermesslich reiche Quellen der Information, nicht nur über den Umfang und die Unterschiedlichkeit der von Lauer & Wiedmann geschaffenen Schmuckstücke; sie geben auch Auskunft über die Zusammenarbeit der Firma mit dem wohl wichtigsten Schmuckentwerfer jener Zeit, Professor Georg Kleemann, über die gestalterische Vielfalt – und auch unterschiedliche Qualität – der Lauer & Wiedmann-Schmuckstücke und über die Aufgeschlossenheit und Bereitschaft der Herren Lauer und Wiedmann (ab 1900 dann auch Wilhelm Silbereisen), sich allem zu öffnen und es auch zu nutzen, wenn es nur zum geschäftlichen Erfolg der Firma beitragen konnte.

Die Bücher zeigen Schmuckstücke, die noch ganz in der Tradition des 19. Jahrhunderts stehen, die dem Historismus verpflichtet sind, die internationale Strömungen und Stilrichtungen offenbaren, wie man sie in London und Wien, vor allem aber in Paris findet, dem Ideenlieferanten für die Pforzheimer Schmuckindustrie par excellence. Medaillons in der Art eines wieder belebten Klassizismus wurden bei Lauer & Wiedmann ebenso hergestellt wie an französische und englische Vorbilder erinnernde Varianten der sogenannten Chimären-Broschen. Vorzüglich für den mittel- und südamerikanischen Markt gab es unzählige Anhänger mit einer Vielzahl von Heiligen, Wallfahrtsorten und anderen christlichen Motiven, manche ganz in traditioneller Gestaltung, das eine oder andere auch mit Anklängen an die „neue Kunst". Vorrangig – so weisen die Musterbücher nach – widmete sich Lauer & Wiedmann dem Jugendstil, besonders

Lauer & Wiedmann-Chimären-Brosche, spätes 19. Jahrhundert; Foto aus dem Musterbuch (Privatbesitz) ›› Lauer & Wiedmann-Heiligen-Medaillon, kurz vor 1900; Foto aus dem Musterbuch // Lauer & Wiedmann chimera brooch, late 19th century: photograph from the Sample Book (private collection) ›› Lauer & Wiedmann devotional locket, shortly before 1900: photo from the Sample Book

dessen aus Frankreich stammender ornamentaler Version, unter Verwendung all der Art Nouveau-Vorbilder, die man in Pforzheim sehr zur Verärgerung der Pariser Beobachter ohne große Skrupel für die eigenen Bedürfnisse umgesetzt hat.
Die zumindest partiell problematischen Beziehungen zwischen Pforzheim und Paris werden im „Fall“ Lauer & Wiedmann geradezu exemplarisch deutlich(1). Die Durchsicht der Musterbücher offenbart zum Teil Erstaunliches, findet man dort doch mehrere Fotos von bei Lauer & Wiedmann hergestellten Schmuckstücken, die sich als nahezu identische Kopien von Pariser Originalen oder zumindest als das Vorbild nur geringfügig verändernde „Nachempfindungen“ zu erkennen geben. Der für die Vorbildersammlung des Kunstgewerbe-Vereins im Herbst 1900 bei Vever in Paris erworbene und vermutlich in Zusammenarbeit mit Léon Gariod entstandene Pfau-Anhänger von Léopold Gautrait, der deutlich sichtbar auf der Vorderseite die Signatur des Künstlers trägt, erscheint im ersten Lauer & Wiedmann-Musterbuch unter der Nummer 2795. Die aufmerksame Betrachtung des alten Fotos gibt Auskunft darüber, dass es sich hier eindeutig nicht um das französische Original, sondern um eine Lauer & Wiedmann-Version des Gautrait-Pfaus handelt: Die Gautrait-Signatur fehlt, die über dem Pfauenkopf stehende Öse zur Aufnahme der Kette ist bei der Pforzheimer Version geringfügig, aber deutlich erkennbar verändert. Auch scheint der am Original anhängende Opaltropfen beim L & W-Pfau durch eine Perle ersetzt zu sein. Wie viele Pforzheimer „Gautrait“-Pfauen in den ersten Jahren des 20. Jahrhunderts hergestellt worden sind, lässt sich nicht mehr feststellen (mindestens zwei waren in den 1970er und 1980er im internationalen Kunsthandel!), ebenso wenig, ob Vever oder Gautrait selbst von der Lauer & Wiedmann-Version wussten, diese möglicherweise sogar in Auftrag gegeben oder zumindest gebilligt hatten oder ob sich die Pforzheimer Firma außerhalb der Legalität den Pfau „angeeignet“ hatte. In der neueren Literatur wurde die Vermutung geäußert, dass Gautrait und Gariod möglicherweise die Rechte und die Werkzeuge (Modelle für den Guss) an Lauer & Wiedmann verkauft haben.(2)
Das Musterbuch I offenbart einen weiteren „nützlichen“ Aspekt im Zusammenhang mit dem Gautrait-Pfau. Unter der Nummer 2820 erscheint ein Steckkamm, dessen Ziermotiv eine wohl im Hause Lauer & Wiedmann selbst entwickelte Variante des Pariser Vorbildes zeigt. Weniger delikat, im Vergleich mit dem Original eher plump und schwerfällig erscheint der Pfau nun in anderer Funktion. Auch als Anhänger und Brosche hat die Pforzheimer Firma diese Pfau-Version auf den Markt gebracht. Im deutschen Kunsthandel war im Jahre 1972 ein Schmuckstück angeboten worden – als „Brosche, Art Nouveau, Paris, um 1895“ –, das auf Grund des alten Fotos im Musterbuch eindeutig als ein Produkt der Firma Lauer & Wiedmann, vermutlich um 1904, zu identifizieren ist. Eine weitere Variante des Pfaus findet sich ebenfalls als Zier eines Steckkammes (Musterbuch I, Nr. 2821). Das Kopfmotiv des Gautrait-Pfaus war Anregung für einen Lauer & Wiedmann-Ansteckschmuck, der im Musterbuch die Nummer 3565 trägt, und für mindestens zwei weitere Broschen bzw. Anhänger, die ihre Herkunft vom Gautrait-Original auch nicht verleugnen können. >

// Hermann Lauer and Heinrich Wiedmann founded their jewellery firm in 1884. The 1898 Pforzheim address book lists the various types of jewellery produced by the firm at that time: *Bracelets, brooches, earrings, pins, medallions, breloques, etc in an elegant matt genre*. The fact is pointed out that, at 62 Luisenstraße, where the firm was based, products were made *for the German domestic market and for export.*

Pfau-Anhänger von Léopold Gautrait, Paris; im Jahre 1900 erworben für die Sammlung des Kunstgewerbe-Vereins Pforzheim // Peacock pendant by Léopold Gautrait, Paris, acquired in 1900 for the Kunstgewerbe-Verein collection

Two sample books that were probably compiled between 1898 and 1910 contain hundreds of faded photographs, some of which are heavily scratched from the books being in frequent use, that reveal the broad range of products manufactured by Lauer & Wiedmann at the turn of the 20th century and shortly afterwards. These "albums" are immeasurably rich sources of information, not just on the range and diversity of the pieces of jewellery made by Lauer & Wiedmann. They also provide information on the firm's collaboration with Professor Georg Kleemann, who was probably the most important jewellery designer of his day in Pforzheim, and on the design diversity – and varying quality levels – of the pieces made by Lauer &Wiedmann. They are also instructive on the unlimited capacity for receptivity and the willingness of Messrs Lauer and Wiedmann (from 1900 Wilhelm Silbereisen as well) to make use of whatever might contribute to the commercial success of the firm.

The sample books show pieces of jewellery that are still entirely conceived in the 19th century tradition, that owe a debt to Historicism and to international trends and stylistic movements as found in London and Vienna and especially Paris, purveyor of ideas par excellence to the Pforzheim jewellery industry. Medallions in the manner of a Neo-Classical revival were made by Lauer & Wiedmann alongside variants of what are known as "chimère"- brooches reminiscent of French and English designs. Furthermore, there were innumerable pendants made primarily for the Central and South American market with a wide variety of saints, pilgrimage shrines and other Christian devotional motifs, some of them designed in the traditional manner while others reveal overtones of the "new art".

Lauer & Wiedmann were committed primarily – as the sample books prove – to Jugendstil, especially Art Nouveau, the ornamental version originating in France. They exploited all Art Nouveau models Pforzheim firms had appropriated without qualms for their own use, greatly to the annoyance of observers in Paris. The "case" of Lauer & Wiedmann clearly exemplifies the circumstance that relations between Pforzheim and Paris were at least partly problematic.(1) Browsing through the sample books, one is confronted with some astonishing things. One encounters several photographs of pieces of jewellery manufactured by Lauer & Wiedmann that are recognisably virtually identical replicas of Paris originals or at least only slightly altered "adaptations".

A peacock pendant acquired by the Kunstgewerbe-Verein for their model collection in autumn 1900 at Vever in Paris and presumably made by Léopold Gautrait in collaboration with Léon Gariod visibly bears the artist's signature on the front. A piece that appears identical to it is shown in the first Lauer & Wiedmann sample book as No. 2795. However, close scrutiny of the old photograph reveals that this is not exactly the

French original but rather a Lauer & Wiedmann version of the Gautrait peacock: the Gautrait signature is missing, the lug above the peacock's head for securing the chain has been slightly but obviously altered. The opal drop hanging from the Paris original also seems to have been replaced by a pearl on the L&W peacock. It is no longer possible to ascertain how many Pforzheim "Gautrait" peacocks were made in the early years of the 20th century (two at least were on the international antiques market in the 1970s and 1980s!). Nor can it be verified whether Vever or Gautrait himself knew of the Lauer & Wiedmann version, whether they might even have commissioned or at least approved it, or whether the Pforzheim firm illegally "appropriated" the peacock. In more recent specialist publications, the conjecture has been mooted that Gautrait and Gariod may even have sold the rights to the piece and related workpieces (the models for casting it) to Lauer & Wiedmann.[2]

The first sample book, Musterbuch I, reveals another "utilitarian" aspect of the Gautrait peacock problem. No. 2820 is the entry for a hair comb, decorated with a motif that was a variant of the Paris model developed in house by Lauer & Wiedmann. Here the peacock appears in a different function and is less delicate than the original, indeed is quite coarsely configured and awkward-looking. Lauer & Wiedmann marketed this version of the peacock as both a pendant and a brooch. In 1972 a piece of jewellery was offered for sale on the German art market – described as "Brooch,

Lauer & Wiedmann-Version des Pfau-Anhängers; Foto aus dem Musterbuch ›› Lauer & Wiedmann-Variante des Pfau-Motivs auf einem Kamm; Foto aus dem Musterbuch ›› Lauer & Wiedmann- Brosche mit dem Pfau-Motiv, um 1902 ›› Lauer & Wiedmann-Variante des Pfau-Motivs als Brosche; Foto aus dem Musterbuch ›› Lauer & Wiedmann-Variante des Pfau-Motivs als Brosche; Foto aus dem Musterbuch // Lauer & Wiedmann version of the peacock pendant: photograph from the Sample Book ›› Lauer & Wiedmann variant of the peacock motif on a comb: photograph from the Sample Book ›› Lauer & Wiedmann brooch with the peacock motif, ca 1902 ›› Lauer & Wiedmann variant of the peacock motifs as a brooch; photograph from the Sample Book ›› Lauer & Wiedmann variant of the peacock motif as a brooch: photograph from the Sample Book

Art Nouveau, Paris, ca 1895" – that, on the basis of the old photograph in the sample book can be unequivocally identified as a Lauer & Wiedmann product, presumably made ca 1904. Yet another variant of the peacock is featured, again decorating a hair comb (Musterbuch I, No. 2821). The head motif of the Gautrait peacock inspired a Lauer & Wiedmann pin, which bears the number 3565 in the sample book, as well as at least two other pieces, brooches and pendants, which are undeniably derived from the Gautrait original. >

Brosche „Modestie" von Georges Le Saché; im Jahre 1900 erworben für die Sammlung des Kunstgewerbe-Vereins Pforzheim ›› Lauer & Wiedmann-Version der „Modestie"-Brosche; Foto aus dem Musterbuch // "Modesty", a Georges Le Saché brooch acquired in 1900 for the Kunstgewerbe-Verein collection ›› The Lauer & Wiedmann version of the "Modesty" brooch: photograph from the Sample Book

// Die Brosche „Modestie", deren Entwurf wahrscheinlich von Georges Le Saché stammt, war im November 1900 in Paris bei Antony Beaudouin für die Sammlung des Kunstgewerbe-Vereins erworben worden. Auch sie erscheint in nur geringfügiger Abwandlung mit der Nummer 2771 im Musterbuch der Firma Lauer & Wiedmann! Wenn man außerdem noch feststellt, dass sich ein goldener Ring von Louis Aucoc, dem Lehrmeister von René Lalique, – dieser direkt bei Aucoc im September 1900 für den Kunstgewerbe-Verein in Paris gekauft – ebenfalls im ersten Lauer & Wiedmann-Musterbuch (Nummer 4136) wiederfindet, muss die Frage nach der Berechtigung, diese Schmuckstücke in Pforzheim zu produzieren, erneut gestellt werden. Gautrait/Gariod, Le Saché/Beaudouin und Aucoc – haben sie alle die Lizenzen an Lauer & Wiedmann vergeben? Oder haben die Pforzheimer unter Missachtung der Rechte der französischen Künstler diese Schmuckstücke (und in welcher Anzahl?) produziert? Diese Fragen können wohl nie mehr beantwortet werden.

René Lalique hat um 1897/98 für Calouste Gulbenkian seinen berühmten Haarstecker „Hahnenkopf" geschaffen, der sich heute in Lissabon befindet. Was für eine Überraschung, dieses Motiv bei Lauer & Wiedmann (Musterbuch I, Nr. 2966) wieder zu finden, dieses Mal als eine im Gegensatz zum Original eher kleine Brosche. Unübersehbar ist jedoch, dass sich das L & W-Schmuckstück eindeutig am Lalique-Vorbild orientiert. Und was ist gar aus dem Vever-Anhänger „La Sève" (auch dieser für die Pforzheimer Sammlung in Frankreich gekauft) geworden? Der Pariser Mädchenakt wurde – aus Prüderie und der besseren Verkäuflichkeit wegen? – bekleidet und seine Körperhaltung verändert; die edelsteinbesetzten Blüten und die Zweige und Blätter sind jedoch nahezu unverändert in den L & W-Anhänger übergegangen (Musterbuch II, Nr.4387). Man war sicherlich recht großzügig in der Auswahl – und in der Nutzung – von fremden Motiven, man scheute sich bei Lauer & Wiedmann offenbar nicht, mit oder ohne Genehmigung Ideen, die nicht im eigenen Hause entstanden waren, umzusetzen und zu verwirklichen.

Die Ideen anderer, vornehmlich französischer Goldschmiede und Schmuckkünstler, für die eigene Produktion zu nutzen, beschränkt sich bei Lauer & Wiedmann nicht nur auf die Umsetzung ganzer Schmuckstücke; auch die Herauslösung einzelner Motive aus „vorbildlichen" Kreationen anderer wurde dort gepflegt. Betrachtet man zum Beispiel einige Schwalben-Broschen, deren Fotos sich im Musterbuch erhalten haben, wird die Erinnerung wach an den Lalique-Anhänger „Mädchenköpfe mit Schwalben", der für die Vorbildersammlung der Kunstgewerbeschule angekauft worden war. Eine Lauer & Wiedmann-Brosche (I, Nr. 2282) erinnert an das zentrale Motiv einer Gürtelschließe von Piel Frères aus Paris, ein Anhänger mit einem Mädchenkörper und Fledermausflügeln (I, Nr.2347) ist wohl von Lucien Gaillards sehr ähnlichem Anhänger inspiriert.

Goldener Fingerring von Louis Aucoc, Paris; im Jahre 1900 erworben für die Sammlung des Kunstgewerbe-Vereins Pforzheim ›› Lauer & Wiedmann-Version des Aucoc-Ringes; Foto aus dem Musterbuch // Golden ring by Louis Aucoc, Paris, acquired in 1900 for the Kunstgewerbe-Verein collection ›› The Lauer & Wiedmann version of the Aucoc ring: photograph from the Sample Book

Blüten- und Pflanzenvariationen nach Pariser Vorbildern sind bei Lauer & Wiedmann entstanden, einige in sehr naher Anlehnung an französische Schmuckstücke, die in die Pforzheimer Vorbildersammlungen aufgenommen worden waren, andere, die eine größere Eigenständigkeit und verhältnismäßige Unabhängigkeit von Paris zeigen (z. B. I, Nr. 2759), aber nahe verwandt sind mit Produkten anderer Pforzheimer Firmen, die ihrerseits ihre Ableitung von Pariser Originalen nicht verleugnen können. Für Überraschung sorgt ein Lauer & Wiedmann-Anhänger (I, Nr. 3770), der sich eng an die Kreationen des Katalanen Lluis Masriera anlehnt. Woher haben die Entwerfer der Pforzheimer Firma die Schmuckstücke gekannt, die nach dem Bruch des jungen Masriera mit der väterlichen Tradition nicht vor 1905 in Barcelona entstanden sind?

Hermann Lauer und Heinrich Wiedmann hatten mit Sicherheit einen oder mehrere Entwerfer, die vorrangig oder gar ausschließlich für sie tätig waren. War es möglicherweise Wilhelm Silbereisen – er ist 1898 im Pforzheimer Adressbuch als Zeichner ausgewiesen, 1900 als Graveur mit eigener „kunstgewerblicher Anstalt" –, der in nicht enden wollender Schaffensfreude und mit variationsreicher Fantasie den unterschiedlichsten aus Frankreich „importierten" Grundmotiven Pforzheimer Gestalt gab? Die in unzähligen Spielarten im Musterbuch festgehaltenen Gingko-Broschen mögen Zeugnisse hierfür sein (z.B. I, Nr. 3192 und viele mehr). Auch die vielen Schmuckstücke mit Frauenköpfen – im Profil und en face – lassen trotz der letztlich aus Paris bezogenen Anregungen eine im eigenen Haus praktizierte Kreativität erkennen.

Dass sich der bzw. die Lauer & Wiedmann-Schmuckzeichner gelegentlich auch von für andere Pforzheimer Firmen geschaffenen Ideen inspirieren ließen, zeigen unter anderem eine Brosche, die mit Sicherheit einem Habich-Entwurf für Theodor Fahrner „nachempfunden" wurde (I, Nr.2735), und manches andere Schmuckstück, das man ganz ähnlich zum Beispiel bei Speidel oder bei Zerrenner finden konnte. >

Hahnenkopf-Haarstecker von René Lalique, um 1897/98; Gulbenkian-Stiftung Lissabon ›› Lauer & Wiedmann-Brosche mit einem Hahnenkopf; Foto aus dem Musterbuch // Decorative comb by René Lalique „Cock's head", ca 1897–98: Gulbenkian Foundation, Lisbon ›› Lauer & Wiedmann brooch featuring a cock's head: photograph from the Sample Book

// "Modestie", a brooch probably designed by Georges Le Saché, was acquired for the Pforzheim Kunstgewerbe-Verein collection from Antony Beaudouin in Paris in November 1900. It, too, appears, with only slight alterations, in the Lauer & Wiedmann sample book as No. 2771! In addition, when one realises that a gold ring by Louis Aucoc – this piece was bought for the Pforzheim collection directly from Aucoc in Paris in September 1900 – also appears in the first Lauer & Wiedmann sample book (as No. 4136), the question again arises of whether these pieces were produced in Pforzheim legally. Gautrait/Gariod, Le Saché/Beaudouin and Aucoc – did they all grant licences to Lauer & Wiedmann? Or was the Pforzheim firm infringing the rights of the French artisans and jewellers in producing these pieces of jewellery (and how many of them did it produce)? These questions will probably never be answered.

In 1897–98, René Lalique created the celebrated "Cock's head" hair comb for Calouste Gulbenkian that is now in Lisbon. What a surprise to encounter this motif in the Lauer & Wiedmann sample book (Musterbuch I, No. 2966), this time, unlike the original, as a rather small brooch. The difference in scale notwithstanding, it is obvious that the L&W piece is a borrowing from the Lalique model. And what has been made of the "La Sève" pendant (it, too, was acquired in France for the Kunstgewerbe-Verein collection)? The Paris female nude has been dressed – were prudishness and commercial viability considerations here? – and the girl's pose has been altered. However, the blooms set with precious stones and the stems and leaves have been transposed virtually unchanged to the L&W pendant (Musterbuch II, No. 4387). Lauer & Wiedmann helped themselves generously to a selection of others' motifs – and did not hesitate to use them – and evidently had no qualms about appropriating and realising ideas – with or without permission – that were not proprietary.

The use of others', mainly French goldsmiths' and jewellery designers' ideas for their own product line was not limited at Lauer & Wiedmann to the appropriation of entire pieces of jewellery. Another practice cultivated at Lauer & Wiedmann was detaching

Anhänger „La Sève" von Vever, Paris; im Jahre 1900 erworben für die Sammlung des Kunstbewerbe-Vereins Pforzheim ›› Lauer & Wiedmann-Variante von „La Sève"; Foto aus dem Musterbuch ›› Gürtelschließe von Piel Frères, Paris; im Jahre 1900 erworben für die Sammlung des Kunstgewerbe-Vereins Pforzheim ›› Lauer & Wiedmann-Variante des Piel Frères- Motivs als Brosche; Foto aus dem Musterbuch // Pendant "La Sève" by Vever, Paris, acquired in 1900 for the Kunstgewerbe-Verein collection ›› Lauer & Wiedmann variant of "La Sève": photograph from the Sample Book ›› Belt buckle by Piel Frères, Paris, acquired in 1900 for the Kunstgewerbe-Verein collection ›› Lauer & Wiedmann variant of the Piel Frères motif as a brooch: photograph from the Sample Book

Anhänger „Fledermausfrau“ von Léopold Gautrait; Badisches Landesmuseum Karlsruhe ›› Lauer & Wiedmann-Variante der „Fledermausfrau“; Foto aus dem Musterbuch ›› Gingkoblatt-Anhänger von Lauer & Wiedmann; Foto aus dem Musterbuch ›› Gingkoblatt-Anhänger der Firma Fr. Speidel, Pforzheim // “Bat Woman” pendant by Léopold Gautrait: Badisches Landesmuseum, Karlsruhe ›› Lauer & Wiedmann variant of the “Bat Woman”: photograph from the Sample Book ›› Lauer & Wiedmann gingko leaf pendant: photograph from the Sample Book ›› gingko leaf pendant by Fr. Speidel, Pforzheim

individual motifs from their contexts that were the "exemplary" creations of others. If one looks at some swallow brooches, of which photographs have survived in the sample books, one is reminded of the Lalique pendant "Girls' Heads with Swallows" that was bought for the Kunstgewerbeschule collection. A Lauer & Wiedmann brooch (Musterbuch I, No. 2282) is reminiscent of the central motif of a belt buckle from Piel Frères in Paris. A pendant featuring the body of a girl with bat wings (Musterbuch I, No. 2347) was probably inspired by the very similar Léopold Gautrait pendant.

Variations on bloom and plant motifs from Paris were developed at Lauer & Wiedmann, some of them very close borrowings from pieces of French jewellery in the Pforzheim collections. Others reveal more originality and are relatively independent of Paris (for instance Musterbuch I, No. 2759) but are closely related to products by other Pforzheim firms, which in turn are undeniably derived from Paris originals. One surprising find is a Lauer & Wiedmann pendant (Musterbuch I, No. 3770) that is highly derivative of the creations of the Catalan artist Lluis Masriera. Where did the designers working for the Pforzheim firm encounter the pieces of jewellery made after 1905 in Barcelona following the young Masriera's break with his family tradition?

Hermann Lauer and Heinrich Wiedmann are bound to have had one or more designers who worked mainly or exclusively for them. Might it have been Wilhelm Silbereisen – he is listed in the 1898 Pforzheim address book as a draughtsman (Zeichner); in 1900 as an engraver with an "artisanal establishment" of his own – whose boundless creativity and teeming imagination tweaked all sorts of basic motifs "imported" from France into Pforzheim designs? The gingko brooches featured in innumerable variants in the sample books would seem to attest that it was indeed Silbereisen (e.g., Musterbuch I, No. 3192 and many others). The many pieces of Lauer & Wiedmann jewellery featuring heads of women – in profile and frontal – reveal creativity practised in house even though the Paris inspiration is still recognisable. That one or more Lauer & Wiedmann jewellery designers were occasionally also inspired by ideas developed for other Pforzheim firms is shown *inter alia* by a brooch that was definitely "adapted" from a Ludwig Habich design for Theodor Fahrner (Musterbuch I, no. 2735) and quite a few other pieces closely resembling Speidel or Zerrenner models, for instance. >

// Silbereisen, der Zeichner und Graveur, trat im Jahre 1900 als Teilhaber in die Firma, die inzwischen in größere Geschäftsräume umgezogen war, ein. Als Eigentümer der *Fabrik für feine Bijouterie im modernen Styl* firmieren von nun an bis zum Jahre 1908 die Herren Lauer, Wiedmann und Silbereisen gemeinsam. Die wohl hoch angesehene Persönlichkeit Silbereisen gehörte im Jubiläumsjahr 1902 als Mitglied des Vorstandes dem Kunstgewerbe-Verein an! Die beiden Firmengründer Lauer und Wiedmann werden im Adressbuch von 1910 nicht mehr aufgeführt; entweder sind beide aus Pforzheim weggezogen oder bereits verstorben. Silbereisen brauchte einen neuen Partner; er fand ihn in dem vermutlich schon vorher in der Firma tätigen Kaufmann (Prokuristen) Max Swoboda, der von nun an auch als Bijouteriefabrikant bezeichnet wird. Es ist davon auszuge-

Anhänger von Lluis Masriera, Barcelona, nach 1905; Sammlung Masriera i Carreras (Grup Bagués), Barcelona ›› Lauer & Wiedmann-Anhänger im Masriera-Stil; Foto aus dem Musterbuch ›› Mädchenkopf-Brosche von Lauer & Wiedmann; Foto aus dem Musterbuch // Pendant by Lluis Masriera, Barcelona, after 1905: Masriera i Carreras Collection (Grup Bagués), Barcelona ›› Lauer & Wiedmann pendant in the Masriera style: photograph from the Sample Book ›› Lauer & Wiedmann brooch featuring the head of a girl: photograph from the Sample Book

hen, dass alles, was seit 1909 über einen langen Zeitraum im Hause Lauer & Wiedmann geschah, in der Verantwortung dieser beiden Männer stand.

Ein wirklich eigenständiger Aspekt bei Lauer & Wiedmann, der nichts mit Vorbildern aus Paris zu tun hat und auch keine „Anregungen" anderer Schmuckhersteller enthält, eröffnet sich aus der Zusammenarbeit mit Georg Kleemann, die wohl auf die Initiative Silbereisens zurückgeht. Nicht nur Hinweise in der älteren Literatur, nicht nur in der Sammlung des Schmuckmuseums Pforzheim erhaltene Schmuckstücke, sondern – besonders wertvoll – eine Reihe von Originalzeichnungen Kleemanns, die entweder direkt mit noch vorhandenem Lauer & Wiedmann-Schmuck oder mit Fotos im Musterbuch übereinstimmen, dokumentieren diese Kooperation.(3) Der Professor der Kunstgewerbeschule lieferte kunstvoll ausgeführte farbige Zeichnungen, die im Hause Lauer & Wiedmann mit höchstem kunsthandwerklichen Können als einzigartig-eigenständige Schmuckstücke realisiert worden sind. Durch die Erwerbungsdaten für die Sammlung der Kunstgewerbeschule lassen sich fünf Stücke, die die Kooperation zwischen L & W und Kleemann dokumentieren, relativ genau datieren. Nachweisbar ist die Zusammenarbeit zwischen dem Künstler und der Firma in den Jahren 1902 bis 1904.

Georg Kleemann spielt in der Kooperation mit Lauer & Wiedmann sein breitgefächertes Repertoire durch: Stilisierte Pflanzen und Blüten hat er eingesetzt, der eine oder andere figürliche Entwurf ist zu erkennen, vor allem aber sind es die stilisierten Insekten. Käfer, Schmetterlinge und Nachtfalter, die er manchmal stärker, manchmal nur gering abstrahiert, bietet Kleemann als Vorschläge für die Produktion an. Hutnadeln, Broschen, Anhänger und Zierteile für Schmuckkämme hat er für Lauer & Wiedmann entworfen. Vielgestaltig und variationsreich erfüllte der Schmuck-Professor die Wünsche seiner Auftraggeber. Die geometrische Variante seines Schaffens, die er vornehmlich in der Zusammenarbeit mit Victor Mayer pflegte, hat Georg Kleemann auch für Lauer & Wiedmann eingebracht, in der Strenge der Formgebung, wie sie gelegentlich auch in seinem Buch „Moderner Schmuck" erscheint.

Auf der Pariser Exposition Universelle hatten Lauer & Wiedmann nicht ausgestellt. Mit Schmuckstücken nach Entwürfen von Georg Kleemann waren sie aber vier Jahre später auf der Weltausstellung in St. Louis vertreten.

Schillernd und ein wenig undurchsichtig ist das Bild dieser Firma, die um 1900 und noch lange danach sehr erfolgreich war. Die Existenz der Musterbücher ermöglicht wertvolle, gelegentlich verblüffende Einblicke in Pforzheimer Praktiken, wie sie sicher nicht nur bei L & W gepflegt worden sind. Erst 1998, nachdem 1938 Wilhelm Silbereisens Sohn Max die Geschäftsführung übernommen hatte, wurde die Firma Lauer & Wiedmann, die auch nach Max Silbereisens Ausscheiden noch in Familienbesitz geblieben war, aufgelöst.

// A draughtsman and engraver, Silbereisen joined Lauer & Wiedmann, which by then had moved to larger business premises, as a partner in 1900. From then on until 1908, Messrs Lauer, Wiedmann and Silbereisen are registered jointly as the proprietors of a *Fabrik für feine Bijouterie im modernen Styl* (Factory for Fine Bijouterie Wares in the Modern Style). Silbereisen, who must have been a highly esteemed public figure, was even a member of the Kunstgewerbe-Verein board of governors in 1902.

The two founders, Lauer and Wiedmann, are no longer listed in the 1910 Pforzheim address book. Either both had moved away from Pforzheim or they were deceased by that date. Silbereisen needed a new partner; he found one in the business-trained (head clerk) Max Swoboda, who presumably had already worked for the firm and, after entering on the partnership with Silbereisen, was designated as a "manufacturer of bijouterie wares". Those two men were probably responsible for everything that had been happening since 1909, and would be happening for some time to come, at Lauer & Wiedmann.

A really independent side of Lauer & Wiedmann, which has nothing to do with models from Paris or "inspiration" drawn from other Pforzheim jewellery manufacturers, is revealed in the firm's collaboration with Georg Kleemann, which can probably be credited to Silbereisen.(3) This collaboration is documented by references in earlier specialist publications, in pieces of jewellery in the Schmuckmuseum Pforzheim collection and – this is particularly valuable evidence – a number of original drawings by Kleemann, which can be identified either directly with extant Lauer & Wiedmann pieces or, indirectly, with photographs in the sample books. Kleemann submitted beautifully executed colour drawings; some of them were realised by Lauer &

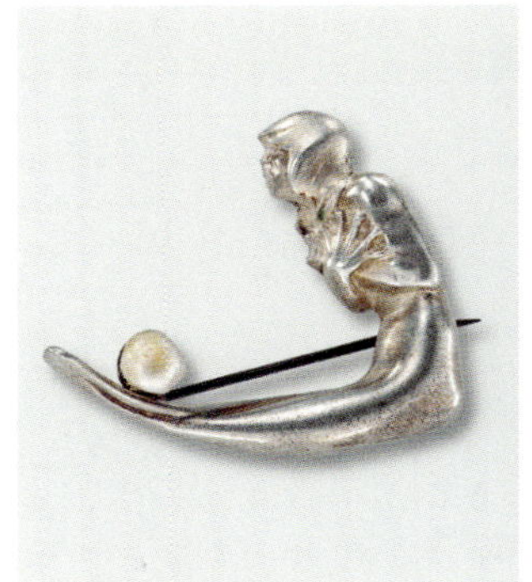

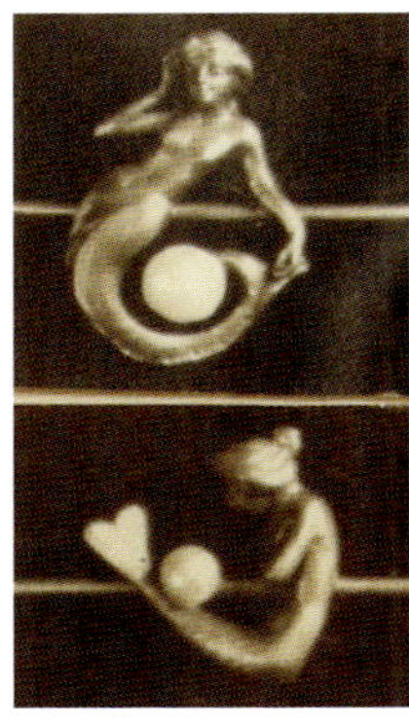

Brosche „Die schöne Lau" von Theodor Fahrner nach einem Entwurf von Ludwig Habich, Darmstadt ›› Zwei Lauer & Wiedmann-Broschen im Stil der „schönen Lau"; Foto aus dem Musterbuch // "Die schöne Lau", a Theodor Fahrner brooch after a design by Ludwig Habich, Darmstadt ›› Two Lauer & Wiedmann brooches in the "Schöne Lau" style: photograph from the Sample Book

Entwurf für einen Kamm von Georg Kleemann, um 1902 (Privatbesitz) ›› Kamm von Lauer & Wiedmann, um 1902; nach dem Entwurf von Georg Kleemann ›› Entwurf für einen Anhänger von Georg Kleemann, um 1903 (Privatbesitz) ›› Lauer & Wiedmann-Anhänger nach dem Entwurf von Georg Kleemann; abgebildet im Bericht über die Weltausstellung St. Louis 1904, Kunstgewerbe-Blatt, 1904 // Design for a comb by Georg Kleemann, ca 1902 (private collection) ›› Lauer & Wiedmann comb, ca 1902 after a design by Georg Kleemann ›› Design for a pendant by Georg Kleeman, ca 1903 (private collection) ›› Lauer & Wiedmann pendant after the design by Georg Kleemann, pictured in the report on the 1904 St. Louis World's Fair, Kunstgewerbe-Blatt, 1904

Wiedmann with the greatest artistry. The acquisition dates for the Kunstgewerbeschule collection provide a relative chronology for five pieces documenting the collaboration between L&W and Kleemann. The collaboration between the artist and the firm is verifiable for the years 1902 to 1904. In collaborating with Lauer & Wiedmann, Georg Kleemann brought the full breadth of his repertory into play: he used stylised plants and blooms; one or two figurative designs are recognisably his and, most notably, stylised insects. Kleemann submitted representations of beetles, butterflies and night-flying moths in varying degrees of abstraction as proposals for production. He designed hat pins, brooches, pendants and decorative mounts for hair combs for Lauer & Wiedmann. The professor for jewellery design met his employers' requirements with a profusion of designs in a wide range of variants. Georg Kleemann also introduced the geometric variant of his work, which he usually designed in collaboration with Victor Mayer, to Lauer & Wiedmann. It is just as astringent in design as pieces that are occasionally encountered in Kleemann's book, *Moderner Schmuck*.

Lauer & Wiedmann did not show work at the 1900 Paris World Exhibition. However, they were represented by pieces of jewellery after designs by Georg Kleemann four years later at the St. Louis World's Fair. The image of this firm, which was very successful in 1900 and long afterwards, is glitzy and even rather shady. However, the existing sample books provide valuable, at times astonishing, insights into dubious Pforzheim practices that were surely not confined to Lauer & Wiedmann. Taken over by Wilhelm Silbereisen's son Max in 1938, Lauer & Wiedmann remained in his family even after he retired until it was dissolved in 1998.

(1) siehe die Kapitel/see chapters „Pforzheim und Paris“ (S./p. 80), „Pforzheim in Paris“ (S./p. 88) und/and „Pariser Vorbild – Pforzheimer Nachahmung“ (S./p. 98)
(2) Evelyne Possémé in Dictionnaire International de Bijou, Gautrait, S./p. 244
(3) siehe Kapitel/see chapter „Ein Künstler für die Industrie – Georg Kleemann“ (S./p. 108)

Pforzheimer „Zeichner“ // Pforzheim “draughtsmen”

Hunderte müssen es gewesen sein, die ihre Kreativität einbrachten, um die Pforzheimer Industrie immer wieder mit neuen Schmuck-Ideen zu versorgen. Die „Zeichner“ standen – mit Kunstfertigkeit, mit unerschöpflicher Fantasie und auch mit der Begabung, in stetiger Abwandlung der Motive Neues zu schaffen – zusammen mit den Fabrikanten in der ständigen Herausforderung, den deutschen und internationalen Kunden unentwegt etwas Neues zu bieten, damit diese aus der Vielfalt des Pforzheimer Schmuckangebots das für sie Passende, das Schönste und Interessanteste herausfinden konnten.
Mindestens zweimal im Jahr stellten die Hersteller ihre neuen „Kollektionen“ vor, mindestens zweimal jährlich sollten bisher noch nie gesehene Schmuckstücke Anreize bieten für die Juweliere, die Inhaber von Schmuck-Einzelhandelsgeschäften ebenso wie für den weltweit operierenden Großhandel, ihre Schmuckstücke in Pforzheim einzukaufen. Und natürlich waren es auch die Endverbraucher, die Schmuckträgerin und der Schmuckträger, die immer wieder aufs Neue Broschen, Anhänger, Ringe, Armbänder, Ketten und Manschettenknöpfe in attraktiver, moderner und modischer Formensprache aus Pforzheim erwarteten.
Wenig weiß man von und über diese kreative „Elite“. Eines scheint aber sicher zu sein: Die meisten Pforzheimer „Zeichner“ hatten ihre künstlerische Ausbildung an der heimischen Kunstgewerbeschule erfahren. Fast immer blieben sie anonym, als stille und tüchtig tätige Mitarbeiter in den einzelnen Firmen. Nur selten wurden sie namentlich genannt, fast nie erscheint der Name einer bestimmten Person, die verantwortlich zeichnete für das gestalterische Programm dieser oder jener Firma. Als Ausnahmen gelten die Professoren und Lehrer der Kunstgewerbeschule, mit denen einige bekannte Schmuckproduzenten lockere oder enge geschäftliche Kooperationen pflegten.[(1)]
Die meisten Zeichner standen wohl im Angestelltenverhältnis; sie kamen jeden Morgen an ihren Arbeitsplatz, wo sie im Auftrag ihrer Vorgesetzten den ganzen Tag, die ganze Woche ihre Fantasie und Gestaltungskraft einsetzten. Mit Sicherheit war es keine leichte Aufgabe, sich unablässig etwas Neues einfallen zu lassen, als Ergebnis eigener Kreativität oder in der abgewandelten Nutzung von Ideen anderer. Der mundartliche Begriff „Müschterlesklau“ (Ideendiebstahl) erklärt die oft sehr nahe stilistische Verwandtschaft , die zwischen den Produkten zweier oder mehrerer Hersteller zu beobachten ist! Unzählige Varianten einer einzigen Idee wurden durchgespielt, bis nach langem Mühen die endgültige Gestaltung gefunden war, die mit dem Einverständnis der Geschäftsleitung letztlich in die Serienproduktion gehen konnte.
Die in der Industrie tätigen Zeichner darf man nicht verantwortlich machen für die öfteren Stilschwankungen und sie schelten wie eine verachtenswerte Gilde von Schelmen und Fälschern. So verteidigt Carl Faas, der wohl selbst ein Schmuckentwerfer war, im Kunstgewerbe-Blatt von 1903 seine Be-

rufsgruppe. *Diese in der Industrie und für die Industrie tätigen Zeichner sind die eigentlichen Mittler zwischen den modernen Kunstgedanken und der Volksmasse.*
Sie standen in einem Dilemma: Sie kannten einerseits die neuesten Kunstbestrebungen, sie waren durch Ausbildung und kontinuierliche Weiterbildung vertraut mit den aktuellen Tendenzen, und sie mussten sich und ihre Kreativität – eingespannt in die Notwendigkeiten der Industrieproduktion – immer wieder zügeln im Bewusstsein, Schmuckstücke zu schaffen zu müssen, die nicht einer elitären Klientel, sondern einem breiten Kundenkreis gefallen sollten.
Von nur ganz wenigen Pforzheimer Zeichnern der Jugendstil-Epoche sind heute – 100 Jahre danach – noch Unterlagen und Dokumente erhalten. Der Zeichner Wilhelm Silbereisen beispielsweise war anfänglich noch ganz dem Historismus verpflichtet, bevor er im Jahre 1900 Teilhaber von Lauer & Wiedmann wurde. Bald erkannte er jedoch die Chancen, die für die Pforzheimer Schmuckindustrie in der „neuen Kunst“ aus Paris begründet lagen. In seiner neuen beruflichen Position wurde Silbereisen ein engagierter Verfechter des Art Nouveau und dessen Übertragung auf die individuellen Bedürfnisse in seiner Firma.[2] >

// There must have been hundreds of those men who put their creativity to such good use continually supplying the Pforzheim jewellery industry with new ideas for jewellery. The “draughtsmen” were, along with the industrialists, constantly challenged to provide both the domestic and foreign markets with new designs from which they might choose what was most suitable, most beautiful and most interesting from the diverse Pforzheim range of jewellery. To do so, the “draughtsmen” had to draw on inexhaustible wellsprings of imagination as well as a talent for continually varying motifs to come up with something new.
Makers showed their new “collections” at least twice annually. Hence jewellery that had never been seen before had to entice jewellers, both the owners of jewellery shops and wholesalers operating round the world, at least twice a year to buy their stock in Pforzheim. And of course, there were also the end consumers, the men and women who wore the jewellery, who never ceased expecting Pforzheim to come up with new brooches, pendants, rings, bracelets, chains and cufflinks designed in an attractive, modern and fashionable formal language.
Not much is known about this creative “élite”. One thing is certain, however; most Pforzheim “draughtsmen” had trained as artisans at the local Kunstgewerbeschule. These designers almost always remained anonymous, quiet and

Drei Kolliers, aus einem Musterbuch der Firma Louis Fiessler, um 1905 // Three necklaces, from a Louis Fiessler sample book, ca 1905

skilful employees at the various firms. Only rarely were they named. The name of a particular designer who was responsible for the design agenda of this or that firm almost never appears. The rare exceptions were the professors and instructors at the Kunstgewerbeschule, with whom some well-known Pforzheim jewellery producers cultivated business links that might be either loose or close.(1)

Most designers were probably employed on a permanent basis. That meant they would arrive every morning at work, where they had to deploy their imagination and powers of design for their superiors all day long, week after week. It certainly must have been no easy task, having to come up with something new without fail all the time as the result of one's own creativity or as adaptations of others' ideas. The local dialect has a vernacular term for this: "Müschterlesklau" (literally "stealing patterns", what would today be called "theft of intellectual property"). This explains the often very close stylistic relationship that can be observed between the products of two or more manufacturers! Innumerable variations on a single idea would be run through and played with until, after protracted efforts, a final design had been found, one which might go into mass production with management's approval.

One must not blame the draughtsman working in the industry for the frequent fluctuations in style and decry them as a contemptible guild of knaves and counterfeiters. Thus Carl Faas, who was probably a jewellery designer himself, sprang to the defence of his profession in the *Kunstgewerbe-Blatt* in 1903. *These draughtsmen working in and for the industry are the ones who actually mediate between modern ideas of art and the broader public.*

They found themselves caught up in a dilemma: on the one hand, they were, by virtue of their training and constant further education, familiar with the newest trends in art; they also had to curb themselves and their creative powers – tied down as they were by the exigencies of industrial production – over and over again since they were well aware that they had to create pieces of jewellery which were supposed to attract a broad-based clientele rather than an élite upscale market segment.

Entwurf für eine Brosche im Stil der Neo-Renaissance, Wilhelm Silbereisen, 1887 (Privatbesitz) // Wilhelm Silbereisen: design for a brooch in the Neo-Renaissance style, 1887 (private collection)

Records and documentation have only survived for a handful of Pforzheim designers active in the Jugendstil period. A century has elapsed since then. To take just one example, Wilhelm Silbereisen, a draughtsman, was at first entirely under the sway of Historicism before he became a partner in Lauer & Wiedmann in 1900. It was not long, however, before he realised what opportunities the "new art" from Paris offered the Pforzheim jewellery industry. In his new professional capacity, Silbereisen became a committed advocate of Art Nouveau and of adapting it to suit the individual needs of his own firm.(2) >

Entwurf für einen Anhänger mit Emailplakette, Ernst Cordier, um 1903/04 (Privatbesitz) ›› Entwurf für einen Anhänger mit Emailplakette, Ernst Cordier, um 1903/04 (Privatbesitz) ›› Entwurf für eine Brosche mit Emailplakette, Ernst Cordier, um 1903/04 (Privatbesitz) // Ernst Cordier: design for a pendant with an enamel plaquette, ca 1903–04 (private collection) ›› Ernst Cordier: design for a pendant with an enamel plaquette, ca 1903–04 (private collection) ›› Ernst Cordier: design for a brooch with an enamel plaquette, ca 1903–04 (private collection)

// Ernst Cordier, der seine Ausbildung zum „Bijoutier“ in einer kleinen Pforzheimer Schmuckfirma erfahren hatte und parallel dazu Schüler an der Pforzheimer Gewerbeschule gewesen war, studierte daran anschließend von 1901 bis 1906 bei den Professoren Sautter, Riester, Kleemann und Rücklin an der Kunstgewerbeschule. Schon während seiner Studienzeit machte Cordier als erfolgreicher Schmuckentwerfer auf sich aufmerksam: In dem 1904 vom Kunstgewerbe-Verein durchgeführten Wettbewerb um die Tourette-Plaketten wurde er durch den Ankauf eines seiner Entwürfe ausgezeichnet.(3) Auch in den folgenden Jahren erscheint sein Name immer wieder unter den mit Auszeichnungen bedachten Wettbewerbsteilnehmern, wobei er weitgehend ein Vertreter des figürlichen Jugendstils war. Später sollte Ernst Cordier ein äußerst tatkräftiger und erfolgreicher Schmuckfabrikant werden, der durch seine intensive Expansionsbestrebungen, zum Beispiel durch die Gründung einer Filiale seines Pforzheimer Unternehmens in Indien, auf sich aufmerksam machte.

Der gelernte Stahlgraveur Karl Christian Uebelhör war 1884 in Ottenhausen, einem kleinen Dorf in der Nähe Pforzheims, geboren worden; wie Cordier besuchte er die Gewerbe- und anschließend die Kunstgewerbeschule, und wie dieser fühlte er sich den Ideen aus Paris sehr zugetan. Noch souveräner und konsequenter als Cordier spielte Uebelhör mit den Vorbildern aus Frankreich, noch stil- und zielsicherer verknüpfte er sie mit seinen eigenen künstlerischen Vorstellungen. Auch an manche deutsche Künstler, die maßgebend für die Münchner Zeitschrift „Jugend“ tätig waren, erinnert Uebelhörs Stil, im besonderen, wenn man seine eleganten Entwürfe für Zigarettendosen und und seine Vignetten mit dem künstlerischen Schaffen zum Beispiel eines Hermann Obrist, eines August Endell und eines Otto Eckmann vergleicht. Franz Piram aus Dillweißenstein bei Pforzheim war wie Uebelhör Stahlgraveur im Hauptberuf. Ob er, von dem nur wenige und vermutlich relativ späte Entwurfszeichnungen erhalten geblieben sind, auch an der Kunstgewerbeschule studiert hat, ist nicht belegt Sein Stil, der eine gewisse Verwandtschaft zum Schmuck der Firmen Levinger & Bissinger und Karl Hermann erkennen lässt, könnte von Georg

Entwurf für eine Gürtelschließe, Karl Christian Uebelhör, um 1902 (Privatbesitz) ›› Entwurf für eine Gürtelschließe, Karl Christian Uebelhör, um 1902 (Privatbesitz) ›› Entwurf für eine Zigarettendose, Karl Christian Uebelhör, um 1902 Privatbesitz) // Karl Christian Uebelhör: design for a belt buckle, ca 1902 (private collection) ›› Karl Christian Uebelhör: design for a belt buckle, ca 1902 (private collection) ›› Karl Christian Uebelhör: design for a cigarette box, ca 1902 (private collection)

Kleemann zumindest beeinflusst worden sein. Die Pforzheimer „Zeichner" bildeten zusammen mit den Fabrikanten das Rückgrat der Schmuckindustrie. Sie kannten ihre Aufgabenbereiche bis in die kleinsten Details und sie wussten Bescheid über die vielfältigen handwerklichen und technischen Vorgänge der Produktion. Ohne diese Kenntnisse wäre es ihnen nicht möglich gewesen, ihre Ideen so zu entwickeln, dass diese auch realisiert werden konnten. Der „Zeichner" Uebelhör hatte den Beruf des Stahlgraveurs gelernt, Piram war auch Stahlgraveur; es ist davon auszugehen, dass alle, die in den künstlerischen Bereichen der Pforzheimer Schmuckindustrie tätig waren, eine gründliche Ausbildung im Handwerk und den Herstellungstechniken hatten.

// Ernst Cordier, who had trained as a "bijoutier" at a small Pforzheim jewellery firm while attending the Pforzheim Gewerbeschule on the side, subsequently studied at the Kunstgewerbeschule Pforzheim from 1901 until 1906. There he was taught by Professors Sautter, Riester, Kleemann and Rücklin. While still a student, Cordier distinguished himself as a successful jewellery designer: one of the designs he submitted to the 1904 Kunstgewerbe-Verein competition centred on the Tourette plaquettes was bought for the design collection of the association.(3) In subsequent years, his name recurs on the rolls of award-winning contestants in that annual competitions. During that time, Cordier remained for the most part an exponent of figurative Art Nouveau. Later Ernst Cordier would become an extremely high-powered and successful jewellery manufacturer. The intensive efforts he made to keep expanding his Pforzheim business, for instance, by founding a branch in India, ensured that he was never out of the public eye.

Karl Christian Uebelhör (born in Ottenhausen, a small village near Pforzheim, in 1884) trained as a steel engraver. Like Cordier, he attended the Gewerbeschule before going on to the Kunstgewerbeschule. Again, like Cordier, Uebelhör was very

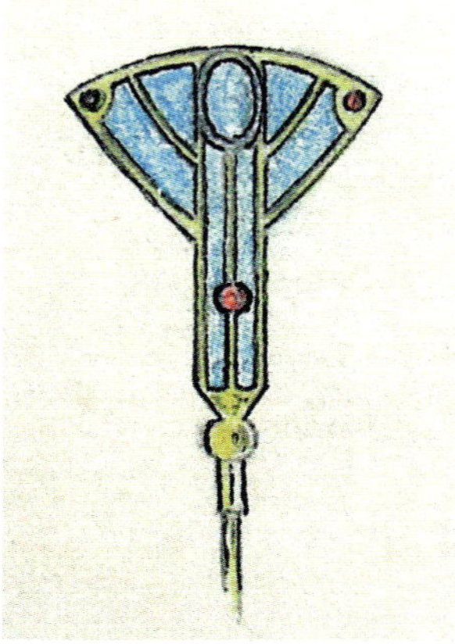

Entwurf für einen Anhänger, Franz Piram, nach 1905 (Privatbesitz) ›› Entwurf für eine Hutnadel, Franz Piram, nach 1905 (Privatbesitz) ›› Entwurf für eine Hutnadel, Franz Piram, nach 1905 (Privatbesitz) // Franz Piram: design for a pendant, after 1905 (private collection) ›› Franz Piram: design for a hatpin, after 1905 (private collection) ›› Franz Piram: design for a hatpin, after 1905 (private collection)

taken with the ideas coming out of Paris. However, Uebelhör played with the French designs with even more self-assurance and consistency than Cordier did. Uebelhör showed even more sense of style and was even more purpose-driven in the way he linked them with his own ideas of art. Moreover, Uebelhör's style is reminiscent of that cultivated by some German artists who exerted a formative influence on the Munich journal *Jugend*. His elegant designs for cigarette boxes and his vignettes especially reveal similarities with the work produced by the likes of Hermann Obrist, August Endell and Otto Eckmann.

Franz Piram of Dillweissenstein near Pforzheim was, like Uebelhör, a steel engraver by trade. It has not been verified whether Piram also studied at the Kunstgewerbeschule. Only a few, relatively late, design drawings of Piram's have survived. Piram's style, which reveals certain affinities with the jewellery produced by Levinger & Bissinger as well as Karl Hermann, might have been influenced by Georg Kleemann at least.

Together with the industrialists, the Pforzheim “draughtsmen” represented the backbone of the jewellery industry. They mastered all aspects of their particular fields and they were thoroughly familiar with the diverse artisanal and technical processes employed in production. Without those skills and that knowledge, they could not have developed their ideas so that they might also be realised. Uebelhör, a “draughtsman”, had trained as a steel engraver, as well as Piram. It is safe to assume that all those working on the artistic side of the Pforzheim jewellery industry had been thoroughly trained in both their craft and the relevant manufacturing techniques.

(1) siehe die Kapitel/see chapters „Der Kunstgewerbe-Verein“ (S./p. 48), „Die Kunstgewerbeschule“ (S./p. 56), „Pariser Vorbild – Pforzheimer Nachahmung“ (S./p. 98) und/and „Ein Künstler für die Industrie – Georg Kleemann“ (S./p. 108)
(2) siehe Kapitel/see chapter „Der Fall Lauer & Wiedmann“ (S./p. 120)
(3) siehe Kapitel/see chapter „Pariser Vorbild – Pforzheimer Nachahmung“ (S./p. 98)

Die Weltausstellung in St. Louis 1904 – Ausklang des Jugendstils // The 1904 St. Louis World's Fair – the swan song of Art Nouveau

Es war ganz anders als noch einige Jahre zuvor, als sich Pforzheim mit Eifer und Engagement auf die Pariser Weltausstellung des Jahres 1900 vorbereitet hatte. Auch für die „Saint Louis World's Fair" hatte das Deutsche Reich offiziell seine Beteiligung zugesagt, die Bereitschaft zur Teilnahme war jetzt jedoch eher gering. 1902 hatte es eine große internationale Ausstellung in Turin gegeben, und nun sollte man schon wieder – auch in Pforzheim – große Anstrengungen unternehmen, um in Amerika dabei zu sein. Obwohl der „Reichskommissar für die deutsche Beteiligung" eigens aus Berlin angereist war und vom Pforzheimer Oberbürgermeister zusammen mit Vorstandsmitgliedern der Handelskammer und des Kunstgewerbe-Vereins sowie von 40(!) Fabrikanten empfangen worden war, konnte man sich in der Folgezeit – ganz im Gegensatz zur Situation vor der Exposition Universelle – nicht auf eine Gemeinschaftsausstellung vieler Firmen und Künstler einigen. *Die Verhandlungen ergaben, dass unter den hiesigen Fabrikanten keine Geneigtheit zu Beteiligung an der Weltausstellung herrsche, da geschäftliche Erfolge infolge des hohen Prohibitiv-Zolles so gut wie ausgeschlossen seien.* Und so kam es, dass die Pforzheimer Schmuckindustrie, wo um 1905 mehr als 22.000 Menschen tätig waren, *die Beteiligung einerseits der hohen Kosten, andererseits des hohen* (amerikanischen) *Zolles wegen, der Geschäftsanknüpfungen fast aussichtslos machte,* ablehnte.[1]

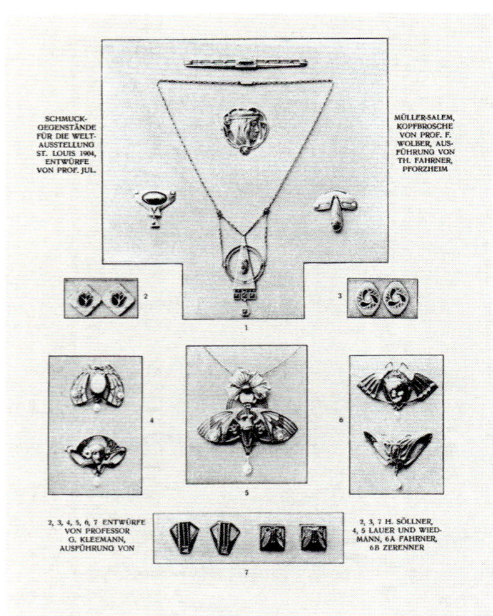

Eine Seite aus dem Kunstgewerbe-Blatt 1904; Pforzheimer Schmuck in St. Louis 1904 // A page from the Kunstgewerbe-Blatt, 1904: Pforzheim jewellery in St. Louis in 1904

Dagegen wurde die Veranstaltung einer kleinen Elite-Ausstellung unter der Leitung des Kunstgewerbe-Vereins für möglich erachtet, unter der Voraussetzung, dass die Reichs- und Landesregierung genügende Mittel dafür bereit stelle. Im Jahresbericht des Kunstgewerbe-Vereins für das Jahr 1903 stellte Alfred Waag als 1. Vorsitzender lapidar fest, das Badisch-Großherzogliche Innenministerium habe dem Verein mitteilen lassen: *Der Reichskommissar … hat uns* (dem Ministerium) *eine so geringe Summe zur Verfügung gestellt, dass … auch mit einem entsprechenden Zuschuss aus Landesmitteln die von Pforzheim gestellten Forderungen nicht erfüllt werden können.* Damit war diese Angelegenheit für den Kunstgewerbe-Verein erledigt. Dies bedeutete allerdings keineswegs, dass Pforzheim in St. Louis überhaupt nicht vertreten gewesen war: *einzelne Firmen* (es waren insgesamt zehn) *und mehrere Lehrer der Pforzheimer Kunstgewerbeschule* waren nach langwierigen Erwägungen und dadurch bedingter kurzfristiger Anmeldung schließlich doch bereit, sich in St. Louis zu präsentieren. Die Teilnehmer beklagten sich allerdings später, *dass unsere kleinen Schmuckabteilungen an dem Übelstand krankten, dass sie nicht geschlossen beieinander aufgestellt waren, dass die einzelnen Firmen, je nach der Zeit, in der sie angemeldet worden waren, irgendwo noch einen Platz bekommen hatten.*

Niemand war so richtig zufrieden, und so ist es verständlich, dass nur wenig überliefert ist von den vorbereitenden Maßnahmen und von den Erfolgen oder Misserfolgen, mit denen die Pforzheimer, ob Firmen oder Künstler, in St. Louis konfrontiert waren. Auch ist nicht mehr bekannt, wer nun wirklich in St. Louis ausgestellt hatte, es ist keine Liste der Teilnehmer auffindbar; möglicherweise hat es nie eine gegeben, hatten sich die Pforzheimer Teilnehmer offensichtlich individuell und einzeln angemeldet. >

Entwurf von Georg Kleemann für Lauer & Wiedmann, um 1903 (Privatbesitz) ›› Brosche von Lauer & Wiedmann, ausgestellt in St. Louis 1904 // A Georg Kleemann design for Lauer & Wiedmann, ca 1903 (private collection) ›› Lauer & Wiedmann brooch shown in St. Louis in 1904

// Things had looked entirely different only a few years before when Pforzheim was preparing for the 1900 Paris Exhibition with such eagerness and commitment. Although the German Reich had officially accepted the invitation to participate in the St. Louis World's Fair, there was by then not very much willingness to do so. There had been a large international trade fair in Turin in 1902 and now once again enormous efforts were supposed to be made – in Pforzheim as well – to be in on the act in America. The *Reichskommissar für die deutsche Beteiligung* [Reich Commissioner for German Participation] had taken the trouble to travel all the way to Pforzheim from Berlin and the mayor of Pforzheim, flanked by members of the Chamber of Commerce and Kunstgewerbe-Verein boards as well as a delegation of forty (!) Pforzheim industrialists, had welcomed him. Nevertheless no agreement could afterwards be reached (how unlike the situation prevailing at the time of the 1900 Paris Exposition Universelle) on what a collective exhibition mounted by numerous firms and artists should be like. *The outcome of negotiations was that, among local industrialists, no inclination to participate in the World's Fair emerged because commercial successes were virtually impossible due to the prohibitively high protective tariff on imports.* Hence the upshot was that the Pforzheim jewellery industry, in which a workforce of more than 22 000 was employed around 1905, refused *to take part, on the one hand, due to the high costs to be incurred, on the other, due to the high* [American] *protective tariff, which rendered the prospects of forging business links virtually nil.*(1)

By contrast, mounting a small, élite trade fair under the aegis of the Kunstgewerbe-Verein was regarded as practicable, provided that the Reich and state governments earmarked sufficient funding for it. The 1903 annual report issued by the Kunstgewerbe-Verein

Skizze von Georg Kleemann für Theodor Fahrner, um 1902/03 (Privatbesitz) ›› Brosche von Theodor Fahrner, ausgestellt in St. Louis 1904 // A sketch by Georg Kleemann for Theodor Fahrner, ca 1902–03 (private collection) ›› Theodor Fahrner brooch shown in St. Louis in 1904

states laconically that the Badisch-Großherzogliche Ministry for Internal Affairs had imparted to the Kunstgewerbe-Verein: *The Reich Commissioner … has made available to us* [the Badisch-Großherzogliche Ministry for Internal Affairs] *such a small sum that … even with a subsidy to match from the state coffers, the demands made by Pforzheim could not be met*. The matter was quashed as far as the Kunstgewerbe-Verein Pforzheim was concerned.

Nonetheless, this did not mean that Pforzheim would not be represented in St. Louis: *individual firms* [there were ten of them] *and several teachers from the Kunstgewerbeschule* were, after lengthy deliberations and, therefore, last-minute registration, willing to be present in St. Louis. The participants regretted, however, *that our little jewellery contingents suffered from the drawback that they were not shown as a closed group in one place, that the individual firms, depending on the time they registered, had obtained locations anywhere one was still available.*

No one was really satisfied so it is only understandable that very little has been recorded about the measures taken to prepare for St. Louis and the successes or lack of them confronting the contingent from Pforzheim, whether firms or artists.

Nor is it known who actually showed work at St. Louis as no list of participants has been found; there may never have been one at all since the Pforzheim participants in the World's Fair had all registered separately. >

// Rudolf Rücklin, der Unermüdliche, war zwei Wochen lang als Beobachter auf der „Saint Louis World's Fair“ gewesen; er hat sich über seine Eindrücke mehrfach geäußert, schriftlich im Kunstgewerbe-Blatt und auch in einem öffentlichen Vortrag mit Lichtbildern (!), den er im Oktober 1904 vor einem breiten Publikum gehalten hat. Wenig hatte Rücklin damals zur Pforzheimer Situation in St. Louis angemerkt, und so ist nur zu erfahren, dass Pforzheim *in zweierlei Arten* ausgestellt hatte: *einige Fabrikanten und Kunstgewerbelehrer in den Räumen des badischen Kunstgewerbevereins, – hochkünstlerische, streng moderne Schmuckarbeiten in Gold und Silber; und eine Anzahl von Fabrikationsfirmen, deren Ausstellungen ohne Zusammenhang miteinander zustande gekommen waren. … Außerdem hatte Pforzheim noch eine Anzahl von Kettenkollektionen in Gold, Silber und Doublé ausgestellt, ferner eine größere Anzahl künstlerischer Silberschmucksachen.*

Wer die Fabrikanten waren, wer die Kunstgewerbelehrer, darüber gibt Rücklin keine Auskunft; vielleicht finden sich an anderer Stelle noch Hinweise, die einiges erhellen könnten. Wenn auch nicht in Rücklins Texten, so doch in Abbildungen im Kunstgewerbe-Blatt der Jahre 1904 und 1905 werden zumindest einige der Firmen aufgeführt, die in St. Louis ausgestellt hatten: man erfährt von H. Soellner, dass diese Firma mit von Georg Kleemann entworfenen Manschettenknöpfen dort in Erscheinung getreten ist, dass Theodor Fahrner Schmuckstücke zeigte, die Fritz Wolber, Julius Müller-Salem und Kleemann entworfen hatten, dass Lauer & Wiedmann ebenfalls Schmuck nach Kleemann-Entwürfen ausstellte, und – noch einmal Georg Kleemann – auch F. Zerrenner war in St. Louis mit dabei.

Der aufmerksame Professor Rücklin hat in Amerika jedoch noch einen anderen „Pforzheimer" Aspekt entdeckt. Im Rahmen seiner Reise hatte er auch New York besucht, wo er in einem Juweliergeschäft eine interessante Entdeckung machte. Er sah dort *eine Brosche, die ich sofort als ein Erzeugnis einer Pforzheimer Fabrik erkannte. Ich kaufte dieselbe, die in der Auslage bezeichnet war als letzte Pariser Neuheit. Bei näherer Betrachtung konnte man sehen* (Rücklin war wirklich ein Fachmann und hervorragender Kenner der internationalen Szene), *daß sie nicht über Paris aus Pforzheim kam, sondern eine Gablonzer Nachbildung war, die jetzt in New York als Pariser Neuheit ausgestellt war.* Rücklin berichtete weiter, dass *derartige Beobachtungen nicht nur in diesem einen Falle gemacht werden konnten, sondern es waren in St. Louis nicht unbedeutende Ausstellungen, bei denen ein starker Prozentsatz aus Pforzheim kam, obgleich irgend eine ausländische Firma als Ausstellerin fungierte.*[2]

Die wenigen Pforzheimer Aussteller präsentierten in St. Louis ein relativ breites Spektrum ihres industriellen Schaffens. Lauer & Wiedmann war mit von Kleemann entworfenen Schmuckstücken mit Beispielen im traditionellen Jugendstil vertreten, mit Broschen und Anhängern, die entweder die Kleemannschen Nachempfindungen des figürlichen Art Nouveau zeigten, oder die für Kleemann so typischen Insekten-Variationen, reich und vielfarbig ausgestattet mit Edelsteinen, Perlen und Email. F. Zerrenner zeigte „seinen" Kleemann-Stil, der dreidimensional und rein ornamental ohne figürliche Assoziationen auskam, ebenso Soellner, dessen Kleemann-Stücke vom Vegetabilen zum Geometrischen reichten. Fahrner hingegen mit seinen „Designern" Wolber, Müller-Salem und ebenfalls Kleemann überzeugte mit einem breiten Angebot: von strenger Geometrie nach Müller-Salems Ideen, der allerdings auch die in St. Louis ausgestellte Gürtelschließe mit der frontal gesehenen Schlange entworfen hatte, über die von Wolber entworfenen Manschettenknöpfe und Broschen mit frontal oder im Profil wiedergegebenen Köpfen junger Frauen, bis hin zu Schmuckstücken nach Kleemann-Entwürfen, die wie bei Lauer & Wiedmann Käfer und andere Insekten zum stilisierten Vorbild hatten.

Obwohl der Pforzheimer Jugendstil-Schmuck trotz der geringen Beteiligung in St. Louis noch einmal recht markant und vielgestaltig aufgetreten war und offensichtlich in Amerika auch gebührende Anerkennung gefunden hatte – Medaillen und andere Auszeichnungen brachte nicht nur Theodor Fahrner mit nach Hause – scheint die Epoche nun rasch ihrem Ende zugegangen zu sein. Betrachtet man die im Kunstgewerbe-Blatt immer wieder veröffentlichten Ergebnisse der

Brosche von F. Zerrenner, nach einem Entwurf von Georg Kleemann; ausgestellt in St. Louis 1904 // An F. Zerrenner brooch after a design by Georg Kleemann: shown in St. Louis in 1904

vom Kunstgewerbe-Verein durchgeführten Wettbewerbe, kann man unschwer feststellen, dass ein neuer Stil Einzug hält. Stimmen, die kritisch einen Wandel forderten, wurden lauter. Die Schmuckgestaltung wandte sich anderen Gestaltungszielen zu; schließlich sollten weiterhin gute Geschäfte gemacht werden, die Produktions- und vor allem die Absatzzahlen mussten stimmen.(3)

Für all die Menschen, die in Pforzheim vom und durch den Schmuck ihre Existenz sicherten (vom Unternehmer über die vielfältig spezialisierten Mitarbeiter und Mitarbeiterinnen bis hin zu den vielen unterschiedlichen Zulieferern, den Großhändlern, den Verkäufern und den die internationalen Märkte beliefernden Agenten), war es von großer Wichtigkeit, immer wieder etwas Neues auszudenken, dies dann zu produzieren und es möglichst gewinnbringend in aller Welt zu verkaufen.

Viele hatten es erkannt: es musste sich etwas ändern, und es geschah wie so oft in Pforzheim: zumindest die fortschrittlichen, die innovativen Geschäftsleute fanden zusammen mit den kreativen Köpfen neue Wege, die sie zielstrebig begehen wollten.

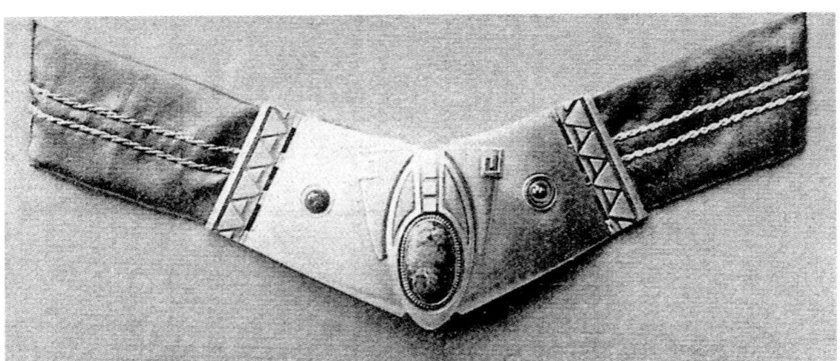

Brosche/Anhänger von Theodor Fahrner, nach einem Entwurf von Fritz Wolber; ausgestellt in St. Louis 1904 ›› Gürtelschließe von Theodor Fahrner, nach einem Entwurf von Julius Müller-Salem; ausgestellt in St. Louis 1904; abgebildet im Kunstgewerbe-Blatt 1904 // Theodor Fahrner brooch/pendant after a design by Fritz Wolber: shown in St. Louis in 1904 ›› Theodor Fahrner belt buckle after a design by Julius Muller-Salem: shown in St. Louis in 1904; pictured in Kunstgewerbe-Blatt, 1904

// The redoubtable Rudolf Rücklin spent two weeks at the St. Louis World's Fair as an observer; he had several things to say about his impressions of it, both in the *Kunstgewerbe-Blatt* and also in a lecture illustrated with photographs and open to the public at large, which he gave in October 1904. At that time Rücklin noted little about the Pforzheim situation in St. Louis. All that can be learnt from his observations is that Pforzheim exhibited *on two levels: some industrialists and applied arts teachers in the rooms of the Baden Applied Arts Association – top-quality, stringently modern pieces of jewellery in gold and silver; and a number of industrial firms, whose shows had been set up without any connection to one another. … In addition, Pforzheim had also shown a number of chain collections in gold, silver and doublé; further, quite a number of pieces of silver art jewellery.*

Rücklin imparts no information on who the industrialists and applied arts instructors were; perhaps indications will be found somewhere else to shed some light on the matter. Although they are not mentioned in Rücklin's texts, illustrations in 1904 and 1905 numbers of the *Kunstgewerbe-Blatt* do indicate at least some of the firms that had exhibited in St. Louis: the firm of H. Soellner was represented by cufflinks designed by Georg Kleeman, Theodor Fahrner showed pieces of jewellery designed by Fritz Wolber, Julius Müller-Salem and Kleemann, Lauer & Wiedmann also exhibited jewellery made according to Kleemann designs and F. Zerrenner was also in St. Louis – once again the name Georg Kleemann crops up.

Professor Rücklin, acute observer that he was, did discover another aspect of "Pforzheim in America". While there, Rücklin had also visited New York, where he made an interesting discovery at a jeweller's. There he saw *a brooch that I immediately recognised as the product of a Pforzheim factory. I bought it, it had been labelled in the display window as the latest novelty from Paris. On closer scrutiny, it became apparent* [Rücklin was really an expert and exceptionally knowledgeable about the international jewellery scene] *that it had not reached New York from Pforzheim via Paris but was an imitation made in Gablonz, which now was displayed in New York as the latest from Paris.* Rücklin goes on to report that *observations of this kind might be made not just in this particular case but also there were exhibits in St. Louis that were not unimportant, of which a high percentage came from Pforzheim although some foreign firm functioned as the exhibitor.*(2)

The few exhibitors from Pforzheim presented a relatively broad range of their industrial output at St. Louis. Lauer & Wiedmann were represented by pieces of jewellery designed by Kleemann. F. Zerrenner showed "his" Kleemann style, which eschewed the purely decorative without figurative associations in three dimensions. Soellner did likewise; his Kleemann pieces ranged from vegetal to geometric in style. By contrast, Fahrner with "his designers", Wolber, Müller-Salem and again Kleemann, was compelling with a broad selection.

Although not many Pforzheimers participated in the St. Louis World's Fair, the Jugendstil jewellery from Pforzheim that was shown there was memorably distinctive and diverse. Moreover, it was obviously duly acclaimed in America; Theodor Fahrner was not the only one from Pforzheim to bring home medals and other awards. Nevertheless, the Jugendstil era seems to have come to an end soon afterwards. If one looks at the results of the competitions mounted by the Pforzheim Kunstgewerbe-Verein continually published in the *Kunstgewerbe-Blatt*, it is easy to see that a new style now held sway. The critical voices calling for change were becoming louder. Jewellery-making turned to other design objectives; after all, business deals still had to be clinched so that production and turnover figures might continue to be satisfactory.(3)

For all those in Pforzheim whose livelihood depended on jewellery (from industrialists through the men and women of the workforce, whose skills were manifold, to the various suppliers, the wholesalers and the agents distributing to the international market), it was very important to keep coming up with something new, to produce it and to market and distribute it worldwide as profitably as possible.

Many had realised what needed to be done; changes had to be made and this happened as it had so often in Pforzheim: innovative entrepreneurs collaborated with creative minds to go new ways and did so consistently in the interests of attaining that aim.

(1) Alle Zitate aus verschiedenen Ausgaben des Kunstgewerbe-Blattes der Jahre 1903, 1904 und 1905/All quotations from miscellaneous issues of the Kunstgewerbe-Blatt from 1903, 1904 and 1905
(2) siehe auch Kapitel/see chapter „Pforzheim und Paris" (S./p. 80)
(3) siehe Kapitel/see chapter „Was danach kam" (S./p. 146)

Was danach kam
// The aftermath

Auf der „ Saint Louis World's Fair" im Jahre 1904 hatten die Pforzheimer Aussteller – soweit aus den wenigen Berichten zu erschließen ist – noch weitgehend typische Produkte des Jugendstils präsentiert.[1] Und doch hatte sich damals schon ein Wandel angekündigt, der in den folgenden Jahren immer deutlicher in Erscheinung treten sollte. In Paris allerdings, wo in den „Salons" die Stilrichtung des Art Nouveau bis zum Ende des Jahrzehnts weiter gepflegt wurde, konnten solche Veränderungen – von wenigen Ausnahmen abgesehen – kaum beobachtet werden.[2]
Betrachtet man die Einreichungen zu den Wettbewerben des Kunstgewerbe-Vereins von 1904 und kurz danach, und lenkt man den Blick auf die Pforzheimer Beteiligungen bei Ausstellungen zum Beispiel in Dresden und Karlsruhe im Jahre 1906, wird erkennbar, dass sich in der Pforzheimer Schmuckindustrie inzwischen stilistisch manches verändert hatte.
Die bei der Friedrich-Wilhelm-Müller-Konkurrenz 1904 mit ersten Preisen ausgezeichneten Schmuckentwürfe von H. Winkler zum Beispiel lassen die neuen Tendenzen klar erkennen. Trotz stilistischer Erinnerungen an den floralen Jugendstil zeichnen sich Winklers Zeichnungen vornehmlich dadurch aus, dass den Edelsteinen wieder eine große Bedeutung zukommt. Hatte man zuvor noch auf ornamental verwandelte Vorbilder aus Fauna und Flora gesetzt, fand nunmehr eine immer stärkere Abstrahierung statt. Symmetrie war das Merkmal, das sich im Gegensatz zu den freischwingenden Linienführungen des Jugendstils immer mehr durchsetzte, gegenständliche Motive wie noch wenige Jahre zuvor traten immer mehr in den Hintergrund. Die Abstraktion wurde konsequent immer weiter geführt. Der Diamant, der im Jugendstil eine eher „dienende" Funktion erfüllte, und auch seine Nachahmungen waren im Pforzheimer Schmuck der Zeit nach 1905 immer häufiger anzutreffen.
F. Zerrenner änderte seinen Stil nahezu vollständig, möglicherweise in der Kenntnis dessen, was in Paris vorrangig bei Léopold Gautrait schon um 1903/04 als dessen neuer individueller Stil erkennbar geworden war. Gautrait hatte sich einem Neoklassizismus zugewandt, der seine Herkunft vom Schmuckstil des Empire um 1800 nicht verleugnen konnte. Bemerkenswert in diesem Zusammenhang ist, dass der Direktor des Leipziger Kunstgewerbemuseums, Richard Graul, im Februar 1906 in Pforzheim einen Vortrag gehalten hat, in dem er sich ausführlich mit dem Empire- und auch mit dem Biedermeier-Stil auseinandersetzte, was nachweisbar mannigfache Folgen hatte. *Der Empire-Stil,* so referierte Graul, *und die Kunstbestrebungen, die sich unter den Begriffen der Biedermeierei zusammenfassen lassen, sind Erscheinungen, die unser Interesse gegenwärtig mehr als früher in Anspruch nehmen. Es hat sich in der gegenwärtigen Kunst insofern eine neue Bewegung geltend gemacht, als Bestrebungen zu Tage getreten sind, welche sich anknüpfen an Traditionen, die zurückliegen bis in die Zeit des endenden 18. und beginnenden 19. Jahrhunderts.*

Das hatte Folgen: Die Zerrenner-Schmuckstücke der neuen Generation waren nun streng komponiert, in absoluter Spiegelbildlichkeit, mit klassizistischen Schleifen, Festons und mäanderartigen Zierelementen. Auch Levinger & Bissinger verschrieb sich – zumindest in Teilen seines neuen Schmuckangebots – dieser Stilrichtung. Andere Schmuckstücke dieser Firma waren charakterisiert durch strukturierte, wie gehämmert anmutende Oberflächen, oft kombiniert mit einfachen Schmucksteinen, die dem Schmuckstück ein kraftvolles und geradezu rustikales Aussehen verliehen. >

Entwurf für eine Brosche von H. Winkler; ausgezeichnet mit dem 1. Preis beim Friedrich-Wilhelm-Müller-Wettbewerb 1904 ›› Entwurf für einen Ring von H. Winkler; Friedrich-Wilhelm-Müller-Wettbewerb 1904 // Design for a brooch by H. Winkler: awarded 1st prize at the 1904 Friedrich Wilhelm Müller competition ›› Design for a ring by H. Winkler: Friedrich Wilhelm Müller competition, 1904

// Pforzheim exhibitors at the 1904 St. Louis World's Fair – as far as can be concluded from the few available reports – were still presenting typically Art Nouveau products.[1] Yet even then a change was showing up that would emerge more clearly as the years passed. In Paris, however, where the Art Nouveau style continued to be cultivated at the Salons until the close of the decade, such changes – with a few exceptions – were scarcely noticed.[2]

A closer look at the competitions mounted by the Kunstgewerbe-Verein in 1904 and shortly afterwards and at the Pforzheim participation in exhibitions elsewhere, for instance in Dresden and Karlsruhe in 1906, reveals that some stylistic changes had already occurred in the Pforzheim jewellery industry. To take one example, the jewellery designs submitted by H.Winkler to the 1904 Friedrich-Wilhelm-Müller competition won first prizes and clearly indicate new trends. Despite lingering stylistic overtones of floral Art Nouveau, Winkler's drawings are chiefly notable for the importance once again accorded to gemstones. Whereas previously the emphasis had been on ornamentally transmuted faunal and floral motifs, a growing trend to abstraction was now showing up. Symmetry was the salient feature that was now asserting itself against the fluid curvilinearity of Art Nouveau. Representational motifs featured only a few years before were receding into the background. Abstraction was consistently pushed further and further. The diamond, which had fulfilled what might best be

termed a “subordinate” function in Art Nouveau, was featured, along with simulated diamonds, more and more frequently in Pforzheim jewellery after 1905.
F. Zerrenner changed their style almost completely, perhaps chiefly due to awareness of Léopold Gautrait's style, that by 1903–04 was being acclaimed in Paris as new and distinctively individual. Gautrait had switched to a form of Neo-Classicism that undeniably derived from the Empire style in jewellery fashionable around 1800. What is remarkable in this connection is that the director of the Leipzig Kunstgewerbemuseum, Richard Graul, gave a lecture in Pforzheim in February 1906, in which he discussed nothing but the Empire and Biedermeier styles. His focus on those styles has been shown to have had several consequences. *The Empire style,* as Graul lectures, *and the endeavours in art that can be subsumed under the term Biedermeier, are phenomena that claim our interest at present more than in the past. In the art of the present, in so far as a new movement can be claimed to exist, trends are showing up which are linked to traditions that go back to the late 18th and the early 19th centuries.*
The consequences were as follows: Zerrenner jewellery of the new generation was stringently composed, absolutely symmetrical and decorated with Neo-Classical bows, festoons and meander-like elements. Levinger & Bissinger were also committed – at least in some segments of their new jewellery range – to this new style trend. Other pieces of jewellery from Levinger & Bissinger were characterised by textured surfaces that looked beaten, often combined with simple gemstones that lent the pieces in which they were set a powerful, indeed rustic, appearance. >

// Auch der Stil von Theodor Fahrners Schmuck änderte sich auffällig und nachhaltig. Fahrner selbst und seine Entwerfer entdeckten Gestaltungsprinzipien wieder, die schon Jahrhunderte zuvor in keltischen und germanischen Kulturkreisen aktuell gewesen waren: Filigrane Voluten und Schnörkel verbinden sich mit stilisierten Blättern zu starren Zweigen, die zentrale Edelsteine begleiten oder aus solchen gebildete Buketts und Blumenkörbe umrahmen.
Die vom Kunstgewerbe-Verein Pforzheim in den eigenen Räumen durchgeführten Ausstellungen, so zum Beispiel die Weihnachtsausstellung des Jahres 1905, beweisen, dass sich der Stil erkennbar verändert hatte. In einem Bericht des Kunstgewerbe-Blattes über diese Ausstellung ist davon die Rede, dass die Exponate in *ausschliesslicher Beschränkung auf die geometrische Linie entworfen* worden seien. Im Jahre 1906 nahm die Pforzheimer Schmuckindustrie – wiederum ergänzt durch die individuelle Beteiligung einzelner Künstler der Kunstgewerbeschule – an zwei wichtigen Ausstellungen teil. In Dresden fand die III. Deutsche Kunstgewerbe-Ausstellung statt, deren Pforzheimer Beitrag wieder vom Kunstgewerbe-Verein vorbereitet wurde. Im deutlichen Gegensatz zu dem geringen Interesse an der Weltausstellung in St. Louis war man sich schnell einig geworden, in *williger, verständnisvoller Übereinstimmung* eine Kollektiv-Ausstellung vorzubereiten, die dann auch *ein Glanzpunkt der III. Deutschen Kunstgewerbe-Ausstellung ward.* Für *ängstliches Zagen und Bangen durfte kein Raum mehr sein*; es galt, die *ganze Energie einzusetzen, um eine der Bedeutung von Pforzheims Weltindustrie entsprechende Leistung zu Stande zu bringen.*(3) Und so war Pforzheim mit 40 Ausstellern repräsentativ und erfolgreich in Dresden vertreten. Man zeigte *die verschiedensten Warengattungen des hiesigen Bijouteriegewerbes …, so dass der Besucher ein richtiges Bild der Pforzheimer Vielseitigkeit*

und Leistungsfähigkeit bekommen konnte. Die Beachtung, die man in Dresden gefunden hatte, scheint auch wegen der außergewöhnlichen Präsentation beträchtlich gewesen zu sein, denn *wir hatten einen Prunkraum geschaffen, um den man uns förmlich beneidete.*

Parallel zur Dresdener Ausstellung beteiligte sich Pforzheim an der Jubiläums-Ausstellung in der badischen Hauptstadt Karlsruhe, denn dort *vollendete Seine Königliche Hoheit, der Großherzog Friedrich von Baden, das 80. Lebensjahr und zugleich feierten die Königlichen Hoheiten das Fest ihrer goldenen Hochzeit.* War doch die Pforzheimer Schmuckindustrie fast 140 Jahre zuvor von einem Vorfahren Friedrichs ins Leben gerufen worden: 1906 war es deshalb für Pforzheim trotz der Doppelbelastung eine ehrenvolle Verpflichtung, dem Hause Baden durch die Teilnahme an dieser Jubiläumveranstaltung die entsprechende Reverenz zu erweisen. Die Vorbereitung hierzu fand wie immer unter der Leitung des Kunstgewerbe-Vereins statt.

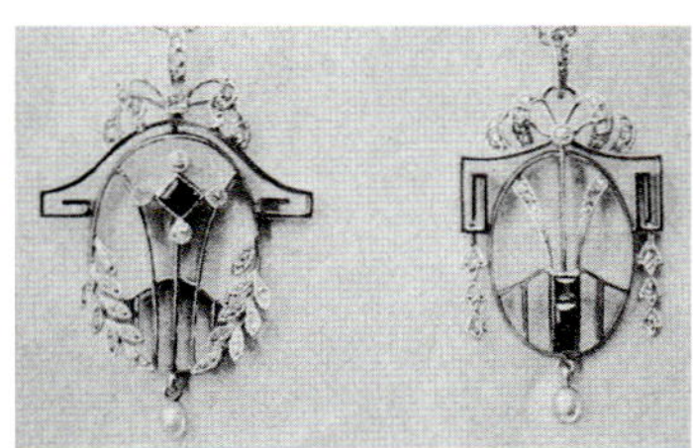

Goldene Brosche mit Diamanten, von F. Zerrenner, um 1904
›› Anhänger aus Weiß- und Gelbgold mit Diamanten, Smaragden und einer Perle, von F. Zerrenner, um 1905/06 ›› Zwei Anhänger von F. Zerrenner, abgebildet in der Deutschen Goldschmiedezeitung, 1906 //
Golden brooch by F. Zerrenner, set with diamonds, ca 1904
›› An F. Zerrenner White and yellow gold pendant set with diamonds, emeralds and a pearl, by F. Zerrenner, ca 1905–06 ›› Two pendants by F. Zerrenner, shown in Deutsche Goldschmiedezeichnung, 1906

Man hatte, bedingt durch die umfangreiche Präsentation in Dresden, für das Markgräfliche Palais in Karlsruhe die Not zur Tugend gemacht: *Der Umstand, dass die einzelnen ausstellenden Firmen sich auf verhältnismäßig wenig Stücke beschränkten, die in vornehmer, breiter Anordnung vorgeführt sind, gestattet dem Besucher in höherem Grade ein Verweilen auf dem Einzelnen, als es bei einer zahlreicheren Darbietung möglich ist.* Auch diese Pforzheimer Präsentation scheint die hochgesteckten Erwartungen voll erfüllt zu haben.

Der „Pforzheimer Jugendstil" war inzwischen weitgehend zum Abschluss gekommen. Ein neues Empfinden und ein neues Lebensgefühl hatten Einzug gehalten, die sich nachdrücklich auch in der Gestaltung des Schmuckes niederschlugen. Kaum ein Jahrzehnt hatte das „Phänomen Jugendstil" gedauert, das sicherlich zu den Höhepunkten in der Geschichte der Pforzheimer Schmuckindustrie zu zählen ist. Mit dem Schmuck in und aus Pforzheim aber sollte es unvermindert weitergehen, wie in der Vergangenheit durch Höhen und Tiefen, durch Perioden des Erfolges und durch kommerziell schwierige Zeiten. Die Herstellung von Uhren, die um 1800 so kläglich eingestellt werden musste, kam kurz nach 1900 wieder in Gang und wurde für viele Jahrzehnte – neben dem Schmuck – zu einem bedeutenden Wirtschaftsfaktor.

In den 1920er Jahren wurde der werbewirksame Begriff „Goldstadt" für Pforzheim geprägt, und noch heute – mehr als 240 Jahre nach der Gründung der „Traditionsindustrien" – ist die Stadt stolz, weltweit als Zentrum der deutschen Schmuck- und Uhrenindustrie ihren exzellenten Ruf bewahrt zu haben.

// Theodor Fahrner jewellery also changed noticeably and to lasting effect. Fahrner himself as well as his designers rediscovered principles of design that had prevailed centuries before in the Celtic and Teutonic tribal cultures: delicate volutes and scrolls were linked with stylised foliage to form rigid boughs accompanying a centrally positioned gemstone or framed bouquets and baskets of flowers formed of gemstones. The exhibitions mounted by the Pforzheim Kunstgewerbe-Verein in its own rooms, for instance the 1905 Christmas Show, prove that the style in jewellery had changed remarkably. In a report published in the *Kunstgewerbe-Blatt* on that exhibition, it says that the exhibits were *exclusively limited to the geometric line in design*.

In 1906 the Pforzheim jewellery industry – again complemented by the participation of individual artists from the Kunstgewerbeschule – exhibited at two important trade fairs. The III. Deutsche Kunstgewerbe-Ausstellung [Third German Applied Arts Fair] was held in Dresden and the Pforzheim contribution was again prepared by the Pforzheim Kunstgewerbe-Verein. The contrast with the lack of interest shown in the St. Louis World's Fair was stark. This time, Pforzheim exhibitors quickly agreed in *willing, understanding consensus* to prepare a collective show, which *would become a high point of the Third German Applied Arts Fair*. There *might be no room for anxious reluctance and worries*; the only thing to do was *to apply all one's energy to ensuring an achievement matching the importance of Pforzheim's worldwide industry*.(3) So Pforzheim was appropriately and successfully represented in Dresden with forty exhibitors. *All sorts of wares produced by the local bijouterie trade* were shown ... *so that visitors* might *have a good idea of Pforzheim's versatility and performance*. The recognition Pforzheim achieved in Dresden also seems to have been due to the extraordinary presentation because *we had created a magnificent showroom, for which we were literally envied*. In parallel with the Dresden trade fair, Pforzheim took part in the jubilee exhibition held in Karlsruhe, capital of Baden, because there *His Royal Highness Grand Duke Friedrich of Baden has completed his 80th year and at the same time Their Royal Highnesses are celebrating the occasion of their Golden Wedding anniversary*. It should be recalled that the Pforzheim jewellery industry was inaugurated nearly 140 years before by an ancestor of Friedrich: the year 1906, therefore, represented an obligation for Pforzheim, despite the double burden incurred, to honour the Baden royal family by participating in the jubilee event. Preparations for it were, as always, under the aegis of the Kunstgewerbe-Verein Pforzheim.

Anhänger aus Silber mit Email, von Levinger & Bissinger, um 1904/05 ›› Anhänger aus sulfiertem Silber mit Lapis Lazuli, von Levinger & Bissinger, nach 1905 // A Levinger & Bissinger Silver and enamel pendant by Levinger & Bissinger, ca 1904–05 ›› Blackened silver and lapis lazuli pendant by Levinger & Bissinger, after 1905

Anhänger aus sulfiertem Silber mit Hämatit und Perlen, von Theodor Fahrner, um 1908 ›› Brosche aus Silber mit Amethysten, von Theodor Fahrner, um 1908 ›› Brosche aus Silber mit Amethysten und Perlen, von Theodor Fahrner, um 1908 // Blackened silver pendant set with haematite and pearls, by Theodor Fahrner, ca 1908 ›› Silver brooch set with amethysts, by Theodor Fahrner, ca 1908 ›› Silver brooch set with amethysts and pearls, by Theodor Fahrner, ca 1908

A virtue was made of necessity for the show at the Margrave's palace in Karlsruhe because the presentation in Dresden was so extensive: *The circumstance that the individual exhibiting firms limited themselves to relatively few pieces which have been presented in an elegant, broad arrangement permits visitors to linger longer over each offering than would be possible with a more extensive presentation.* This Pforzheim presentation also seems to have satisfied the great expectations placed in it.

By then "Pforzheim Jugendstil" had virtually ceased to exist. A new sensitivity and new feeling for life had come to the fore that also made a major impact on jewellery design. The "Jugendstil phenomenon" had lasted for barely a decade but it definitely represented a high point in the history of the Pforzheim jewellery industry.

However, jewellery in and from Pforzheim would continue to flourish, undergoing, as it had in the past, upturns and downturns, periods of success and times that were commercially disastrous. The making of watches, which had been so deplorably put paid to around 1800, was briefly revived around 1900 and was for some decades, alongside jewellery, a significant economic factor.

In the 1920s the term "Gold City" was coined for Pforzheim and was certainly effective from the advertising angle. Even today, more than 240 years after the "traditional industries" were established, the city is proud to have retained its deservedly excellent reputation worldwide as the centre of the German jewellery and watch industry.

(1) siehe Kapitel/see chapter „Die Weltausstellung in St. Louis" (S./p. 140)
(2) Alastair Duncan, The Paris Salons – Jewellery, 2 Bände, Woodbridge 1994
(3) Alle Zitate aus aufeinander folgenden Ausgaben des Kunstgewerbe-Blattes 1907/All quotations from successive issues of the Kunstgewerbe-Blatt 1907

Firmen // Companies

Die auf den nachfolgenden Seiten abgebildeten Schmuckstücke sind zwischen 1898 und 1908 entstanden. Da die meisten Modelle über einen längeren Zeitraum produziert und verkauft wurden, ist der Versuch einer präzisen Datierung weder möglich noch sinnvoll.

// The pieces of jewellery pictured on the following pages were made between 1898 and 1908. Since most models were in production and on the market for quite some time, it is impossible to date them more precisely and an attempt to do so would not make sense.

F1

F1 Brosche, Silber, Amazonit, Perlen. Entwurf Hans Eduard von Berlepsch // Brooch: silver, amazonite, pearls. Design: Hans Eduard von Berlepsch. // Deutsche Privatsammlung // German private collection

Theodor Fahrner[1]

Theodor Fahrner auf Ägyptenreise, 1907 // Theodor Fahrner travelling in Egypt, 1907

Von Georg Seeger und Theodor Fahrner sen. als Seeger & Fahrner im Jahre 1855 gegründet. Nach dem Tode Seegers führt Fahrner die Firma alleine weiter. Theodor Fahrner jun. übernimmt das Unternehmen nach dem Tode seines Vaters im Jahre 1883 und wird *Ringfabrikant*, später laut Pforzheimer Adressbuch *Bijouteriefabrikant*. Kurz vor 1900 setzt die rege Zusammenarbeit mit zahlreichen Künstlern in und außerhalb Pforzheims ein, die Theodor Fahrner die ehrenvolle Bezeichnung *Künstlerfabrikant* und bemerkenswerte geschäftliche Erfolge einbringt. Besonders fruchtbar ist die Kooperation mit Mitgliedern der Künstlerkolonie Mathildenhöhe Darmstadt, u.a. Patriz Huber, Ludwig Habich und Joseph Maria Olbrich, und den Pforzheimer Kunstgewerbeschul-Professoren Georg Kleemann, Emil Riester und Fritz Wolber sowie – ab 1904 – mit Fahrners späterem Schwiegersohn Bert Joho.[2] Theodor Fahrner stirbt im Sommer 1919; noch im selben Jahr erwirbt Gustav Braendle die Firma und führt sie als Gustav Braendle, Theodor Fahrner Nachf. fort. Die in den 1920er und 1930er Jahren sehr erfolgreiche Firma wird im Jahre 1979 aufgelöst.

(1) Ausführliche Darstellung der Firma Theodor Fahrner in: Theodor Fahrner, Schmuck zwischen Avantgarde und Tradition, Stuttgart 1990. Vorliegende Publikation führt ausschließlich Fahrner-Schmuckstücke auf, die 1990 nicht vorgestellt worden sind.
(2) Siehe auch die Kapitel „Die Kunstgewerbeschule“ (S. 56) und „Ein Künstler für die Industrie – Georg Kleemann“ (S. 108)

// Founded by Georg Seeger and Theodor Fahrner, sen. in 1855 as Seeger & Fahrner. After Seeger's death, Fahrner ran the firm alone. Theodor Fahrner, jun. took over the business on the death of his father in 1883 and became a *Manufacturer of Rings*, later, according to the Pforzheim address book, a *Manufacturer of Bijouterie Wares*. Just before 1900, the active collaboration with numerous artists in and outside Pforzheim set in, which earned Theodor Fahrner the epithet of esteem *artist-industrialist* and remarkable commercial success. Particularly fruitful was the collaboration with members of the Mathildenhöhe Darmstadt Artists' Colony, including Patriz Huber, Ludwig Habich and Joseph Maria Olbrich, and the Pforzheim Kunstgewerbeschule professors Georg Kleemann, Emil Riester and Fritz Wolber as well as – from 1904 – Bert Joho, who would later become Fahrner's son-in-law.[2] Theodor Fahrner died in summer 1919; that same year Gustav Braendle acquired the firm and continued to run it as Gustav Braendle, Theodor Fahrner Nachf. [Successor]. Highly successful in the 1920s and 1930s, the firm was dissolved in 1979.

(1) Extensive description of the firm of Theodor Fahrner in: Theodor Fahrner, Schmuck zwischen Avantgarde und Tradition, Stuttgart 1990. The present publication only deals with Fahrner pieces of jewellery that were not covered in 1990.
(2) Also see the chapters "The Applied Arts School" (p. 56) and "An artist for industry – Georg Kleemann" (p. 108)

F2

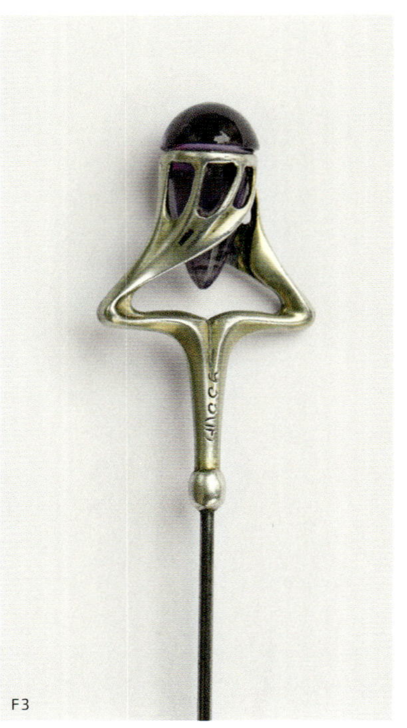
F3

F4

F2 Brosche, Silber (zugeschrieben) // Brooch: silver (attributed) // Ratz-Coradazzi Collection

F3 Hutnadel, Silber, Amethyst. Entwurf M. J. Gradl (zugeschrieben) // Hatpin: silver, amethyst. Design: M. J. Gradl (attributed) // Gützlaf-Antiquitäten, Berlin

F4 Hutnadel, Silber, Amethyst // Hatpin: silver, amethyst // Ketterer auction, Munich, October 1991, Lot no. 1045

F5

F6

F7

F8

F9

F5 Brosche, Silber, gefärbte Achate, Perlen, Fensteremail. Entwurf Georg Kleemann (zugeschrieben) // Brooch: silver, stained agate, pearls, plique à jour enamel. Design: Georg Kleemann (attributed) // Gützlaf-Antiquitäten, Berlin

F6 Patriz Huber, Entwurf für eine Brosche // Patriz Huber: design for a brooch // Institut Mathildenhöhe, Darmstadt

F7 Brosche, Silber, gefärbter Achat, Email. Nach dem Entwurf von Patriz Huber // Brooch: silver, stained agate, enamel. After the design by Patriz Huber // Schmuckmuseum Pforzheim

F8 Patriz Huber, Entwurf für eine Brosche // Patriz Huber: Design for a brooch // Institut Mathildenhöhe, Darmstadt

F9 Brosche, Silber, Perlen, Email. Nach dem Entwurf von Patriz Huber // Brooch: silver, pearls, enamel. After the design by Patriz Huber // Kunst- und Auktionshaus Herr, Köln // Cologne

F10

F11

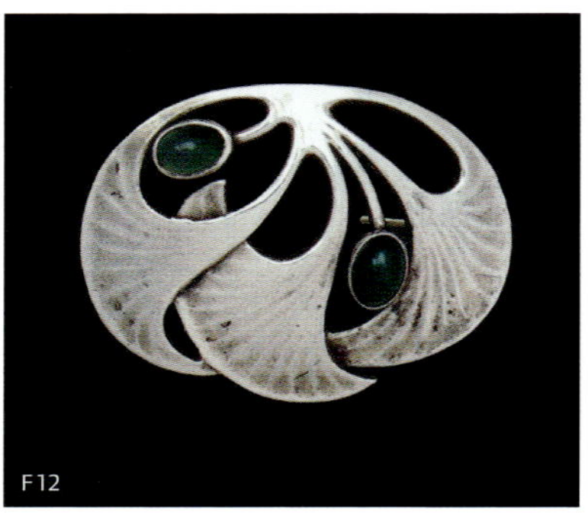
F12

F13

F14

F 10 Brosche, Silber, Granate. Entwurf M. J. Gradl // Brooch: silver, garnets. Design: M. J. Gradl // Tadema Gallery, London

F 11 Nadel, Silber, gefärbter Achat. Entwurf M. J. Gradl (zugeschrieben) // Pin: silver, stained agate. Design: M. J. Gradl (attributed) // Ratz-Coradazzi Collection

F 12 Brosche, Silber, gefärbte Achate. Entwurf M. J. Gradl // Brooch: silver, stained agate. Design: M. J. Gradl // Borsdorf Fine Art, Darmstadt

F 13 Brosche, Silber, gefärbte Achate. Entwurf M. J. Gradl (zugeschrieben) // Brooch: silver, stained agate. Design: M. J. Gradl (attributed) // Quittenbaum Kunstauktionen, München // Munich

F 14 Brosche, Silber, Chrysoprase // Brooch: silver, chrysoprase // Gützlaf-Antiquitäten, Berlin

F15

F16

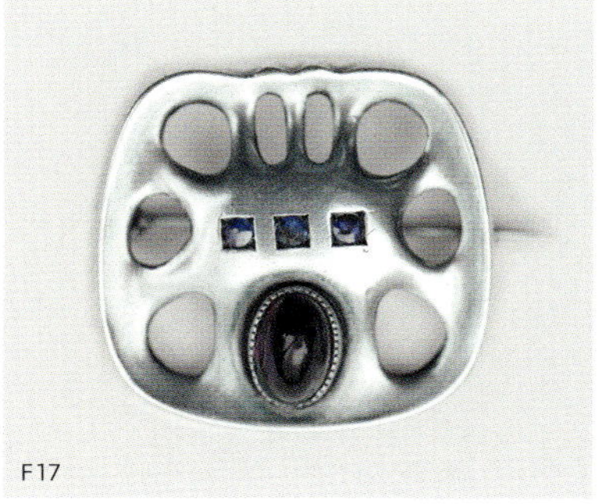
F17

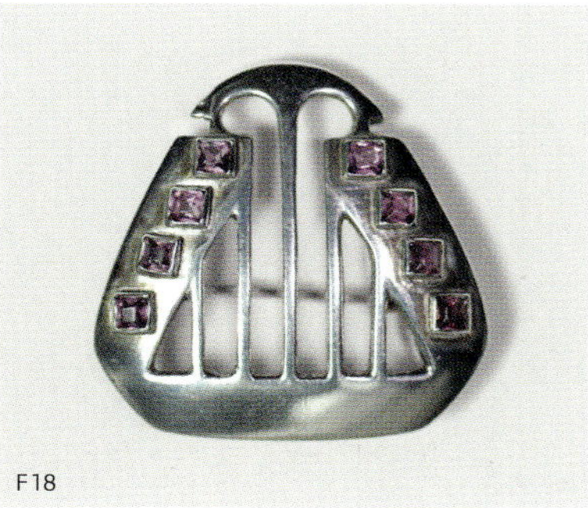
F18

F19

F20

F 15 Brosche, Silber, Türkis, Email. Entwurf M. J. Gradl // Brooch: silver, turquoise, enamel. Design: M. J. Gradl // Tadema Gallery, London

F 16 Brosche, Silber, Gold, Opale, Email. Entwurf M. J. Gradl. Auch für Murrle, Bennett & Co., London, hergestellt // Brooch: silver gold, opals, enamel. Design: M. J. Gradl. Also made for Murrle, Bennett & Co., London // Tadema Gallery, London

F 17 Brosche, Silber, Amethyst, Saphire // Brooch: silver, amethyst, sapphires // Gützlaf-Antiquitäten, Berlin

F 18 Brosche, Silber, Amethyste. Entwurf Ch. F. Morawe (zugeschrieben) // Brooch: silver, amethysts. Design: Ch. F. Morawe (attributed) // Ratz-Coradazzi Collection

F 19 Brosche, Silber, Chrysoprase // Brooch: silver, chrysoprase // von Zezschwitz, Kunst und Design, München // Munich

F 20 Brosche, Silber, Chrysoprase. Entwurf M. J. Gradl // Brooch: silver, chrysoprase. Design: M. J. Gradl // von Zezschwitz, Kunst und Design, München // Munich

F21

F22

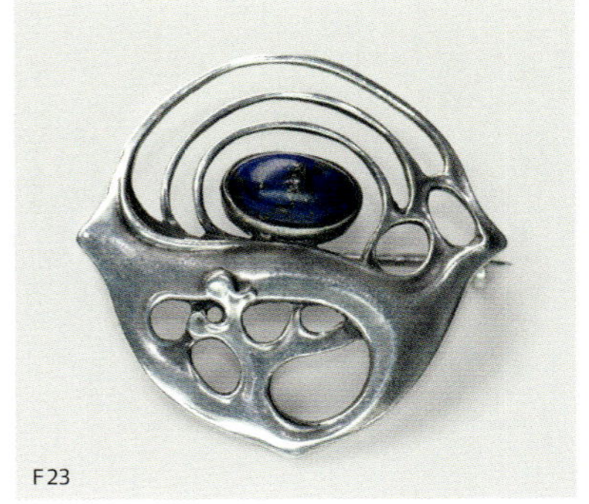
F23

F24

F25

F26

F 21 Brosche, Silber, Lapis Lazuli, Perle // Brooch: silver, lapis lazuli, pearl // Gützlaf-Antiquitäten, Berlin
F 22 Anhänger, Silber, Lapis Lazuli, Saphire, Perle // Pendant: silver, lapis lazuli, sapphires, pearl // Gützlaf-Antiquitäten, Berlin
F 23 Brosche, Silber, Lapis Lazuli. Entwurf Ludwig Knupfer // Brooch: silver, lapis lazuli. Design: Ludwig Knupfer // Ratz-Coradazzi Collection
F 24 Brosche, Silber, Granate. Entwurf M. J. Gradl (zugeschrieben) // Brooch: silver, garnets. Design: M. J. Gradl (attributed) // Ketterer auction, Munich, October 1991, Lot no. 1015
F 25 Brosche, Silber, gefärbte Achate. Entwurf Patriz Huber // Brooch: silver, stained agate. Design: Patriz Huber // Institut Mathildenhöhe, Darmstadt
F 26 Brosche, Silber, gefärbte Achate. Entwurf Patriz Huber // Brooch: silver, stained agate. Design: Patriz Huber // Institut Mathildenhöhe, Darmstadt

F 27

F 28

F 29

F 30

F 27 Brosche, Silber, Chalzedon. Entwurf Patriz Huber // Brooch: silver, chalcedony. Design: Patriz Huber // Tadema Gallery, London
F 28 Brosche, Silber, gefärbte Achate. Entwurf Patriz Huber // Brooch: silver, stained agate. Design: Patriz Huber // Borsdorf Fine Art, Darmstadt
F 29 Brosche, Silber, Email. Entwurf Patriz Huber // Brooch: silver, enamel. Design: Patriz Huber // Institut Mathildenhöhe, Darmstadt
F 30 Brosche, Silber, Gold, Amethyste, Email. Auch für Murrle, Bennett & Co., London, hergestellt // Brooch: silver, gold, amethysts, enamel. Also made for Murrle, Bennett & Co., London // Tadema Gallery, London

F31

F32

F33

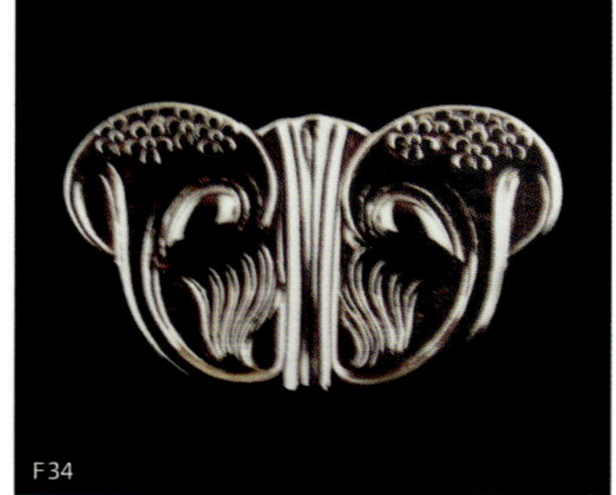

F34

F 31 Brosche, Silber, Amethyste. Entwurf Ch. F. Morawe (zugeschrieben) // Brooch: silver, amethysts. Design: Ch. F. Morawe (attributed) // Tadema Gallery, London

F 32 Brosche, Silber, Opal, Email // Brooch: silver, opal, enamel // Van Den Bosch, London

F 33 Brosche, Silber, Türkise, Email. Auch für Murrle, Bennett & Co., London, hergestellt // Brooch: silver, turquoise, enamel. Also made for Murrle, Bennett & Co., London // Tadema Gallery, London

F 34 Brosche, Silber, Hämatite. Entwurf M. J. Gradl // Brooch: silver, haematite. Design: M. J. Gradl // Borsdorf Fine Art, Darmstadt

F35

F36

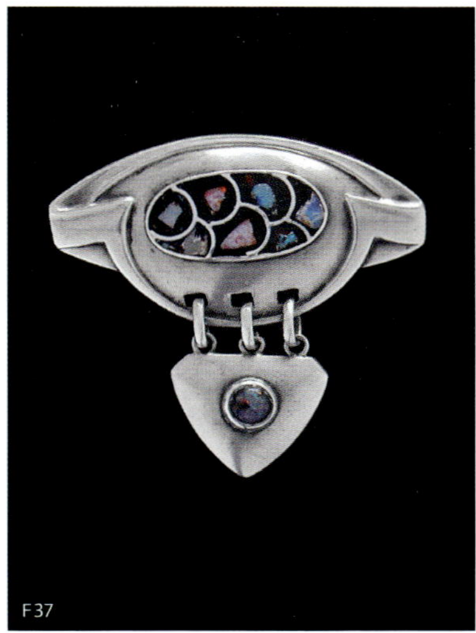
F37

F38

F39

F 35 Anhänger, Silber, gefärbte Achate. Entwurf Patriz Huber // Brooch: silver, stained agate. Design: Patriz Huber // Institut Mathildenhöhe, Darmstadt

F 36 Brosche, Silber, Lapis Lazuli, Email. Entwurf Ch. F. Morawe (zugeschrieben) // Brooch: silver, lapis lazuli, enamel. Design: Ch. F. Morawe (attributed) // Borsdorf Fine Art, Darmstadt

F 37 Brosche, Silber, Opal, Opalstücke in Glas // Brooch: silver, opal, opal splinters in glass // Van Den Bosch, London

F 38 Brosche, Silber, Türkise, Email. Auch für Murrle, Bennett & Co., London, hergestellt // Brooch: silver, turquoise, enamel. Also made for Murrle, Bennett & Co., London // Tadema Gallery, London

F 39 Brosche, Silber, Amethyst. Entwurf M. A. Bernheim // Brooch: silver, amethyst. Design: M. A. Bernheim // Tadema Gallery, London

F 40

F 41

F 42

F 43

F 44

F 45

F 40 Anhänger, Silber, Perle, Email. Entwurf Franz Boeres (zugeschrieben) // Pendant: silver, pearl, enamel. Design: Franz Boeres (attributed) // Kunst- und Auktionshaus Herr, Köln // Cologne

F 41 Anhänger, Silber, Opale, Email // Pendant: silver, opals, enamel // Van Den Bosch, London

F 42 Anhänger, Silber, Türkise. Entwurf M. J. Gradl // Pendant: silver, turquoise. Design: M. J. Gradl // Van Den Bosch, London

F 43 Halsschmuck, Silber, Email. Entwurf Franz Boeres // Necklace, silver, enamel. Design: Franz Boeres // Borsdorf Fine Art, Darmstadt

F 44 Anhänger, Silber, gefärbte Achate. Entwurf Patriz Huber // Pendant: silver, stained agate. Design: Patriz Huber // Institut Mathildenhöhe, Darmstadt

F 45 Anhänger, Silber, Türkise. Entwurf Patriz Huber // Pendant: silver, turquoise. Design: Partiz Huber // Institut Mathildenhöhe Darmstadt

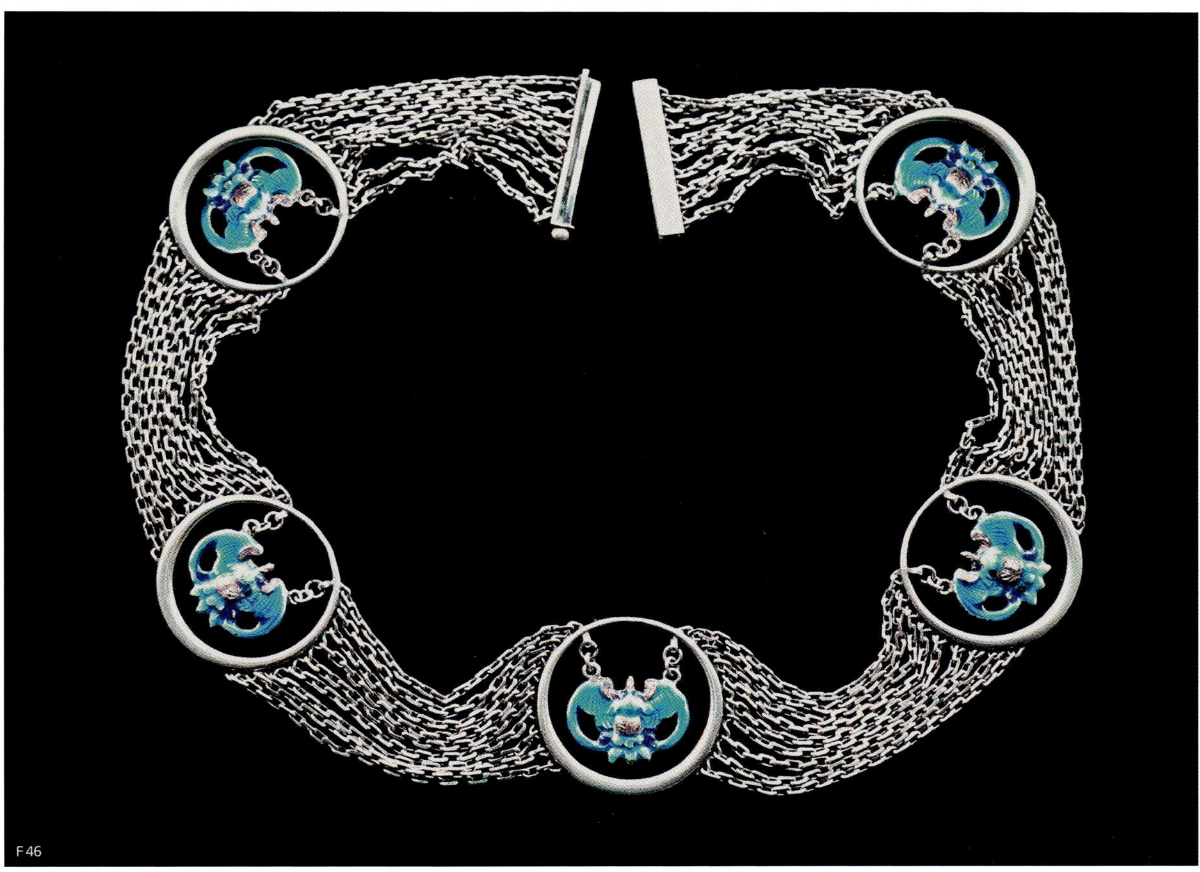

F 46

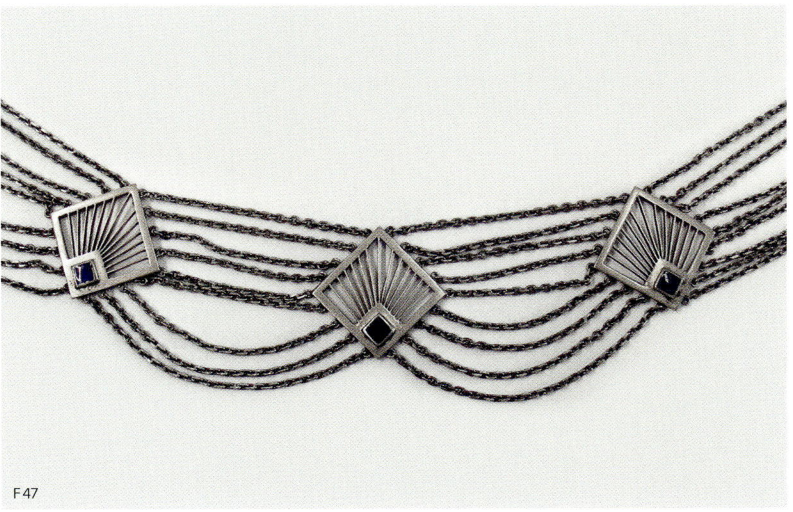

F 47

F 46 Halsschmuck, Silber, Email // Necklace, silver, enamel // Tadema Gallery, London

F 47 Halsschmuck (Detail), Silber, Email. Entwurf Franz Boeres // Necklace (detail), silver, enamel. Design: Franz Boeres // Antikschmuck-Mandala, Frankfurt am Main

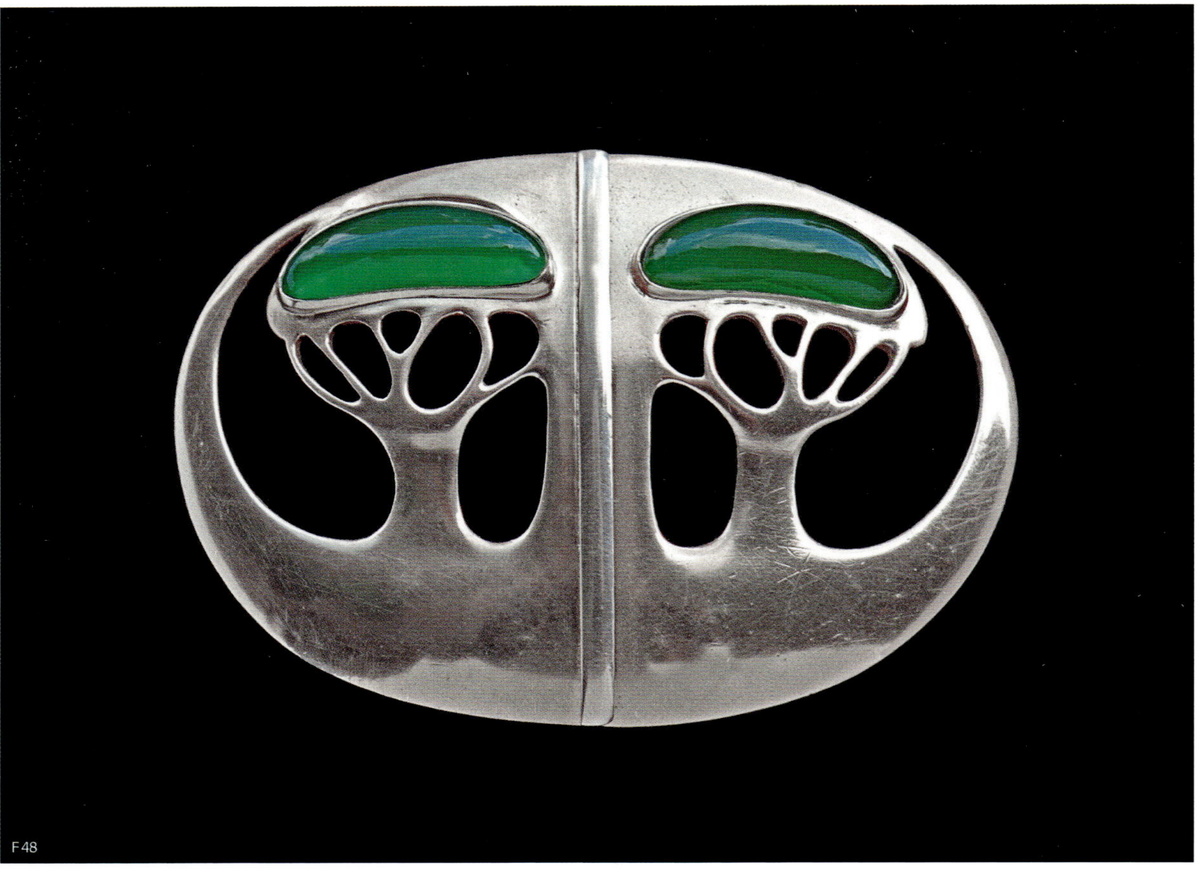
F 48

F 49

F 50

F 48 Gürtelschließe, Silber, Chrysoprase // Belt buckle: silver, chrysoprase // Tadema Gallery, London

F 49 Gürtelschließe, Silber, Chalzedone, Email. Entwurf M. J. Gradl (zugeschrieben) // Belt buckle: silver, chalcedony, enamel. Design: M. J. Gradl (attributed) // Van Den Bosch, London

F 50 Gürtelschließe, Silber, gefärbte Achate. Entwurf Patriz Huber // Belt buckle: silver, stained agate. Design: Patriz Huber // Institut Mathildenhöhe, Darmstadt

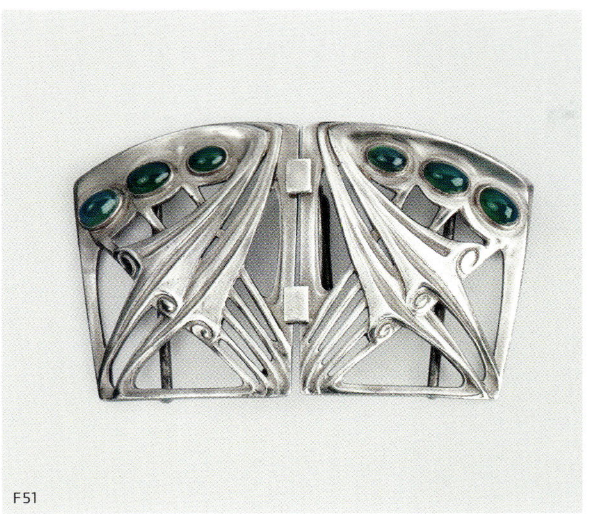
F51

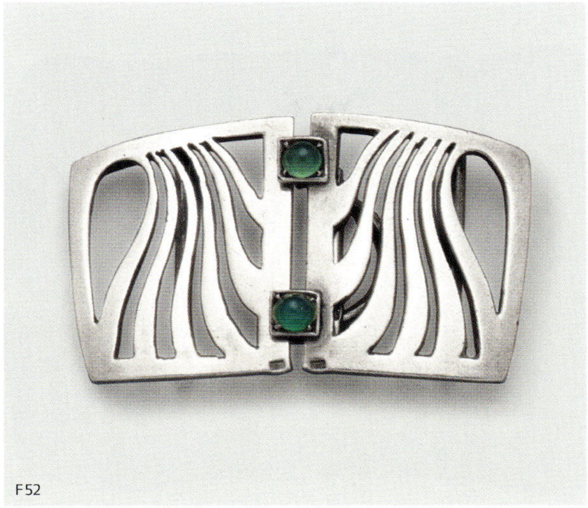
F52

F53

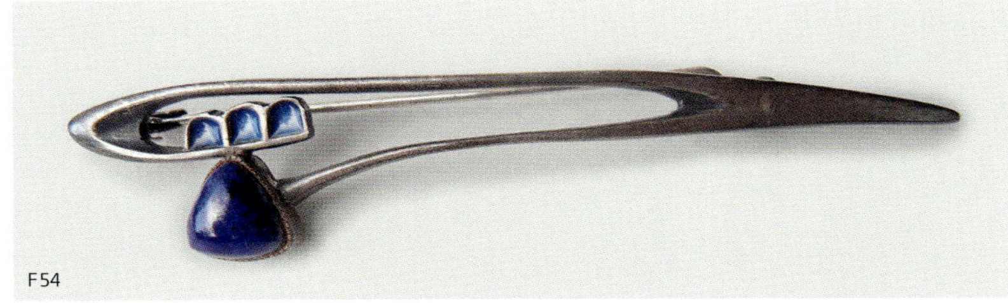
F54

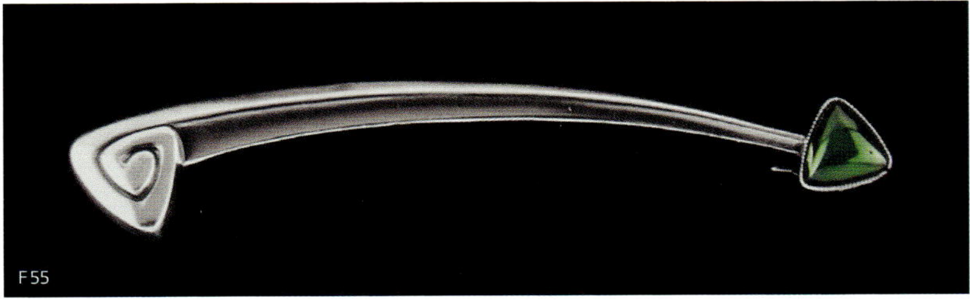
F55

F 51 Gürtelschließe, Silber vergoldet, gefärbte Achate. Entwurf Patriz Huber // Belt buckle: silver-gilt, stained agate. Design: Patriz Huber // Institut Mathildenhöhe, Darmstadt

F 52 Gürtelschließe, Silber, gefärbte Achate. Entwurf Patriz Huber // Belt buckle: silver, stained agate. Design: Patriz Huber // Institut Mathildenhöhe, Darmstadt

F 53 Brosche, Silber, gefärbter Achat. Entwurf Patriz Huber // Brooch: silver, stained agate. Design: Patrick Huber // Institut Mathildenhöhe, Darmstadt

F 54 Brosche, Silber, Lapis Lazuli, Email. Entwurf M. J. Gradl // Brooch: silver, lapis lazuli, enamel. Design: M. J. Gradl // C. Lückerath Collection

F 55 Brosche, Silber, gefärbter Achat. Entwurf M. J. Gradl // Brooch: silver, stained agate. Design: M. J. Gradl // Borsdorf Fine Art, Darmstadt

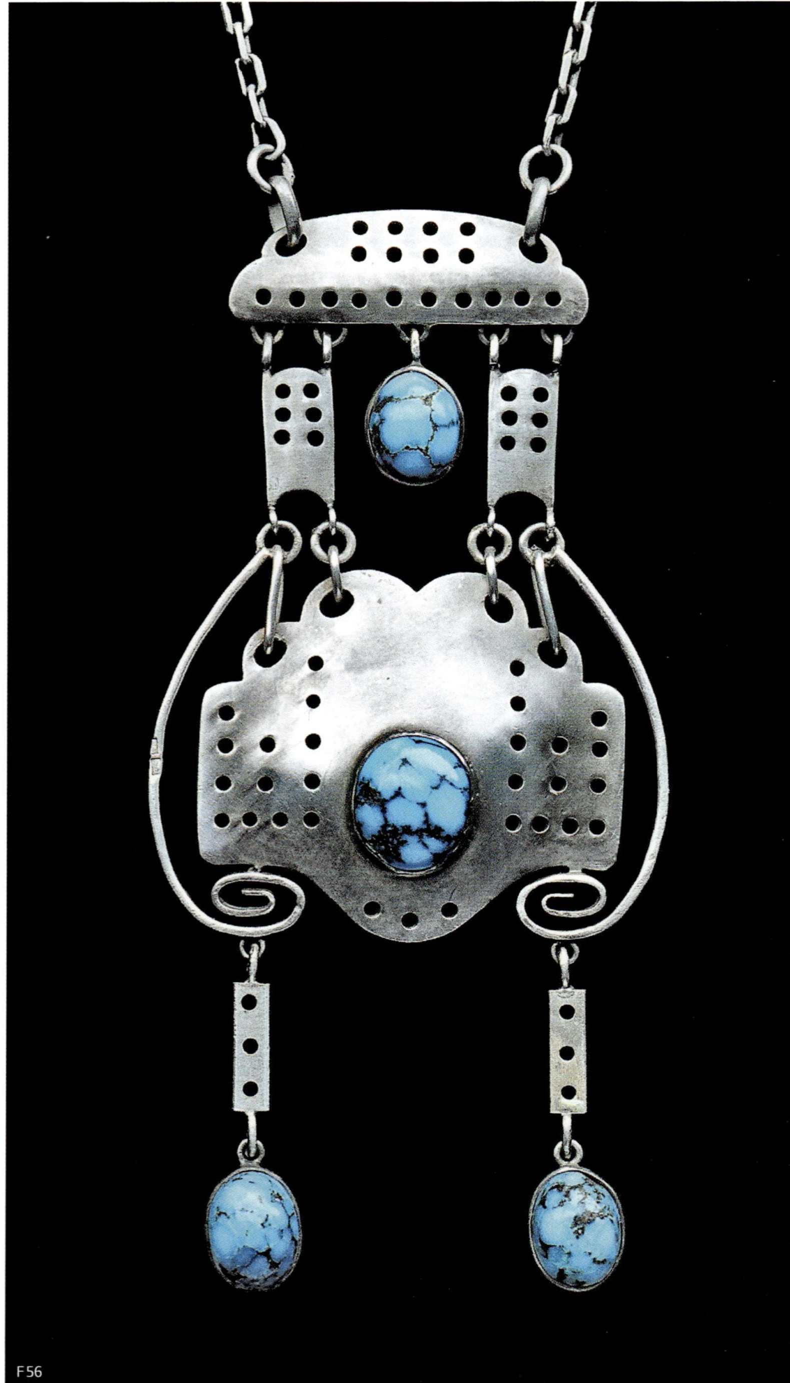

F56

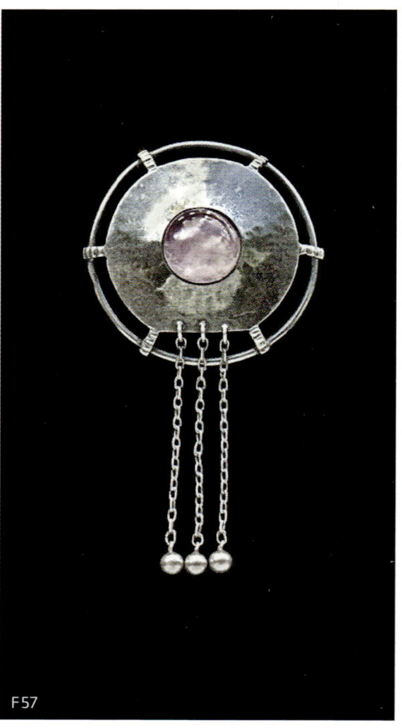

F57

F 56 Anhänger, Silber, Türkise. Entwurf Ch. F. Morawe // Pendant: silver, turquoise. Design: Ch. F. Morawe // Tadema Gallery, London
F 57 Brosche, Silber, Amethyst. Entwurf M. A. Bernheim // Brooch: silver, amethyst. Design: M. A. Bernheim // Tadema Gallery, London

F58

F59

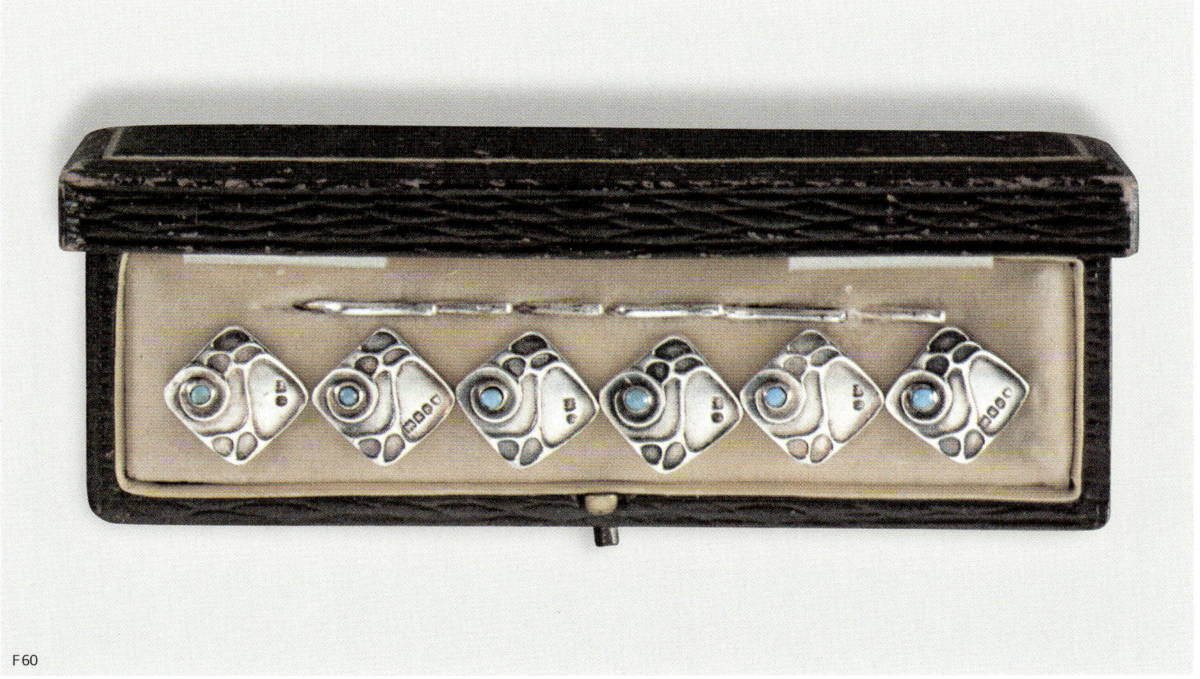
F60

F 58 Zwei Knöpfe, Silber, gefärbte Achate // Two buttons: silver, stained agate // C. Lückerath Collection

F 59 Brosche, Silber, Gold, Lapis Lazuli. Entwurf M. A. Bernheim // Brooch: silver, gold, lapis lazuli. Design: M. A. Bernheim // Tadema Gallery, London

F 60 Sechs Knöpfe, Silber, Türkise. Entwurf M. J. Gradl // Six buttons: silver, turquoise. Design: M. J. Gradl // Privatsammlung // Private collection

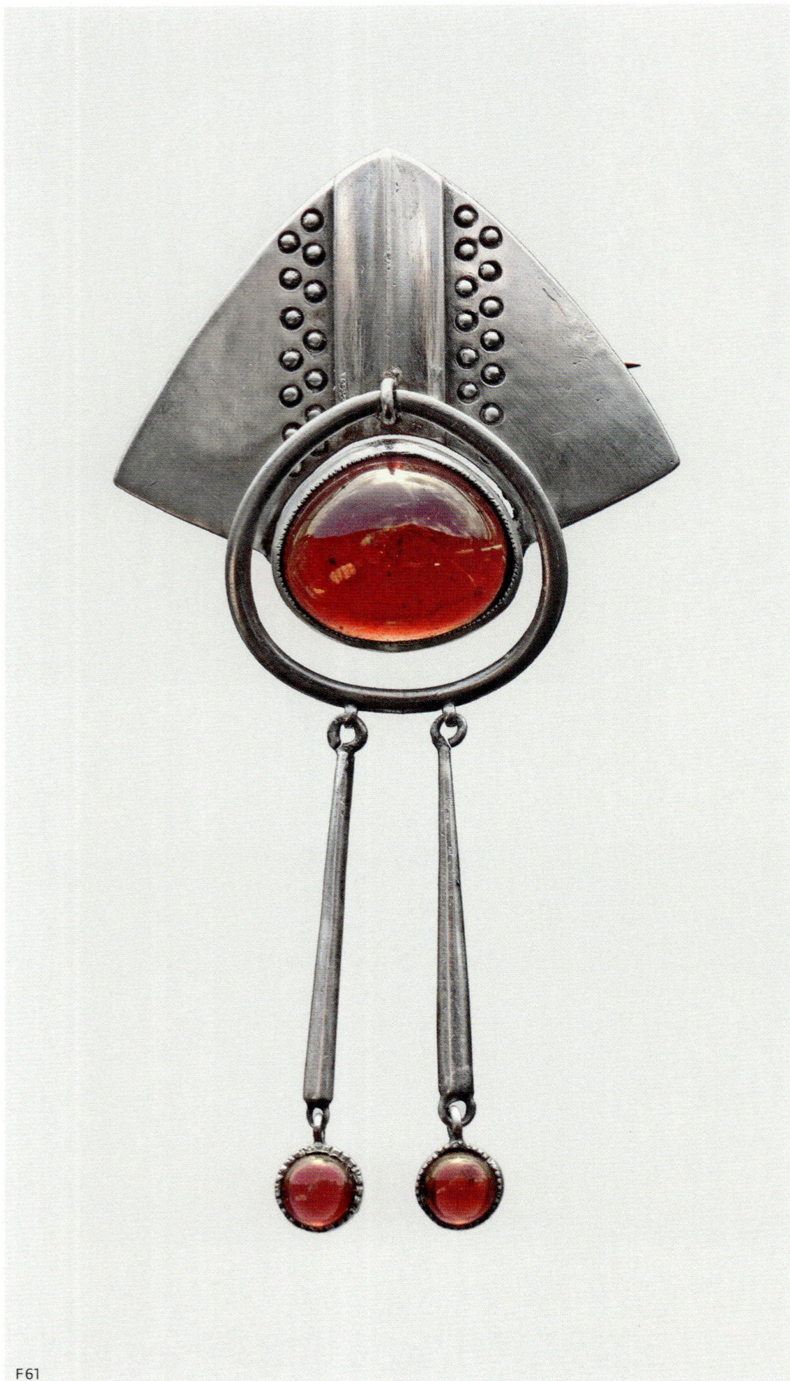

F61

F62

F63

F 61 Brosche, Silber, Granate, Entwurf M. A. Bernheim // Brooch: silver, garnets. Design: M. A. Bernheim // Tadema Gallery, London

F 62 Anhänger, Silber, grüner Achat, Entwurf Ch. F. Morawe // Pendant: silver, green agate. Design: Ch. F. Morawe // Borsdorf Fine Art, Darmstadt

F 63 Brosche, Silber sulfiert, Amethyste // Brooch: blackened silver, amethysts // Schmuckmuseum Pforzheim

F 64

F 65

F 66

F 64 Brosche, Silber, Email, Entwurf Friedrich Katz // Brooch: silver, enamel. Design: Friedrich Katz // Klaus Michel, Gießen
F 65 Armband, Silber, Email (Detail) // Bracelet: silver, enamel (detail) // Tadema Gallery, London
F 66 Armband, Silber, Email (Detail) // Bracelet: silver, enamel (detail) // Tadema Gallery, London

GF 1

GF 1 Anhänger (Spiegelmedaillon), Silber vergoldet. Entwurf Adolf Schmid // Pendant (locket with a mirror): silver-gilt. Design: Adolf Schmid // Schmuckmuseum Pforzheim

GF Gebrüder Falk

Fritz Falk, Mitinhaber der Firma Gebrüder Falk. Mitglied des Vorstandes des Kunstgewerbe-Vereins Pforzheim, 1902 // Fritz Falk, Partner in the firm of Gebrüder Falk. Member of the Board of the Kunstgewerbe-Verein Pforzheim, 1902

Fabrikations- und Wohngebäude Firma Gebrüder Falk, um 1902/03 // Factory building and living quarters: Gebrüder Falk, ca 1902/03

Von Friedrich (Fritz) Falk und Heinrich Falk im Jahre 1897 gegründet. Anfänglich Herstellung von emaillierten Heiligenmedaillons vor allem für den mittel- und südamerikanischen Markt, dann Jugendstilschmuck *(Reliefbroches, Anhänger, Amulettes und modernste Gold-* und *Silber-Bijouterie)* nach Entwürfen von Fritz Falk und Adolf Schmid.(1) Beteiligung an der Exposition Universelle in Paris 1900 (Bronzemedaille). Um 1902/03 Erstellung eines repräsentativen Fabrikations- und Wohngebäudes. Fritz Falk erbaut 1904 eine Villa im Landhausstil und stirbt bereits ein Jahr später. Anfänglich noch erfolgreich führt Heinrich Falk die Geschäfte weiter. Nach seinem Tod wird die Firma 1926 aufgelöst.

(1) Zum Stil der Jugendstil-Schmuckstücke von Gebr. Falk: Ulrike von Hase, Schmuck in Deutschland und Österreich, S. 98

// Founded by Friedrich (Fritz) Falk and Heinrich Falk in 1897. Originally made enamelled devotional medals, especially for the Central and South American Market, later Jugendstil jewellery *(relief brooches, pendants, talismans* and *state-of-the-art gold and silver bijouterie wares)* according to designs by Fritz Falk and Adolf Schmid.(1) Participated in the 1900 Exposition Universelle in Paris (bronze medal). Built a stately factory and living quarters around 1902–03. Fritz Falk had a villa built in the manorial style in 1904 but died a year later. Heinrich Falk continued to run the business, which was initially still successful. On his death, the firm was dissolved in 1926.

(1) On the style of the Gebr. Falk Jugendstil jewellery: Ulrike von Hase, Schmuck in Deutschland und Österreich, p. 98

GF 2

GF 3

GF 4

GF 2 Anhänger (Spiegelmedaillon), Gold. Entwurf Fritz Falk (zugeschrieben) // Pendant (locket with a mirror): gold. Design: Fritz Falk (attributed) // Schmuckmuseum Pforzheim

GF 3 Brosche, Entwurf Fritz Falk (zugeschrieben). Auf der Weltausstellung Paris 1900 mit einer Silbermedaille ausgezeichnet // Brooch. Design: Fritz Falk (attributed). Awarded a silver medal at the 1900 Paris World Exhibition

GF 4 Anhänger, Gold, Entwurf Adolf Schmid (zugeschrieben) // Pendant: gold. Design: Adolf Schmid (attributed) // Schmuckmuseum Pforzheim

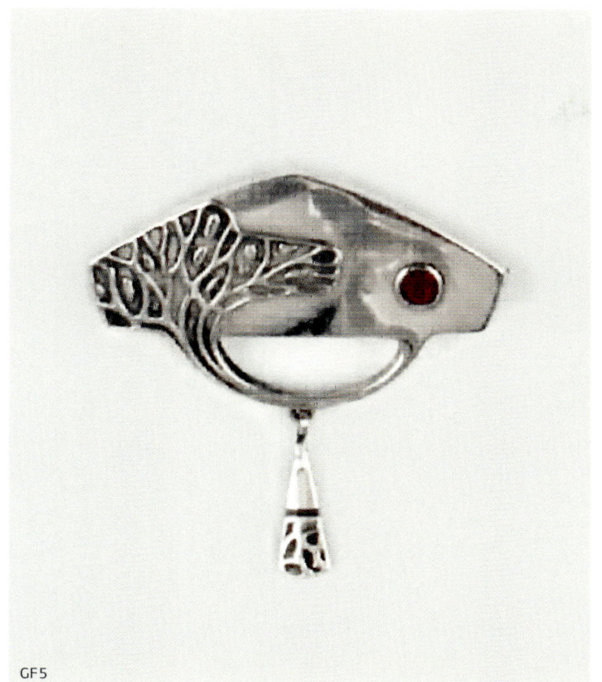
GF5

GF6

GF7

GF8

GF9

GF 5 Brosche, Silber, Rubin (?), Email // Brooch: silver, ruby (?), enamell // Ketterer auction, Munich, October 1991, Lot no. 1058
GF 6 Medaillon, Silber, Rubine // Locket: silver, rubiesl // Ratz-Coradazzi Collection
GF 7 Hutnadel, Silber, Emaill // Hatpin: silver, enamell // Ketterer auction, Munich, October 1991, Lot no. 1047
GF 8 Anhänger, Silber, Emaill // Pendant: silver, enamell // C. Lückerath Collection
GF 9 Brosche, Silber, Emaill // Brooch: silver, enamell // C. Lückerath Collection

GF 10

GF 11

GF 12

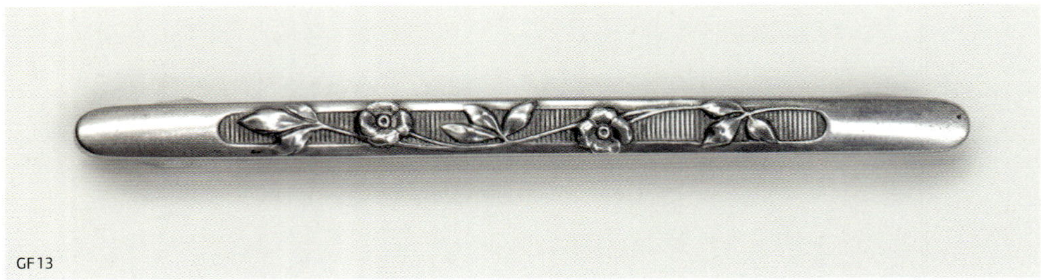
GF 13

GF 10 Brosche, Silber // Brooch: silver // Klaus Michel, Giessen
GF 11 Brosche, Silber, Rubine, Smaragde, Perlen // Brooch: silver, rubies, emeralds, pearls // Ratz-Coradazzi Collection
GF 12 Brosche, Silber, Rubine // Brooch: silver, rubies // Ratz-Coradazzi Collection
GF 13 Brosche, Silber // Brooch: silver // Ratz-Coradazzi Collection

GF 14 Brosche, Silber, Karneol // Brooch: silver, cornelian // Tadema Gallery, London

LF 1 Anhänger, Gold, Diamant // Pendant: gold, diamond // Schmuckmuseum Pforzheim

§ Louis Fiessler & Cie.

Von Louis Fiessler, dem Sohn eines Schmiedes, im Jahre 1857 gegründet. Um 1900 befindet sich die erfolgreiche Ketten- und Bijouteriefabrik im Besitz von Valentin Broß und Emil Friederich; Beteiligung an der Weltausstellung 1900 in Paris – Silbermedaille. 1919 geht Louis Fiessler & Cie. an Julius Fuhrmann und Wilhelm Schaible über, später wird sie von Gert Fuhrmann geführt. Die Louis Fiessler & Co. GmbH existiert noch heute.

// Founded in 1857 by Louis Fiessler, a blacksmith's son. Around 1900 the successful chain and bijouterie wares factory was owned by Valentin Broß and Emil Friederich; participated in the 1900 Paris World Exposition – silver medal. In 1919 Louis Fiessler & Cie. was taken over by Julius Fuhrmann and Wilhelm Schaible; later it was run by Gert Fuhrmann. Louis Fiessler & Co. GmbH is still in existence.

LF2

LF3

LF 2 Anhänger. Auf der Weltausstellung Paris 1900 mit einer Silbermedaille ausgezeichnet // Pendant. Awarded a silver medal at the 1900 Paris World Exhibition

LF 3 Armband, Gold, Smaragde, Perlen // Bracelet: gold, emeralds, pearls // Schmuckmuseum Pforzheim

LF 4 Anhänger, Gold, Glassteine, künstliche Perle // Pendant: gold, glass stones, artifcial pearl // Schmuckmuseum Pforzheim
LF 5 Anhänger, Gold, Glassteine, künstliche Perle // Pendant: gold, glass stones, articial pearl // Schmuckmuseum Pforzheim

KH1

KH 1 Anhänger, Silber vergoldet, Aquamarine, Perlen, Fensteremail // Pendant: silver-gilt, aquamarines, pearls, plique à jour // Tadema Gallery, London

HS Karl Hermann
(Hermann & Speck)

Kurz vor 1898 (erste Erwähnung der Firma im Adressbuch von 1898) gründet Karl Heinrich Hermann, der vermutlich nicht aus Pforzheim stammt, sein Unternehmen, nennt sich *Bijouteriefabrikant* und fertigt *emaillierte Silberwaren.* 1902 wird der Kabinettmeister Albert Speck offiziell sein Geschäftspartner. Die Firma Karl Hermann (trotz des Markenzeichens HS wird das Unternehmen in den Pforzheimer Adressbüchern niemals Hermann & Speck genannt!) fertigt *moderne Phantasieartikel in Gold und Silber* und *Souvenirlöffel für alle Länder.* Um 1906 scheidet Karl Hermann aus der Firma aus, Albert Speck führt sie unter dem Namen Karl Hermann Nachf., Albert Speck, weiter. Da alle identifizierbaren Schmuckstücke den Stempel HS tragen, können sie frühestens ab 1902 entstanden sein.

// Shortly before 1898 (the firm is first mentioned in the 1898 address book), Karl Heinrich Hermann, presumably a native of Pforzheim, founded the firm, called himself *Manufacturer of Bijouterie Wares* and made *enamelled silver wares.* Albert Speck, a jewellery technician, officially became his business partner in 1902. The firm of Karl Hermann (despite the HS trademark, the firm was never called Hermann & Speck in the Pforzheim address books!) manufactured *modern imaginative articles in gold and silver* and *souvenir spoons for all countries.* Around 1906 Karl Hermann left the firm; Albert Speck ran it alone under the name Karl Hermann Nachf. [Successor], Albert Speck. Since all identifiable pieces of jewellery bear the HS stamp, they cannot have been made before 1902.

KH 2 Anhänger, Silber vergoldet, Peridot, Perle, Fensteremail // Pendant: silver-gilt, peridot, pearl, plique à jour // von Zezschwitz, Kunst und Design, München // Munich

KH 3 Halsschmuck, Silber vergoldet, Peridote, Perlen, Fensteremail // Necklace: silver-gilt, peridots, pearls, plique à jour // Hessisches Landesmuseum, Darmstadt

KH 4 Anhänger, Silber vergoldet, Glassteine, Perlschale, Perlen, Fensteremail // Pendant: silver-gilt, glass stones, blister pearl, pearls, plique à jour // Schmuckmuseum Pforzheim

KH 5

KH 5 Brosche, Silber vergoldet, Aquamarin, Perlen, Fensteremail // Brooch: silver-gilt, aquamarine, pearls, plique à jour // Tadema Gallery, London

KH 6 Anhänger, Silber, Aquamarin, Perlen, Fensteremail // Pendant: silver, aquamarine, pearls, plique à jour // Tadema Gallery, London

KH 7 Anhänger, Silber, Markasit, Perlschale, Perle, Fensteremail // Pendant: silver, marcasite, mabé pearl, plique à jour // Tadema Gallery, London

KH 8 Anhänger, Silber, Turmaline, Perlen, Email // Pendant: silver, tourmalines, pearls, enamel // Tadema Gallery, London

KH 9 Anhänger, Silber, Glasstein, Markasit, Perle, Fensteremail // Pendant: silver, glass stone, marcasite, pearl, plique à jour // Van Den Bosch, London

KH10

KH11

KH12

KH13

KH 10 Anhänger, Silber, Amethyste, Perlen, Fensteremail // Pendant: silver, amethysts, pearls, plique à jour // Kunst- und Auktionshaus Herr, Köln // Cologne

KH 11 Anhänger, Silber, Perlen, Email (zugeschrieben) // Pendant: silver, pearls, enamel (attributed) // Ratz-Coradazzi Collection

KH 12 Anhänger, Silber, Lapis Lazuli // Pendant: silver, lapis lazuli // Privatsammlung // Private collection

KH 13 Anhänger, Silber, Zitrine, Markasit, Perlen, Email // Pendant: silver, citrines, marcasite, pearls, enamel // Privatsammlung // Private collection

KH 14

KH 15

KH 16

KH 14 Brosche, Silber, Opale, Email // Brooch: silver, opals, enamel // Tadema Gallery, London
KH 15 Brosche, Silber, Hämatit, Email // Brooch: silver, haematite, enamel // Borsdorf Fine Art, Darmstadt
KH 16 Anhänger, Silber, Karneole, Fensteremail // Pendant: silver, cornelian, plique à jour // Van Den Bosch, London

KH 17

KH 18

KH 17 Anhänger, Silber, Amethyst, Email // Pendant: silver, amethyst, enamel // Tadema Gallery, London
KH 18 Brosche, Silber, Lapis Lazuli, Email // Brooch: silver, lapis lazuli, enamel // Gützlaf-Antiquitäten, Berlin

KH 19

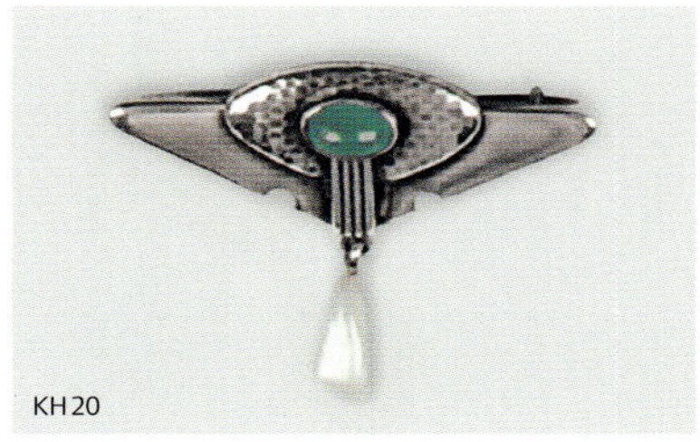
KH 20

KH 21

KH 22

KH 23

KH 19 Brosche, Silber, Amethyst, Email // Brooch: silver, amethyst, enamel // Ketterer auction, Munich, October 1991, Lot no. 1053
KH 20 Brosche, Silber, Chrysopras, Perle // Brooch: silver, chrysoprase, pearl // Ketterer auction, Munich, October 1991, Lot no. 1055
KH 21 Brosche, Silber, Aquamarin, Fensteremail // Brooch: silver, aquamarine, plique à jour // Ratz-Coradazzi Collection
KH 22 Brosche, Silber, Kunzite (?), Fensteremail // Brooch: silver, kunzite (?), plique à jour // Gützlaf-Antiquitäten, Berlin
KH 23 Nadel, Silber, Lapis Lazuli, Emai // Pin: silver, lapis lazuli, enamel // Ratz-Coradazzi Collection

KH24

KH25

KH 24 Halsschmuck, Silber vergoldet, Glassteine, Fensteremail (Detail) // Necklace: silver-gilt, glass stones, plique à jour (detail) // Antikschmuck-Mandala, Frankfurt am Main

KH 25 Halsschmuck, Silber, Amethyst, Perlen, Email, Fensteremail // Necklace: silver, amethyst, pearls, enamel, plique à jour // Ratz-Coradazzi Collection

KH 26

KH 27

KH 28

KH 26 Halsschmuck, Silber vergoldet, Rubin (?), Perlen, Fensteremail (Detail) // Necklace: silver-gilt, ruby (?), pearls, plique à jour (detail) // Ketterer auction, Munich, October 1991, Lot no. 1011

KH 27 Halsschmuck, Silber vergoldet, Saphire (?), Perlen, Fensteremail (Detail) // Necklace: silver-gilt, sapphires (?), pearls, plique à jour (detail) // Ketterer auction, Munich, October 1991, Lot no. 1014

KH 28 Halsschmuck, Silber, Saphir (?), Email, Fensteremail (Detail) // Necklace: silver, sapphire (?), enamel, plique à jour (detail) // Gützlaf-Antiquitäten, Berlin

KH 29

KH 30

KH 29 Halsschmuck, Silber, Lapis Lazuli, Email // Necklace: silver, lapis lazuli, enamel // Gützlaf-Antiquitäten, Berlin
KH 30 Armband, Silber, Chalzedone, Email // Bracelet: silver, chalcedony, enamel // Tadema Gallery, London

KH 31

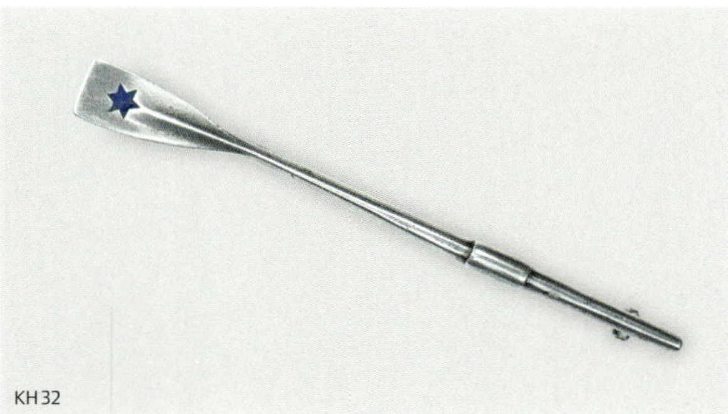

KH 32

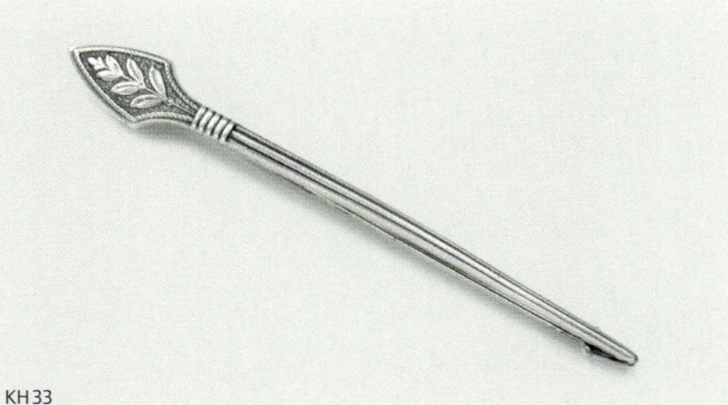

KH 33

KH 31 Halsschmuck, Gold, Amethyste, Email // Necklace: gold, amethysts, enamel // Tadema Gallery, London
KH 32 Nadel, Silber, Email // Pin: silver, enamel // Ratz-Coradazzi Collection
KH 33 Nadel, Silber // Pin: silver // Ratz-Coradazzi Collection

KJ 1

KJ 1 Anhänger, Doublé, Glassteine // Pendant: Doublé, glass stones // Ratz-Coradazzi Collection

Kollmar & Jourdan [1]

Emil Kollmar, Firmen-Mitgründer und Vorstand der Kollmar & Jourdan Aktiengesellschaft, um 1910 // Emil Kollmar, co-founder of the firm and chairman of the board of the public company Kollmar & Jourdan

Briefkopf der Firma Kollmar & Jourdan, kurz nach 1900 // The Kollmar & Jourdan letterhead shortly after 1900

Von Emil Kollmar und Wilhelm Jourdan 1885 als Bijouteriewerkstätte gegründet. Kollmar & Jourdan entwickelt sich in der zweiten Hälfte der 1890er Jahre zu einer der größten Doublé verarbeitenden Firmen der Welt. Beteiligung an der Exposition Universelle in Paris 1900; Auszeichnung mit einer Goldmedaille. Seit 1898 Aktiengesellschaft; nach dem Ausscheiden von Jourdan ist Emil Kollmar alleiniger Vorstand. Zwischen 1902 und 1910 etappenweise Errichtung des wohl modernsten Fabrikgebäudes in Pforzheim, für rund 1.350 Mitarbeiter. Die Firma Kollmar & Jourdan beendet 1977 ihre Tätigkeit.

(1) siehe Kapitel „Do macht mer Fabrikande …“ (S. 28)

// Founded in 1885 by Emil Kollmar and Wilhelm Jourdan as a bijouterie wares workshop. In the latter half of the 1890s, Kollmar & Jourdan grew into one of the world's biggest manufacturers of doublé articles. Participated in the 1900 Paris Exposition Universelle: awarded a gold medal. A public corporation since 1898; after Jourdan withdrew, Emil Kollmar ran the business alone. Between 1902 and 1910 gradually built what was probably Pforzheim's most modern factory plant and premises for a workforce of about 1350. The firm of Kollmar & Jourdan closed down in 1977.

(1) See chapter "There we make industrialists …" (p. 28)

KJ 2 Chatelaine-Anhänger, Doublé, Silber, Glassteine, Perlen // Châtelaine fob: Doublé, silver, glass stones, pearls // Schmuckmusem Pforzheim
KJ 3 Chatelaine-Anhänger, Doublé, Silber, Glassteine, Perlen // Châtelaine fob: Doublé, silver, glass stones, pearls // Schmuckmuseum Pforzheim
KJ 4 Kettenschieber, Doublé, Silber, Glassteine // Chain slide: Doublé, silver, glass stones // Schmuckmuseum Pforzheim
KJ 5 Kettenschieber, Doublé, Glassteine // Chain slide: Doublé, glass stones // Schmuckmuseum Pforzheim

KJ6

KJ 6 Kettenschieber, Doublé, Glassteine, Perlen, Fensteremail // Chain slide: Doublé, glass stones, pearls, plique à jour //
Ratz-Coradazzi Collection

KJ 7 Kettenschieber, Doublé, Glassteine, Perle // Chain slide: Doublé, glass stones, pearl // Ratz-Coradazzi Collection

KJ 8

KJ 10

KJ 9

KJ 11

KJ 8 Halsschmuck, abgebildet in Velhagen & Klasings Monatshefte, Januar 1905 // Necklace, pictured in Velhagen & Klasings Monatshefte, January 1905

KJ 9 Anhänger aus dem Musterbuch der Firma Kollmar & Jourdan // Pendant from the Kollmar & Jourdan sample book // Technisches Museum der Pforzheimer Schmuck- und Uhrenindustrie, Pforzheim

KJ 10 Chatelaine aus einem Emil Kollmar-Wettbewerb, unedles Metall, Glassteine, Ripsband // Châtelaine from an Emil Kollmar competition: base metal, glass stones, rep ribbon // Schmuckmuseum Pforzheim

KJ 11 Medaillon, Doublé, Glasstein, Email // Locket: Doublé, glass stones, enamel // Ratz-Coradazzi Collection

LW 1

LW 1 Brosche, Gold, Perlen // Brooch: gold, pearls // Schmuckmuseum Pforzheim

Lauer & Wiedmann[1]

Wilhelm Silbereisen, seit 1900 Mitinhaber der Firma Lauer & Wiedmann. Mitglied des Vorstandes des Kunstgewerbe-Vereins Pforzheim, 1902 // Wilhelm Silbereisen, from 1900 a partner in Lauer & Wiedmann. Member of the Board of Directors of the Kunstgewerbe-Verein Pforzheim, 1902

Von Hermann Lauer und Heinrich Wiedmann 1884 gegründet. Im Jahre 1900 tritt der Schmuckzeichner Wilhelm Silbereisen als Mitinhaber in die Firma ein. Auf der Pariser Weltausstellung 1900 ist Lauer & Wiedmann nicht vertreten, dafür aber 1904 in St. Louis mit mehreren von Georg Kleemann entworfenen Schmuckstücken. Die sehr intensive Zusammenarbeit mit Kleemann ist vielfach dokumentiert, nicht zuletzt durch in Privatbesitz erhalten gebliebene Original-Zeichnungen. Seit 1909 – nach dem Ausscheiden von Lauer und Wiedmann – leitet Wilhelm Silbereisen die Firma zusammen mit dem Kaufmann Max Swoboda; 1938 übernimmt Silbereisens Sohn Max die Geschäftsführung. Bis zur Auflösung im Jahre 1999 bleibt die Firma in Familienbesitz.

(1) Siehe auch die Kapitel „Ein Künstler für die Industrie – Georg Kleemann“ (S. 108) und „Der Fall Lauer & Wiedmann“ (S. 120)

// Founded by Hermann Lauer and Heinrich Wiedmann in 1884. Wilhelm Silbereisen, a jewellery draughtsman, entered the firm as a partner in 1900. Lauer & Wiedmann were not represented at the 1900 Paris World Exposition but they did show several pieces of jewellery designed by Georg Kleemann at the 1904 St. Louis World's Fair. The intensive collaboration with Kleemann is well documented, not least by original drawings which are still privately owned. From 1909 – after Lauer and Wiedmann left – Wilhelm Silbereisen and Max Swoboda, a businessman, ran the firm; in 1938 Silbereisen's son Max became director. The firm was owned and run by the family until it was dissolved in 1999.

(1) Also see the chapters "An artist for industry – Georg Kleemann" (p.108) and "The case of Lauer & Wiedmann" (p. 120)

LW 4

LW 2 Fingerring, Silber // Ring: silver // Ratz-Coradazzi Collection

LW 3 Georg Kleemann, Entwurf für eine Brosche für Lauer & Wiedmann // Georg Kleeman: Design for a Lauer & Wiedmann brooch // Privatbesitz // Private collection

LW 4 Brosche nach dem Entwurf von Georg Kleemann, Gold, Diamanten, Perle, Email. Ausgestellt auf der Weltausstellung St. Louis, 1904 // Brooch after the design by Georg Kleemann: gold, diamonds, pearl, enamel. Shown at the 1904 St. Louis World's Fair // Tadema Gallery, London

LW 5 Brosche, Gold, Perle, Fensteremail // Brooch: gold, pearl, plique à jour enamel // Schmuckmuseum Pforzheim
LW 6 Brosche, Gold, Opal, Smaragde, Email // Brooch: gold, opal, emeralds, enamel // Schmuckmuseum Pforzheim

LW7

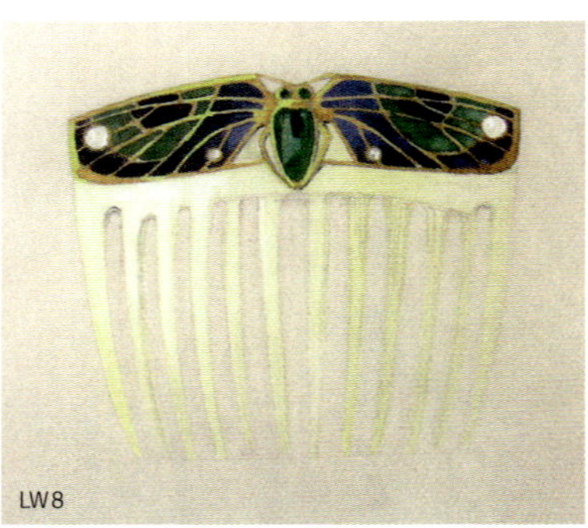

LW 7 Zierkamm nach dem Entwurf von Georg Kleemann, Gold, gefärbter Achat, Diamanten, Perlen, Email, Horn // Hair comb after the design by Georg Kleemann: gold, stained agate, diamonds, pearls, enamel, horn // Schmuckmuseum Pforzheim

LW 8 Georg Kleemann, Entwurf für einen Zierkamm für Lauer & Wiedmann // Georg Kleemann: design for a Lauer & Wiedmann hair comb // Privatbesitz // Private collection

LW 9 Nadel, Gold, Perlen, Fensteremail. Entwurf Georg Kleemann // Pin: gold, pearls, plique à jour. Design: Georg Kleemann // Schmuckmuseum Pforzheim

LW 10 Nadel, Gold, Diamanten, Smaragde, Perle, Fensteremail. Entwurf Georg Kleemann (zugeschrieben) // Pin: gold, diamonds, emeralds, pearl, plique à jour. Design: Georg Kleemann (attributed) // Schmuckmuseum Pforzheim

LB 1 Brosche, Silber, Elfenbein, Chrysoprase, Opal, Fensteremail // Brooch: silver, ivory, chrysoprase, opal, plique à jour // Van Den Bosch, London

HL Levinger & Bissinger
(Heinrich Levinger)

1881 wird Heinrich Levinger im Pforzheimer Adressbuch als Bijouteriehändler erstmals genannt, 1893 ist er Bijouteriefabrikant, der eine Fabrik in Gold- und Silberwaren und Fantasie-Artikel betreibt. Er stirbt 1899. Die Firma Heinrich Levinger wird von Emil Levinger 1901 unter dem bisherigen Namen neu gegründet, sie produziert modernen Schmuck in Silber. 1903 tritt der Schmuckentwerfer (Zeichner) Karl Bissinger als künstlerischer Partner ein.(1) Die Firma heißt seit 1904 Levinger & Bissinger und führt wohl parallel drei verschiedene Stempel (HL ligiert, H und L direkt verbunden sowie interessanterweise auch gelegentlich LB ligiert). Neben Bissingers Entwürfen werden auch solche von Otto Prutscher ausgeführt.(2) Ab 1909 führt Emil Berthold Levinger die Firma unter der ursprünglichen Bezeichnung Heinrich Levinger weiter; Karl Bissinger ist inzwischen ausgeschieden.

(1) Siehe auch Kapitel „Der Kunstgewerbe-Verein“ (S. 48)
(2) Zur stilistischen Einordnung: Ulrike von Hase, Schmuck in Deutschland und Österreich, S. 99

// Heinrich Levinger is listed for the first time in the Pforzheim address book in 1881 as a dealer in bijouterie wares. In 1893 he was a manufacturer of bijouterie wares, running a factory making gold and silver wares and novelty articles. He died in 1899. The firm of Heinrich Levinger was founded again by Emil Levinger in 1901 under the old name and produced modern silver jewellery. In 1903 Karl Bissinger, a jewellery designer (draughtsman) entered the firm as an artistic partner.(1) From 1904 the firm was called Levinger & Bissinger and used three different stamps in parallel (HL in ligature, H and L directly linked and, interestingly, also occasionally LB in ligature). Apart from Bissinger's designs, the firm also executed designs by Otto Prutscher.(2) From 1909 Emil Berthold Levinger ran the firm under the original name Heinrich Levinger; Karl Bissinger had left by that time.

(1) Also see the chapter "The Applied Arts Association" (p. 48)
(2) For stylistic analysis: Ulrike von Hase, Schmuck in Deutschland und Österreich, p. 99

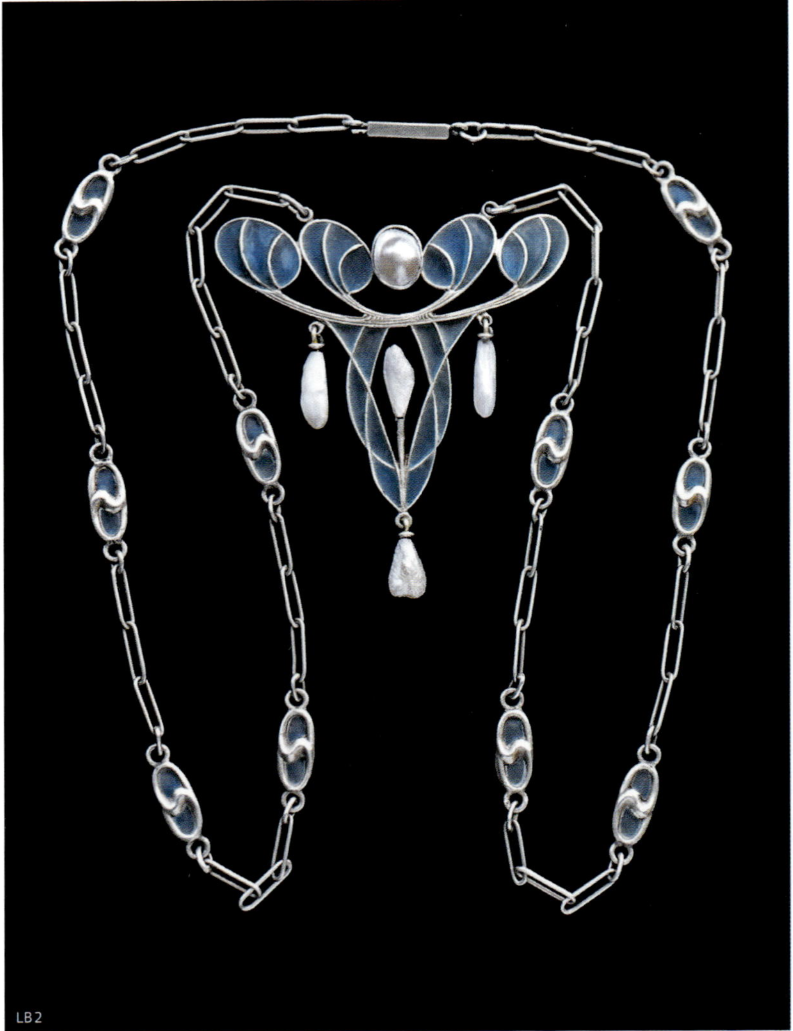

LB 2 Halsschmuck, Silber, Perlschale, Perlen, Email // Necklace: silver, blister pearl, pearls, enamel // Tadema Gallery, London
LB 3 Anhänger, Silber, Perlschale, Perlen, Email // Pendant: silver, blister pearl, pearls, enamel // Van Den Bosch, London
LB 4 Anhänger, Silber, Kunzit (?), Fensteremail // Pendant: silver, kunzite (?), plique à jour // Gützlaf-Antiquitäten, Berlin

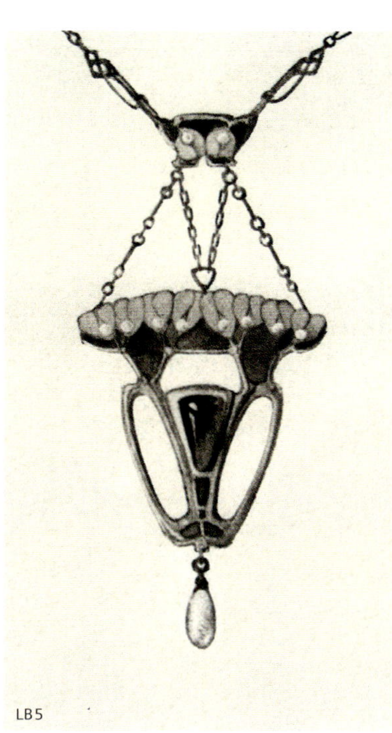
LB5

LB6

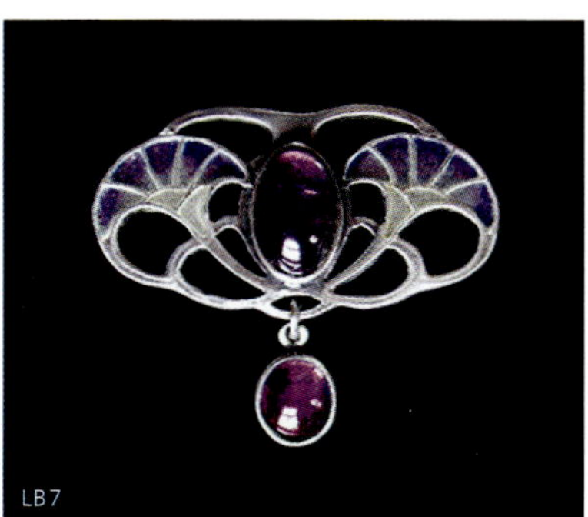
LB7

LB 5 Karl Bissinger, Entwurf für einen Anhänger; Friedrich-Wilhelm-Müller-Wettbewerb, 1902 // Karl Bissinger: design for a pendant; Friedrich Wilhelm Müller competition, 1902

LB 6 Halsschmuck, Silber vergoldet, Perlschale, Perlen, Fensteremail // Necklace: silver-gilt, blister pearl, pearls, plique à jour // Tadema Gallery, London

LB 7 Brosche, Silber, Amethyste, Fensteremail // Brooch: silver, amethysts, plique à jour // Van Den Bosch, London

LB 8 Anhänger, Silber, Perlen, Fensteremail // Pendant: silver, pearls, plique à jour // Van Den Bosch, London
LB 9 Anhänger, Silber, Chalzedon, Email (zugeschrieben) // Pendant: silver, chalcedony, enamel (attributed) // Van Den Bosch, London
LB 10 Halsschmuck, Silber vergoldet, Perlen, Fensteremail // Necklace: silver-gilt, pearls, plique à jour // Van Den Bosch, London
LB 11 Brosche, Silber, Perlen, Fensteremail // Brooch: silver, pearls, plique à jour // Van Den Bosch, London

LB 12

LB 13

LB 14

LB 12 Anhänger, Silber vergoldet, Perlschale, Fensteremail (zugeschrieben) // Pendant: silver-gilt, blister pearl, plique à jour (attributed) // Borsdorf Fine Art, Darmstadt

LB 13 Anhänger, Silber, Email // Pendant: silver, enamel // Quittenbaum Kunstauktionen, München // Munich

LB 14 Anhänger, Silber, Opale, Fensteremail (zugeschrieben) // Pendant\; silver, opals, plique à jour (attributed) // Ratz-Coradazzi Collection

LB 15

LB 16

LB 17

LB 15 Anhänger, Silber, Perlen, Fensteremail // Pendant: silver, pearls, plique à jour // Van Den Bosch, London

LB 16 Anhänger, Silber, Perlschalen, Perle. Entwurf Otto Prutscher // Pendant: silver, blister pearls, pearl. Design: Otto Prutscher // Van Den Bosch, London

LB 17 Brosche, Silber, Perlschalen, Perle. Entwurf Otto Prutscher // Brooch: silver, blister pearls, pearl. Design: Otto Prutscher // Schmuckmuseum Pforzheim

LB 18 Anhänger, Silber, Perlschale, Perlen, Fensteremail. Entwurf Otto Prutscher (zugeschrieben) // Pendant: silver, blister pearl, pearls, plique à jour. Design: Otto Prutscher (attributed) // Van Den Bosch, London

LB 19 Halsschmuck, Silber, Perlschale, Perlen, Fensteremail. Entwurf Otto Prutscher (zugeschrieben) // Necklace: silver, blister pearl, pearls, plique à jour. Design: Otto Prutscher (attributed) // Tadema Gallery, London

LB 20 Halsschmuck, Silber, Perlschalen, Fensteremail. Entwurf Otto Prutscher (zugeschrieben) // Necklace: silver, blister pearls, plique à jour. Design: Otto Prutscher (attributed) // Van Den Bosch, London

LB 24

LB 21 Brosche, Silber, Perlschale, Perle, Fensteremail // Brooch; silver, blister pearl, pearl, plique à jour // Hessisches Landesmuseum, Darmstadt

LB 22 Brosche, Silber, Perlschale, Perlen, Fensteremail // Brooch: silver, blister pearl, pearls, plique à jour // von Zezschwitz, Kunst und Design, München // Munich

LB 23 Brosche, Silber, Onyx, Email // Brooch: silver, onyx, enamel // Ratz-Coradezzi Collection

LB 24 Brosche, Silber, Saphir, Diamanten, Perle, Fensteremail // Brooch: silver, sapphire, diamonds, pearl, plique à jour // Schmuckmuseum Pforzheim

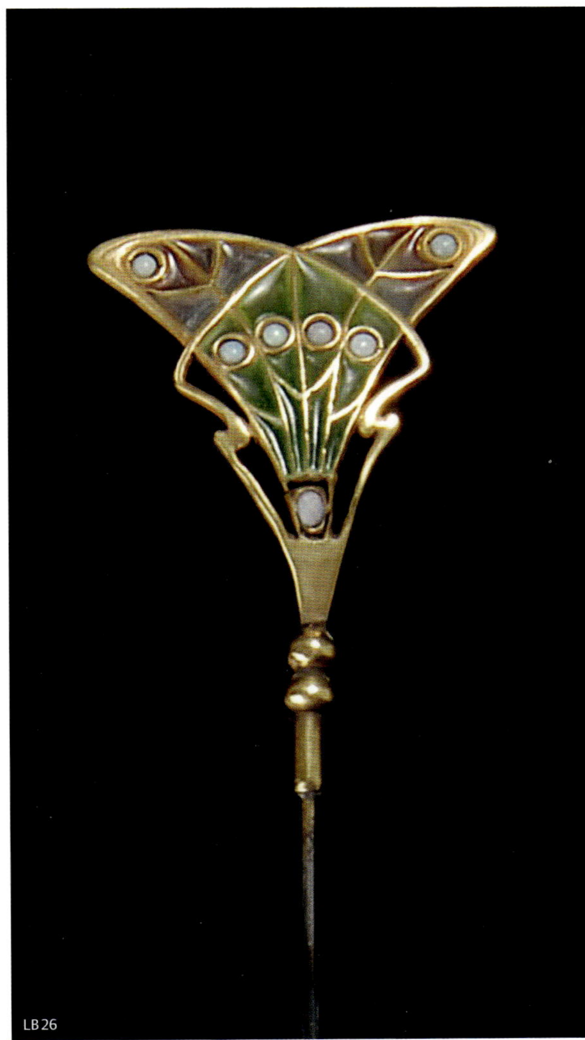
LB 26

LB 25

LB 27

LB 25 Brosche, Silber, Perlschale, Perlen, Entwurf Otto Prutscher (zugeschrieben) // Brooch: silver, blister pearl, pearls. Design: Otto Prutscher (attributed) // Ratz-Coradazzi Collection

LB 26 Hutnadel, Silber vergoldet, Opale, Fensteremail // Hatpin: silver-gilt, opals, plique à jour // von Zezschwitz, Kunst und Design, München // Munich

LB 27 Brosche, Silber, Mondstein, Granate, Fensteremail // Brooch: silver, moonstone, garnets, plique à jour // Tadema Gallery, London

LB 28

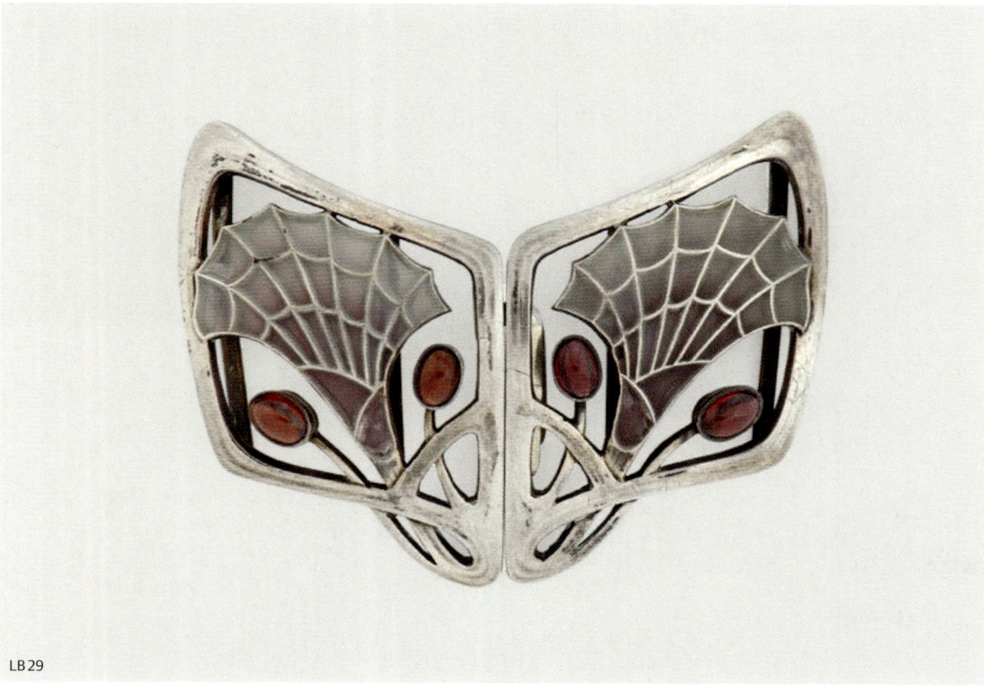

LB 29

LB 28 Brosche, Silber, Türkise, Email // Brooch: silver, turquoise, enamel // Tadema Gallery, London
LB 29 Gürtelschließe, Silber, Granate, Fensteremail // Belt buckle: silver, garnets, plique à jour // Museum August Kestner, Hannover // Hanover

LB 30

LB 31

LB 32

LB 33

LB 30 Brosche, Silber, Granate, Perle, Email (zugeschrieben) // Brooch: silver, garnets, pearl, enamel (attributed) // Gützlaf-Antiquitäten, Berlin
LB 31 Brosche, Silber, Perle, Email // Brooch: silver, pearl, enamel // Tadema Gallery, London
LB 32 Brosche, Silber, Perlschale, Perlen, Email // Brooch: silver, blister pearl, pearls, enamel // Tadema Gallery, London
LB 33 Gürtelschließe, Silber vergoldet, Perlen, Fensteremail // Belt buckle: silver-gilt, pearls, plique à jour // Formerly Kreuzer Collection

LB 34 Brosche, Silber, Chalzedon, Fensteremail // Brooch: silver, chalcedony, plique à jour // Van Den Bosch, London

LB 35

LB 36

LB 37

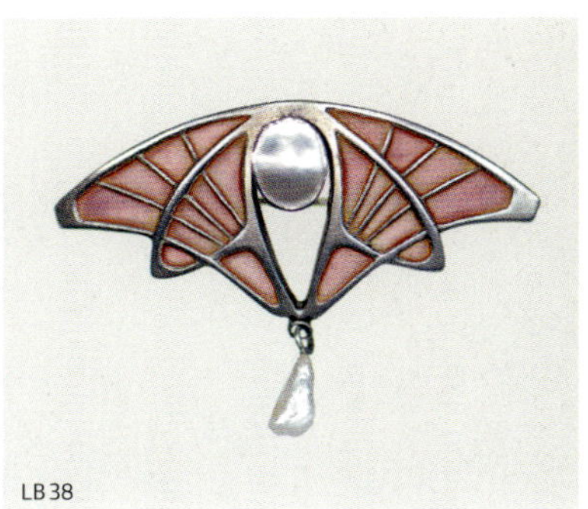
LB 38

LB 39

LB 35 Anhänger,Silber, Perlschale, Perle, Email // Pendant: silver, blister pearl, pearl, enamel // Tadema Gallery, London

LB 36 Anhänger, Silber vergoldet, Diamanten, Perlschale, Perle, Email // Pendant: silver-gilt, diamonds, blister pearl, pearl // Quittenbaum Kunstauktionen, München // Munich

LB 37 Anhänger, Silber, Glasstein, Perlschale, Perle, Fensteremail // Pendant: silver, glass stone, blister pearl, plique à jour // Borsdorf Fine Art, Darmstadt

LB 38 Brosche, Silber, Perlschale, Perle, Fensteremail // Brooch: silver, blister pearl, pearl, plique à jour // Ratz-Coradazzi Collection

LB 39 Brosche, Silber vergoldet, Perlschale, Perle, Email // Brooch: silver-gilt, blister pearl, pearl, enamel // Tadema Gallery, London

LB 40

LB 42

LB 43

LB 41

LB 44

LB 45

LB 40 Brosche, Silber, Aquamarin, Perle, Fensteremail // Brooch: silver, aquamarine, pearl, plique à jour // Gützlaf-Antiquitäten, Berlin
LB 41 Brosche, Silber, Onyx, Fensteremail // Brooch: silver, onyx, plique à jour // C. Lückerath Collection
LB 42 Brosche, Silber, Chalzedone, Fensteremail // Brooch: silver, chalcedony, plique à jour // Van Den Bosch, London
LB 43 Brosche, Silber, Zitrin, Perlschale, Fensteremail // Brooch: silver, citrine, blister pearl, plique à jour // Quittenbaum Kunstauktionen, München // Munich
LB 44 Brosche, Silber, Perlen, Fensteremail // Brooch: silver, pearls, plique à jour // Tadema Gallery, London
LB 45 Brosche, Silber, Perlschale, Fensteremail // Brooch: silver, blister pearl, plique à jour // C. Lückerath Collection

LB 46 Hutnadel, Silber, Opal, Fensteremail. Entwurf Georg Kleemann (zugeschrieben) // Hatpin: silver, opal, plique à jour. Design: Georg Kleemann (attributed) // Ratz-Coradazzi Collection

LB 47 Hutnadel, Silber, Perle, Fensteremail // Hatpin: silver, pearl, plique à jour // Ratz-Coradazzi Collection

LB 48 Hutnadel, Silber, Chrysopras, Email (zugeschrieben) // Hatpin: silver, chrysoprase, enamel (attributed) // Ketterer auction, Munich, October 1991, Lot no. 1046

LB 49 Hutnadel, Silber vergoldet, Achat, Email // Hatpin: silver-gilt, agate, enamel // Ketterer auction, Munich, October 1991, Lot no. 1042

LB 50 Zwei Hutnadeln, Silber vergoldet, Türkise, Achate, Fensteremail. Entwürfe Georg Kleemann (zugeschrieben) // Two hatpins: silver-gilt, turquoise, agate, plique à jour. Design: Georg Kleemann (attributed) // Tadema Gallery, London

LB 51 Anhänger, Silber, Bergkristalle, Fensteremail (zugeschrieben) // Pendant: silver, rock crystal, plique à jour (attributed) // Gützlaf-Antiquitäten, Berlin

LB52

LB53

LB54

LB55

LB 52 Brosche, Silber, Email // Brooch: silver, enamel // Ratz-Coradazzi Collection
LB 53 Brosche, Silber, Chrysopras, Perlschale // Brooch: silver, chrysoprase, blister pearl // C. Lückerath Collection
LB 54 Brosche, Silber, Zitrin, Opale, Fensteremail (zugeschrieben) // Brooch: silver, citrine, opals, plique à jour (attributed) // Ratz-Coradazzi Collection
LB 55 Brosche, Silber, Glasstein (?), Fensteremail (zugeschrieben) // Brooch: silver, glass stone (?), plique à jour (attributed) // C. Lückerath Collection

LB 56

LB 58

LB 57

LB 56 Brosche, Silber vergoldet, Perlen // Brooch: silver-gilt, pearls // Borsdorf Fine Art, Darmstadt
LB 57 Anhänger, Silber vergoldet, Perlen, Email (zugeschrieben) // Pendant: silver-gilt, pearls, enamel (attributed) // Gützlaf-Antiquitäten, Berlin
LB 58 Anhänger, Silber vergoldet, Perle, Email, Fensteremail // Pendant: silver-gilt, pearl, enamel, plique à jour // Gützlaf-Antiquitäten, Berlin

LB 59 Anhänger, Silber, Amethyst, Perle, Email (zugeschrieben) // Pendant: silver, amethyst, pearl, enamel (attributed) // Tadema Gallery, London

LB 60 Anhänger, Silber, Aquamarin, Perlen, Email // Pendant: silver, aquamarine, pearls, enamel // Tadema Gallery, London

LB 61 Brosche, Silber, Achat, Turmalin, Diamanten, Perlen, Email // Brooch: silver, agate, tourmaline, diamonds, pearls, enamel // Tadema Gallery, London

LB 62 Gürtel- oder Gewandschließe, Silber vergoldet, Saphir (?), Perlen, Fensteremail (zugeschrieben) // Belt buckle or clasp for robe: silver-gilt, sapphire (?), pearls, plique à jour (attributed) // Tadema Gallery, London

LB 63

LB 63 Anhänger, Silber, Aquamarine, Perlen, Fensteremail (zugeschrieben) // Pendant: silver, aquamarine, pearls, plique à jour (attributed) // Tadema Gallery, London

LB 64

LB 65

LB 64 Halsschmuckschließe, Silber, Perlen, Email, Fensteremail (zugeschrieben). Hergestellt für den französischen Markt, dort vertrieben durch À La Pensée, Paris // Necklace clasp: silver, pearls, enamel, plique à jour (attributed). Made for the French market, sold in France through À La Pensée, Paris // Tadema Gallery, London

LB 65 Halsschmuckschließe, Silber, Perlen, Email, Fensteremail (zugeschrieben). Hergestellt für den französischen Markt, dort vertrieben durch À La Pensée, Paris // Necklace clasp: silver, pearls, enamel, plique à jour (attributed). Made for the French market, sold in France through À La Pensée, Paris // Tadema Gallery, London

LB 66

LB 67

LB 66 Halsschmuckschließe, Silber, Perlen, Email, Fensteremail (zugeschrieben). Hergestellt für den französischen Markt, dort vertrieben durch À La Pensée, Paris // Necklace clasp: silver, pearls, enamel, plique à jour (attributed). Made for the French market, sold in France through À La Pensée, Paris // Tadema Gallery, London

LB 67 Halsschmuckschließe, Silber, Perlen, Fensteremail (zugeschrieben). Hergestellt für den französischen Markt, dort vertrieben durch À La Pensée, Paris // Necklace clasp: silver, pearls, plique à jour (attributed). Made for the French market, sold in France through À La Pensée, Paris // Tadema Gallery, London

LB 68

LB 69

LB 70

LB 68 Halsschmuckschließe, Silber, Amethyste, Opale, Fensteremail (zugeschrieben). Hergestellt für den französischen Markt, dort vertrieben durch À La Pensée, Paris // Necklace clasp: silver, amethysts, opals,plique à jour (attributed). Made for the French market, sold in France through À La Pensée, Paris // Ratz-Coradazzi Collection

LB 69 Gürtelschließe, Silber vergoldet, Granate // Belt buckle: silver gilt, garnets // Formerly Kreuzer Collection

LB 70 Brosche, Silber, Chrysopras // Brooch: silver, chrysoprase // C. Lückerath Collection

LB 71

LB 72

LB 73

LB 74

LB 71 Brosche, Silber, Amethyst, Fensteremail // Brooch: silver, amethyst, plique à jour // C. Lückerath Collection
LB 72 Brosche, Silber, Granate // Brooch: silver, garnets // C. Lückerath Collection
LB 73 Anhänger, Silber, Granate // Pendant: silver, garnets // Ratz-Coradazzi Collection
LB 74 Anhänger, Silber, Hämatite // Pendant: silver, haematite // von Zezschwitz, Kunst und Design, München // Munich

LB75

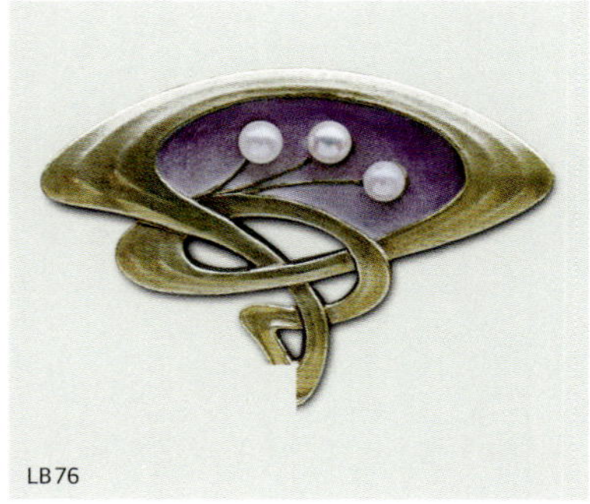

LB76

LB77

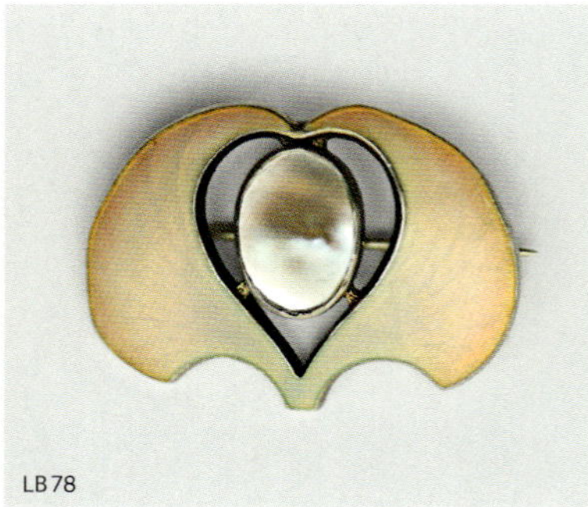

LB78

LB79

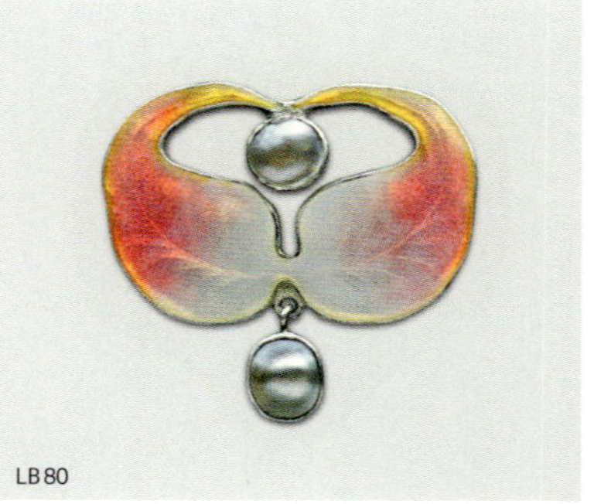

LB80

LB 75 Brosche, Silber, Opale, Email // Brooch: silver, opals, enamel // Gützlaf-Antiquitäten, Berlin
LB 76 Brosche, Silber vergoldet, Perlen, Email // Brooch: silver-gilt, pearls, enamel // Tadema Gallery, London
LB 77 Brosche, Silber, Opale, Email, Entwurf Otto Prutscher (zugeschrieben) // Brooch: silver, opals, enamel. Design: Otto Prutscher (attributed) // Gützlaf-Antiquitäten, Berlin
LB 78 Brosche, Silber, Perlschale, Email, Entwurf Otto Prutscher (zugeschrieben) // Brooch: silver, blister pearl, enamel. Design: Otto Prutscher (attributed) // Gützlaf-Antiquitäten, Berlin
LB 79 Brosche, Silber, Opale, Email // Brooch: silver, opals, enamel // Gützlaf-Antiquitäten, Berlin
LB 80 Brosche, Silber, Perlschalen, Email // Brooch: silver, blister pearls, enamel // Tadema Gallery, London

LB81

LB82

LB 81 Hutnadel, Silber, Opal, Fensteremail // Hatpin: silver, opal, plique à jour // C. Lückerath Collection

LB 82 Anhänger, Silber vergoldet, Perlschalen, Email, Entwurf Otto Prutscher (zugeschrieben) // Pendant: silver-gilt, blister pearls, enamel. Design: Otto Prutscher (attributed) // Tadema Gallery, London

LB 83

LB 84

LB 83 Anhänger, Silber, Türkise, Fensteremail, Entwurf Otto Prutscher (zugeschrieben) // Pendant: silver, turquoise, plique à jou. Design: Otto Prutscher (attributed) // Tadema Gallery, London

LB 84 Anhänger, Silber, Amethyste, Email // Pendant: silver, amethysts, enamel // Badisches Landesmuseum, Karlsruhe

LB 85

LB 86

LB 87

LB 88

LB 85 Brosche, Silber, Hämatit, Email // Brooch: silver, haematite, enamel // Tadema Gallery, London
LB 86 Brosche, Silber vergoldet, Türkis, Email // Brooch: silver-gilt, turquoise, enamel // Tadema Gallery, London
LB 87 Brosche, Silber, Amethyst, Email // Brooch: silver, amethyst, enamel // Van Den Bosch, London
LB 88 Brosche, Silber, Granat, Email // Broch: silver, garnet, enamel // Tadema Gallery, London

LB 89

LB 90

LB 91

LB 92

LB 89 Anhänger, Silber, Diamanten, Perlschale, Perlen, Fensteremail // Pendant: silver, diamonds, blister pearl, pearls, plique à jour // Spencer Museum of Art, Lawrence KS, Hiller Collection
LB 90 Brosche, Silber, Amethyste // Brooch: silver, amethysts // Van Den Bosch, London
LB 91 Brosche, Silber, Amethyste, Fensteremail // Brooch: silver, amethysts, plique à jour // Ratz-Coradazzi Collection
LB 92 Brosche, Silber, Amethyste, Perle, Email // Brooch: silver, amethysts, pearl, enamel // Ketterer auction, Munich, October 1991, Lot no. 1040

LB 93

LB 95

LB 94

LB 96

LB 93 Anhänger, Silber, gefärbter Achat, Fensteremail // Pendant: silver, stained agate, plique à jour // Gützlaf-Antiquitäten, Berlin
LB 94 Anhänger, Silber, Chrysopras, Perlen, Email // Pendant: silver, chrysoprase, pearls, enamel // Ratz-Coradazzi Collection
LB 95 Anhänger, Silber, Perlschale, Perlen, Email // Pendant: silver, blister pearl, enamel // Tadema Gallery, London
LB 96 Brosche, Silber, Chrysoprase, Email // Brooch: silver, chrysoprase, enamel // Robert Hiller Collection

LB 97 Anhänger, Silber, Glasstein, Email // Pendant: silver, glass stone, enamel // Borsdorf Fine Art, Darmstadt

LB 98 Anhänger, Silber, Glassteine, Perle, Email // Pendant: silver, glass stones, pearl, enamel // Borsdorf Fine Art, Darmstadt

LB 99

LB 101

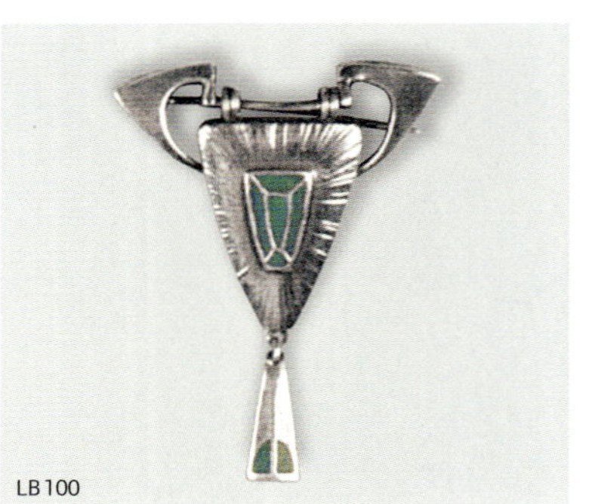

LB 100

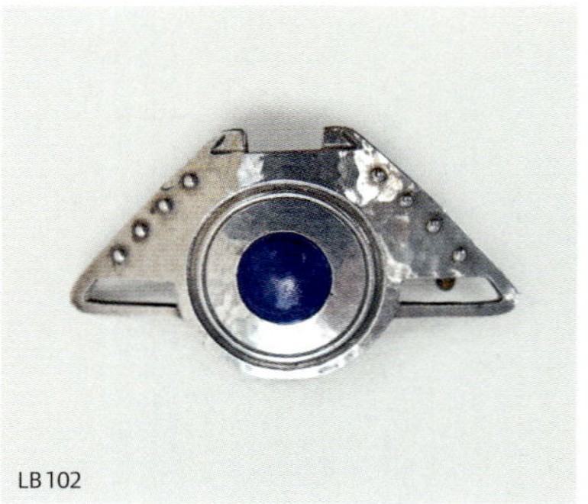

LB 102

LB 103

LB 99 Anhänger, Silber, Achat, Rubine, Perle, Fensteremail // Pendant: silver, agate, rubies, pearl, plique à jour // Schmuckmuseum Pforzheim
LB 100 Brosche, Silber, Email // Brooch: silver, enamel // Ketterer auction, Munich, October 1991, Lot no. 1056
LB 101 Anhänger, Silber, Email // Pendant: silver, enamel // Borsdorf Fine Art, Darmstadt
LB 102 Brosche, Silber, Lapis Lazuli // Brooch: silver, lapis lazuli // C. Lückerath Collection
LB 103 Brosche, Silber, Email // Brooch: silver, enamel // von Zezschwitz, Kunst und Design, München // Munich

LB 104

LB 105

LB 108

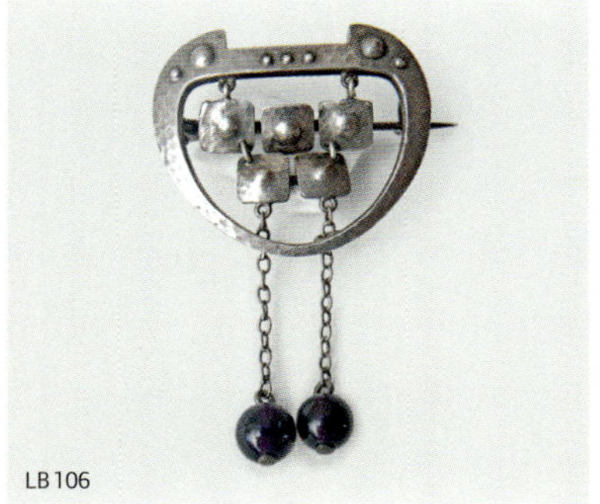
LB 106

LB 107

LB 104 Anhänger, Silber, Glassteine, Perlen // Pendant: silver, glass stones, pearls // Ratz-Coradazzi Collection
LB 105 Brosche, Silber, Email // Brooch: silver, enamel // Ratz-Coradazzi Collection
LB 106 Brosche, Silber, Lapis Lazuli // Brooch: silver, lapis lazuli // C. Lückerath Collection
LB 107 Brosche, Silber, Lapis Lazuli // Brooch: silver, lapis lazuli // Ratz-Coradazzi Collection
LB 108 Anhänger, Silber sulfiert, Lapis Lazuli // Pendant: blackened silver, lapis lazuli // Schmuckmuseum Pforzheim

M 1 Gürtelschließe, Silber teilvergoldet, Granat // Belt buckle: parcel-gilt silver, garnet // Tadema Gallery, London

Martin Mayer[1]

1887 findet sich eine Firma Martin Mayer im Pforzheimer Adressbuch, die Joaillerie, Silberbijouterie, Korall- und Granatwaren produziert. 1895 nennt das Adressbuch Martin Mayer, Bijouterie-Fabrik, Filiale von Martin Mayer in Mainz, Inhaber Martin Mayer. 1907 sind Bernhard, Albert und Ernst Mayer zusammen mit S. Richart die Inhaber. 1914 heißt die Firma Martin Mayer G.m.b.H., der Geschäftsführer ist jetzt Willy Kieckbusch; es gibt keinen Hinweis mehr auf den Hauptsitz in Mainz. Die Martin Mayer G.m.b.H. scheint zwischen 1937 und 1939 aufgelöst worden zu sein.

(1) Die Fabrikmarken von Martin Mayer und F. Mahla zeigen jeweils ein Rad mit sechs Speichen, bei Mayer gelegentlich auch mit acht Speichen, meistens mit Stern und manchmal von M und M flankiert.

// A firm called Martin Mayer is listed in the 1887 Pforzheim address book as a manufacturer of jewellery, silver bijouterie wares, coral and garnet wares. The 1895 address book lists Martin Mayer, Factory for Bijouterie wares, branch of Martin Mayer in Mainz, proprietor Martin Mayer. By 1907 Bernhard, Albert and Ernst Mayer are joint proprietors along with S. Richart. In 1914 the firm is called Martin Mayer G.m.b.H., with Willy Kieckbusch as managing director; there is no longer any reference to the Mainz headquarters. Martin Mayer G.m.b.H. seems to have been dissolved between 1937 and 1939.

(1) The factory marks used by Martin Mayer and F. Mahla are in each case a wheel with six spokes. Sometimes there are eight spokes for Mayer, usually with an asterisk and sometimes flanked by M and M.

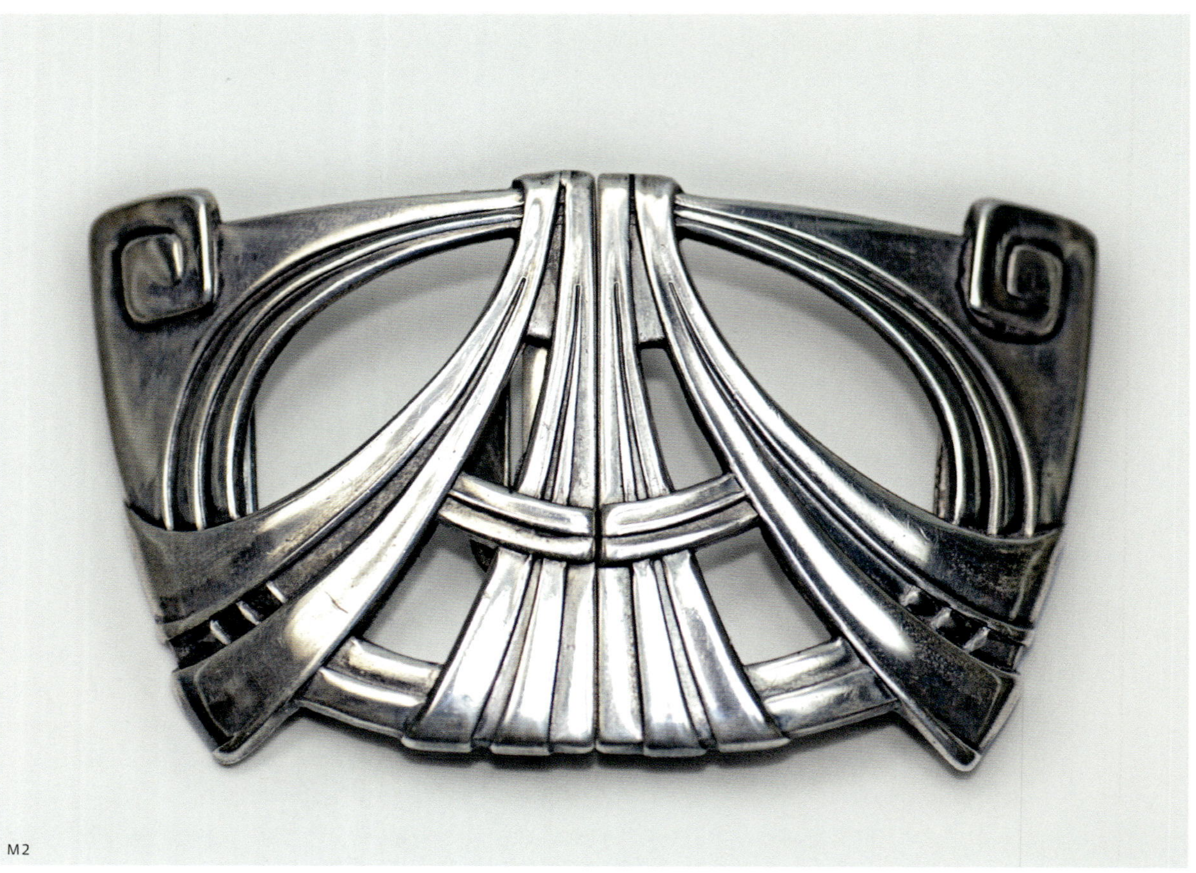

M2

M3

M 2 Gürtelschließe, Silber // Belt buckle: silver // Ratz-Coradazzi Collection
M 3 Brosche, Gold, Amethyst, Diamanten, Perle // Brooch: gold, amethyst, diamonds, pearl // Ratz-Coradazzi Collection

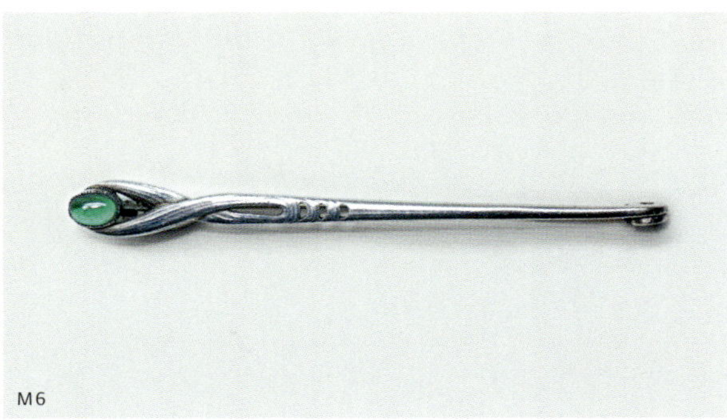

M 4 Brosche, Silber, Karneol // Brooch: silver, cornelian // Ratz-Coradazzi Collection
M 5 Brosche, Silber, Glassteine, Email // Brooch: silver, glass stones, enamel // Schmuckmuseum Pforzheim
M 6 Brosche, Silber, Chrysopras // Brooch: silver, chrysoprase // Ratz-Coradazzi Collection
M 7 Brosche, Silber, Amethyst // Brooch: silver, amethyst // Ratz-Coradazzi Collection
M 8 Brosche, Silber, Chrysopras // Brooch: silver, chrysoprase // Ratz-Coradazzi Collection

VM 1 Anhänger, Silber vergoldet, Email, Entwurf Georg Kleemann // Pendant: silver-gilt, enamel. Design: Georg Kleemann // Schmuckmuseum Pforzheim

Victor Mayer(1)

Victor Mayer, Gründer und Inhaber der Firma Victor Mayer, Mitglied des Vorstandes des Kunstgewerbe-Vereins Pforzheim, 1902 // Victor Mayer, founder and proprietor of the firm of Victor Mayer. Member of board of directors of the Kunstgewerbe-Verein Pforzheim, 1902

Von dem Künstler und Kunsthandwerker Victor Mayer und dem Kaufmann Hermann Vogel im Jahre 1890 gegründet. Mayer trennt sich bald von seinem Partner und führt die Firma erfolgreich in eigener Regie weiter(2). Enge Zusammenarbeit mit Georg Kleemann, der für Victor Mayer streng geometrische Entwürfe liefert.(3) Die Victor Mayer GmbH & Co. KG wird heute von Marcus Mohr in der vierten Generation geführt. Sie ist als offizieller Fabergé-Werkmeister international erfolgreich.

(1) Detaillierte Angaben zur Firmen- und Familiengeschichte in Herbert Mohr-Mayer, *Victor Mayer, Leben und Werk eines Pforzheimer Schmuckfabrikanten*, 2007
(2) siehe Kapitel „Do macht mer Fabrikande …" (S. 28)
(3) Die Kunsthistorikerin Anne-Barbara Knerr bereitet eine umfassende wissenschaftliche Untersuchung über Victor Mayers eigene Entwurfstätigkeit sowie seine Kooperation mit Kleemann und anderen Schmuckentwerfern vor. Im Deutschen Technikmuseum Berlin wird unter der Leitung von Gabriele Wohlauf an der Rekonstruktion von Mayer-Kleemann-Schmuckstücken gearbeitet.

// Founded by Victor Mayer, an artist and craftsman, and Hermann Vogel, a businessman, in 1890. Mayer and his business partner soon went separate ways and Mayer continued to run the firm successfully on his own(2). Close collaboration with Georg Kleemann, who submitted stringently geometric designs to Victor Mayer.(3) Today Marcus Mohr is the managing director of Victor Mayer GmbH & Co. KG in the fourth generation. The firm is internationally acclaimed as the official Fabergé workmaster.

(1) Detailed data on the firm and family history in Herbert Mohr-Mayer, *Victor Mayer, Leben und Werk eines Pforzheimer Schmuckfabrikanten*, 2007
(2) See chapter "There we make industrialists …" (p. 28)
(3) Anne-Barbara Knerr, an art historian, is preparing a comprehensive scholarly study of Victor Mayer's own work as a designer as well as his collaboration with Kleemann and other jewellery designers. Gabriele Wohlauf is supervising the reconstruction of Mayer-Kleemann pieces of jewellery at the Deutsches Technikmuseum in Berlin.

VM 2

VM 3

VM 4

VM 5

VM 6

VM 2 Georg Kleemann, Entwurf für einen Anhänger (Fragment) // Georg Kleemann: design for a pendant (fragment) // Firmenarchiv Victor Mayer // Victor Mayer archives

VM 3 Gürtelschließe, Silber, Perlschale, Hämatite // Belt buckle: silver, blister pearl, haematite // Formerly Kreuzer Collection

VM 4 Kettenschieber, Silber, Email, Entwurf Georg Kleemann (zugeschrieben) // Chain slide; silver, enamel. Design: Georg Kleemann (attributed) // Ratz-Coradazzi Collection

VM 5 Anhänger, Silber vergoldet, Email, Entwurf Georg Kleemann // Pendant; silver-gilt, enamel. Design: Georg Kleemann // Schmuckmuseum Pforzheim

VM 6 Anhänger, Silber, vergoldet, Entwurf Georg Kleemann // Pendant: silver-gilt. Design: Georg Kleemann // Schmuckmuseum Pforzheim

VM 7

VM 8

VM 9

VM 10

VM 7 Brosche, Silber // Brooch: silver // Schmuckmuseum Pforzheim
VM 8 Victor Mayer, Entwurf für eine Brosche // Victor Mayer: design for a brooch // Firmenarchiv Victor Mayer // Victor Mayer archives
VM 9 Victor Mayer, Entwurf für eine Brosche // Victor Mayer: design for a brooch // Firmenarchiv Victor Mayer // Victor Mayer archives
VM 10 Brosche, Silber, Perle // Brooch: silver, pearl // Ratz-Coradazzi Collection

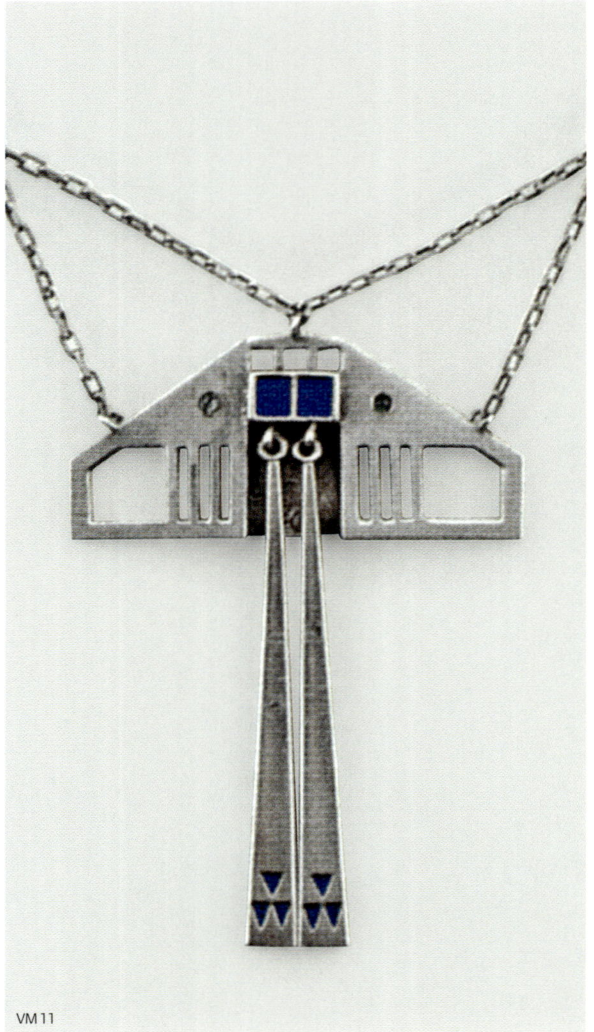
VM 11

VM 12

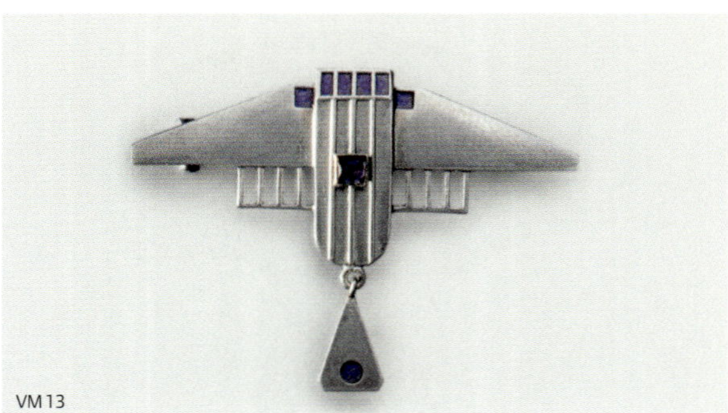
VM 13

VM 11 Anhänger, Silber, Email, Entwurf Georg Kleemann // Pendant: silver, enamel. Design: Georg Kleemann // Ketterer auction, Munich, October 1991, Lot no. 1036

VM 12 Anhänger, Silber, Email. Entwurf Georg Kleemann (zugeschrieben) // Pendant: silver, enamel. Design: Georg Kleemann (attributed) // Gützlaf-Antiquitäten, Berlin

VM 13 Brosche, Silber, Amethyst, Email, Entwurf Georg Kleemann // Brooch: silver, amethyst, enamel. Design: Georg Kleemann // Privatsammlung // Private collection

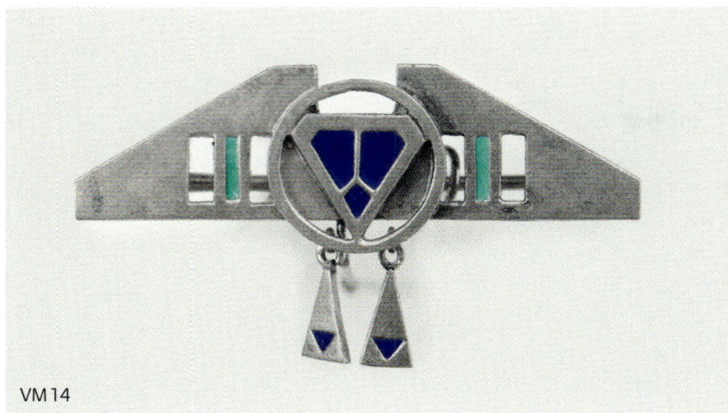
VM 14

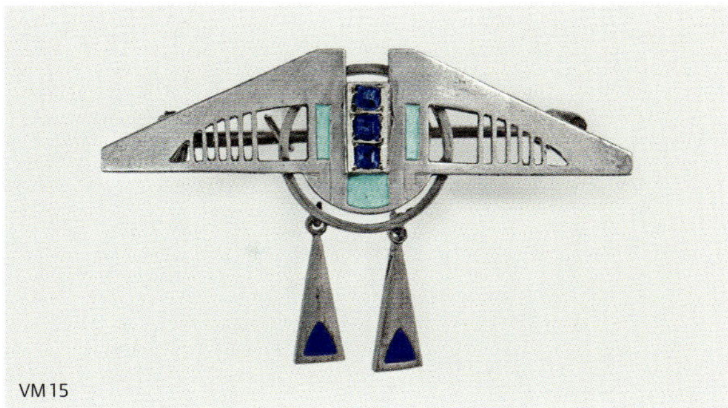
VM 15

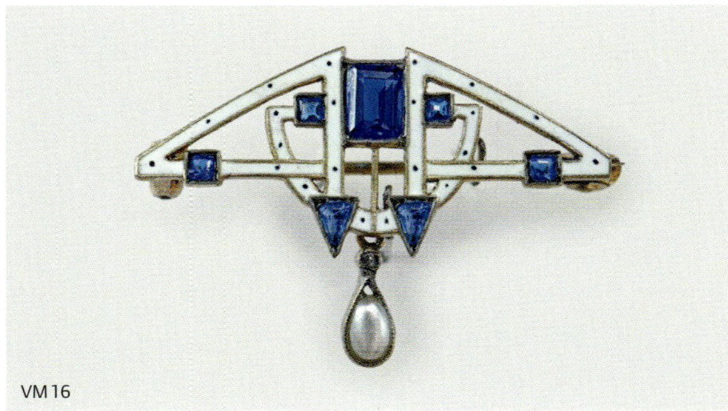
VM 16

VM 17

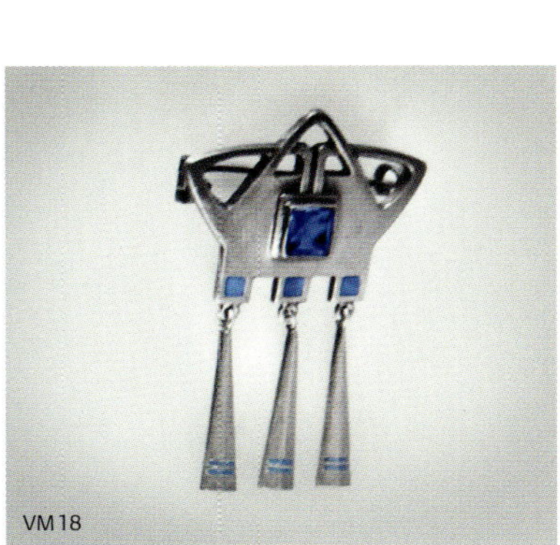
VM 18

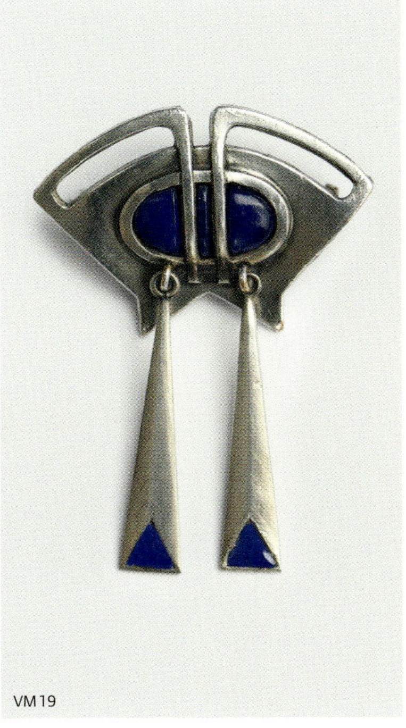
VM 19

VM 20

VM 14 Brosche, Silber, Email, Entwurf Georg Kleemann // Brooch: silver, enamel. Design: Georg Kleemann // Schmuckmuseum Pforzheim

VM 15 Brosche, Silber, Glassteine, Email, Entwurf Georg Kleemann // Brooch; silver, glass stones, enamel. Design: Georg Kleemann // Schmuckmuseum Pforzheim

VM 16 Brosche, Silber vergoldet, Glassteine, künstliche Perle, Email // Brooch: silver-gilt, glass stones, artificial pearl, enamel // Schmuckmuseum Pforzheim

VM 17 Brosche, Silber vergoldet, Glassteine, Perle // Brooch: silver-gilt, glass stones, pearl // Schmuckmuseum Pforzheim

VM 18 Brosche, Silber, Email, Entwurf Georg Kleemann (zugeschrieben) // Brooch: silver, enamel. Design: Georg Kleemann (attributed) // Auktionshaus Mehlis, Plauen

VM 19 Brosche, Silber, Email, (zugeschrieben) // Brooch: silver, enamel. (attributed) // Gützlaf-Antiquitäten, Berlin

VM 20 Brosche, Silber, Lapis Lazuli, Email, Entwurf Georg Kleemann // Brooch: silver, lapis lazuli, enamel. Design: Georg Kleemann // Van Den Bosch, London

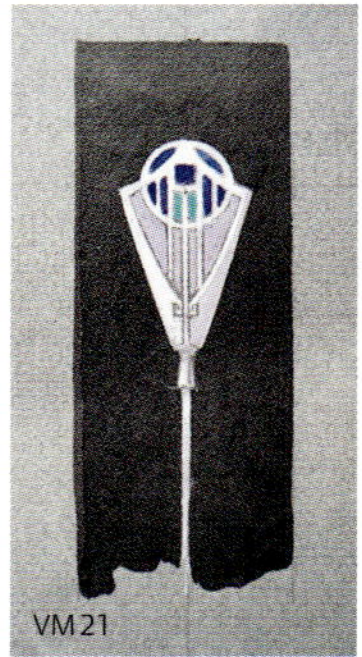

VM 21

VM 22

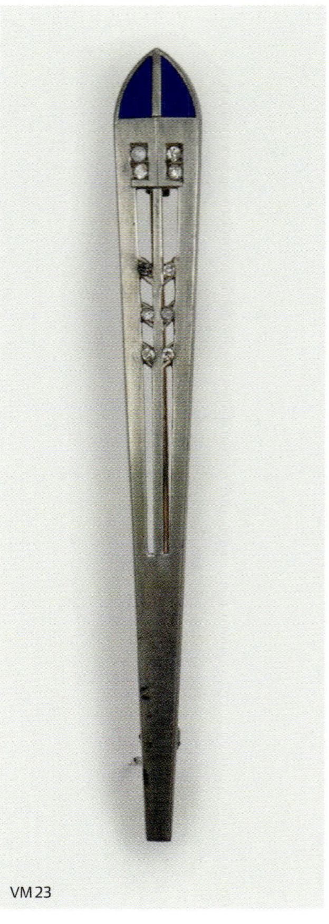

VM 23

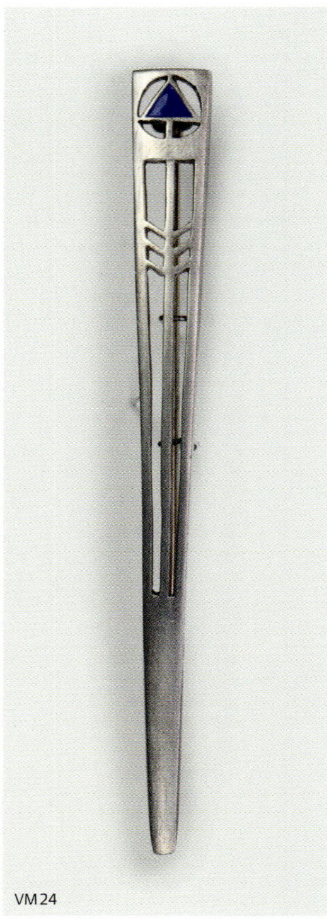

VM 24

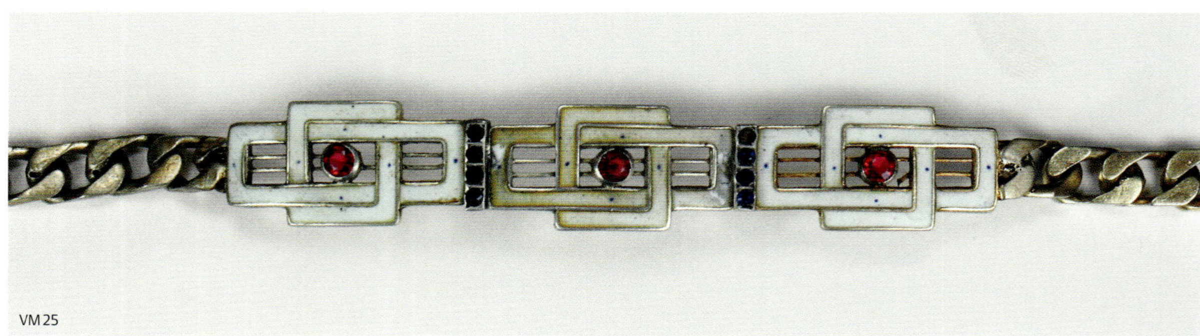

VM 25

VM 21 Georg Kleemann, Entwurf für eine Hutnadel // Georg Kleemann: design for a hatpin // Firmenarchiv Victor Mayer // Victor Mayer archives
VM 22 Hutnadel, Silber, Email, Stahl // Hatpin: silver, enamel, steel // Schmuckmuseum Pforzheim
VM 23 Nadel, Silber, Glassteine, Email, Entwurf Georg Kleemann // Pin: silver, glass stones, enamel. Design: Georg Kleemann // Schmuckmuseum Pforzheim
VM 24 Nadel, Silber, Email, Entwurf Georg Kleemann // Pin: silver, enamel. Design: Georg Kleemann // Schmuckmuseum Pforzheim
VM 25 Armband, Silber vergoldet, Glassteine, Email // Bracelet: silver-gilt, glass stones, enamel // Schmuckmuseum Pforzheim

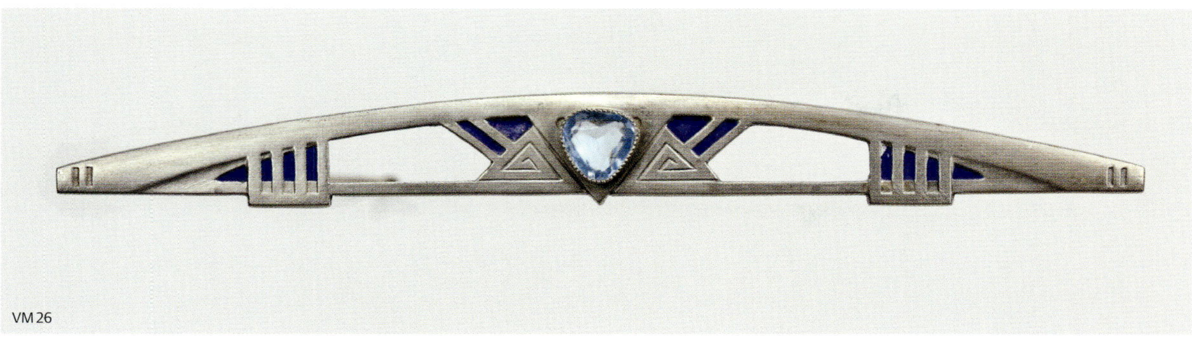
VM 26

VM 27

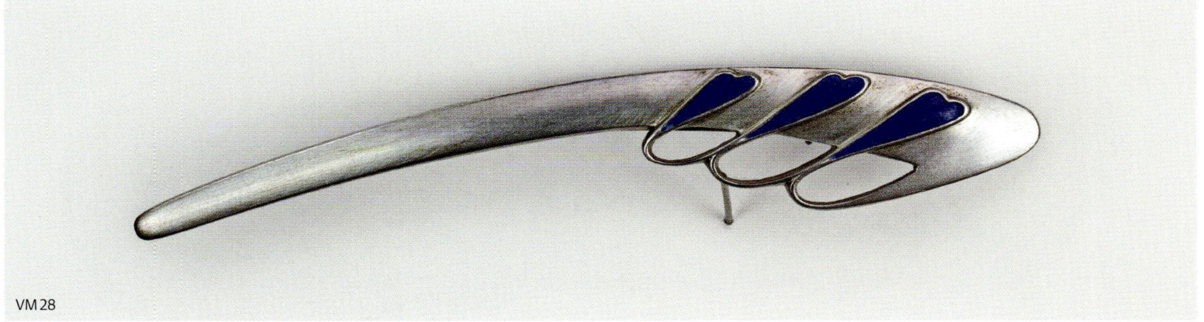
VM 28

VM 26 Nadel, Silber, Aquamarin, Email, Entwurf Georg Kleemann // Pin: silver, aquamarine, enamel. Design: Georg Kleemann // Schmuckmuseum Pforzheim

VM 27 Nadel, Silber, Email, Entwurf Georg Kleemann // Pin: silver, enamel. Design: Georg Kleemann // Schmuckmuseum Pforzheim

VM 28 Nadel, Silber, Email, Entwurf Georg Kleemann // Pin: silver, enamel. Design: Georg Kleemann // Schmuckmuseum Pforzheim

VM 29

VM 30

VM 31

VM 32

VM 29 Medaillon, Silber, gefärbter Achat, Email, Entwurf Georg Kleemann // Locket: silver, stained agate, enamel. Design: Georg Kleemann // Schmuckmuseum Pforzheim

VM 30 Medaillon, Silber, Email, Entwurf Georg Kleemann // Locket: silver, enamel. Design: Georg Kleemann // Schmuckmuseum Pforzheim

VM 31 Medaillon, Silber, Email, Entwurf Georg Kleemann (zugeschrieben) // Locket: silver, enamel. Design: Georg Kleemann (attributed) // Schmuckmuseum Pforzheim

VM 32 Medaillon, Silber, Perlschale // Locket: silver, blister pearl // Schmuckmuseum Pforzheim

VM 33

VM 34

VM 35

VM 36

VM 33 Medaillon, Silber teilvergoldet, gefärbter Achat // Locket: parcel-gilt silver, stained agate // Schmuckmuseum Pforzheim
VM 34 Medaillon, Silber // Locket: silver // Schmuckmuseum Pforzheim
VM 35 Medaillon, Silber // Locket: silver // Schmuckmuseum Pforzheim
VM 36 Medaillon, Silber // Locket: silver // Schmuckmuseum Pforzheim

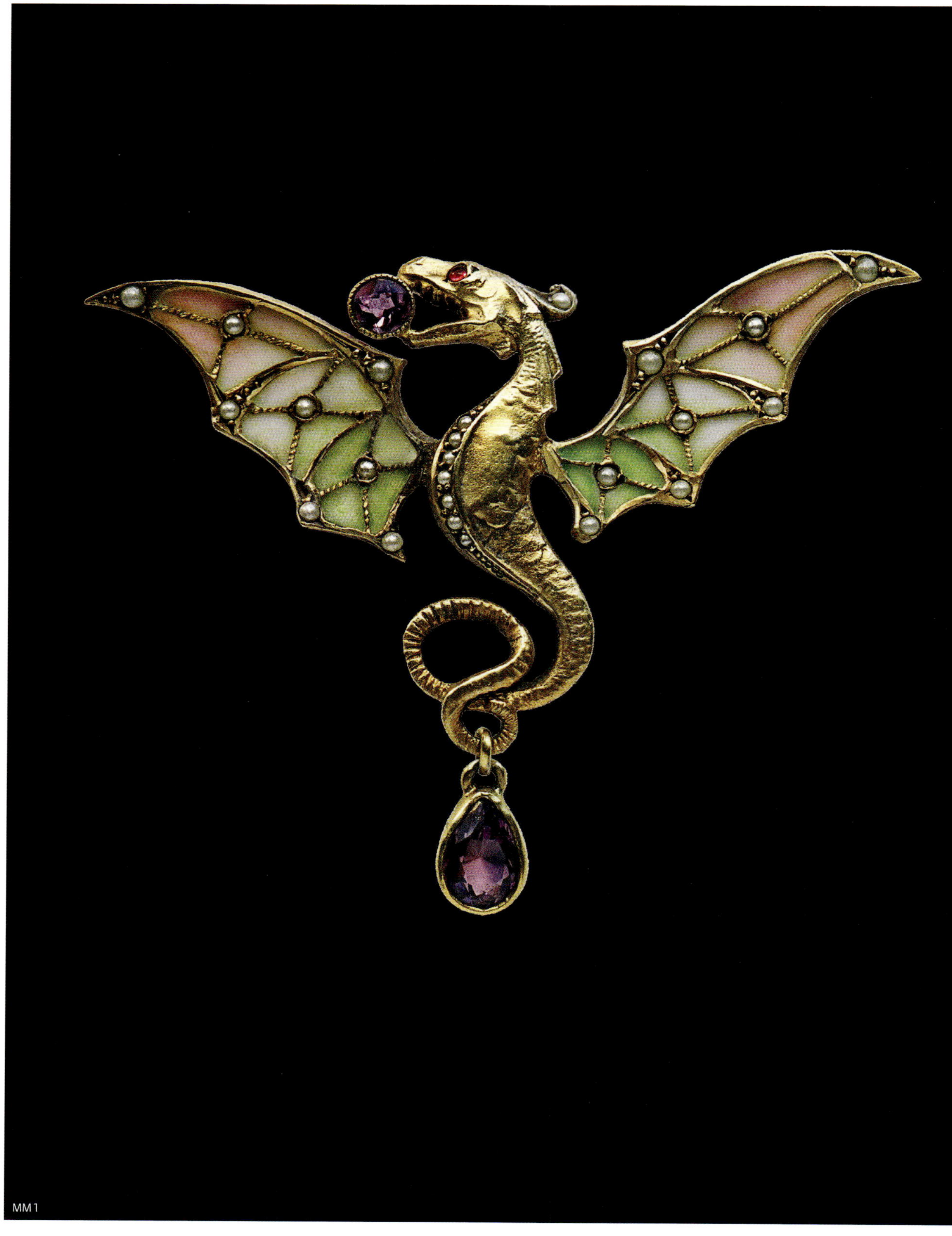

MM 1 Brosche, Silber vergoldet, Amethyste, Rubin (?), Perlen, Fensteremail // Brooch: silver-gilt, amethysts, ruby (?), pearls, plique à jour // Tadema Gallery, London

Meyle & Mayer[1]

Von Gustav Meyle, dem Ehemann von Victor Mayers Schwester Friederike, und Victor Mayers Bruder Julius 1887 als *Silberbijouteriefabrik* gegründet. 1891 fertigen Gustav und Ludwig Meyle zusammen mit Julius Mayer *Gold- und Silberbijouterie* (laut Pforzheimer Adressbuch); im Jahre 1893 lautet der Eintrag *Fantasie-Genre mit und ohne Emaille, Gold und Silber,* 1898 *emaillierte und gemalte Artikel jeden Genres.*[2] Gustav Meyles Söhne Gustav jr. und Ludwig führen die Firma bis zur Zerstörung Pforzheims im Jahre 1945. Offizielle Auflösung der Firma 1946.

(1) Siehe: Herbert Mohr-Mayer, *Victor Mayer, Leben und Werk eines Pforzheimer Schmuckfabrikanten,* 2007, S. 18 f
(2) Zum Emailschmuck und dessen Abhängigkeit von Paris siehe: Ulrike von Hase, *Schmuck in Deutschland und Österreich,* S. 13

// Founded in 1887 as a *Manufacturer of Silver Bijouterie Wares* by Gustav Meyle, who was the husband of Victor Mayer's sister Friederike, and Victor Mayer's brother Julius. In 1891 Gustav and Ludwig Meyle made *silver bijouterie wares* along with Julius Mayer (according to the Pforzheim address book); the entry in the 1893 address book runs: *Novelty genre with and without enamel, gold and silver.* In 1898 it says: *enamelled and painted articles of all sorts.*[2] Gustav Meyle's sons, Gustav, jun. and Ludwig, ran the firm until Pforzheim was destroyed in 1945. The firm was officially dissolved in 1946.

(1) See: Herbert Mohr-Mayer, *Victor Mayer, Leben und Werk eines Pforzheimer Schmuckfabrikanten,* 2007, p. 18 f
(2) For enamel jewellery and its dependence on Paris, see: Ulrike von Hase, *Schmuck in Deutschland und Österreich,* p. 13

MM 2 Anhänger (Spiegelmedaillon), Silber, Email // Pendant (locket with mirror): silver, enamel // Tadema Gallery, London

MM 3

MM 4

MM 3 Anhänger (Spiegelmedaillon), Silber, Email // Pendant (locket with mirror): silver, enamel // Ketterer auction, Munich, October 1991, Lot no. 1010

MM 4 Anhänger (Spiegelmedaillon), Silber, Email // Pendant (locket with mirror): silver, enamel // Tadema Gallery, London

MM 5

MM 6

MM 7

MM 8

MM 9

MM 10

MM 5 Anhänger (Spiegelmedaillon), Silber, Fensteremail // Pendant (locket with mirror): silver, plique à jour // Van Den Bosch, London

MM 6 Anhänger, Silber teilvergoldet, Opale, Fensteremail (zugeschrieben) // Pendant: parcel-gilt silver, opals, plique à jour (attributed) // Tadema Gallery, London

MM 7 Anhänger (Spiegelmedaillon) Silber, Fensteremail // Pendant (locket with mirror): silver, plique à jour // Van Den Bosch, London

MM 8 Anhänger, Silber, Hämatite, Fensteremail // Pendant: silver, heamatite, plique à jour // Van Den Bosch, London

MM 9 Brosche, Silber, Hämatite, Fensteremail // Brooch: silver, haematite, plique à jour // Van Den Bosch, London

MM 10 Anhänger (Spiegelmedaillon), Silber, Email, Fensteremail // Pendant (locket with mirror): silver, enamel, plique à jour // Tadema Gallery, London

MM 11

MM 13

MM 12

MM 14

MM 15

MM 11 Brosche, Silber, Perlen, Email // Brooch: silver, pearls, enamel // Van Den Bosch, London
MM 12 Brosche, Silber, Fensteremail // Brooch: silver, plique à jour // Van Den Bosch, London
MM 13 Brosche, Silber, Opale, Email // Brooch: silver, opals, enamel // Tadema Gallery, London
MM 14 Brosche, Silber // Brooch: silver // Ratz-Coradazzi Collection
MM 15 Brosche, Silber, Fensteremail // Brooch: silver, plique à jour // Tadema Gallery, London

MM 16 Anhänger (Spiegelmedaillon), Silber vergoldet, Email, Fensteremail // Pendant (locket with mirror): silver-gilt, enamel, plique à jour // Tadema Gallery, London

MM 17 Anhänger (Spiegelmedaillon), Silber vergoldet, Email // Pendant (locket with mirror): silver-gilt, enamel // Tadema Gallery, London

MM 18

MM 19

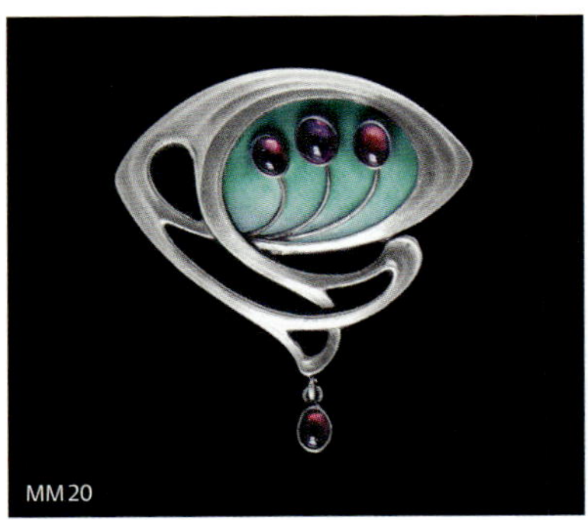
MM 20

MM 21

MM 22

MM 18 Anhänger, Silber, Glasstein, Fensteremail // Pendant: silver, glass stone, plique à jour // Van Den Bosch, London

MM 19 Anhänger (Spiegelmedaillon), Silber, Chalzedon, Email // Pendant (locket with mirror): silver, chalcedony, enamel // Van Den Bosch, London

MM 20 Brosche, Silber, Granate, Email // Brooch: silver, garnets, enamel // Van Den Bosch, London

MM 21 Brosche, Silber, Chrysoprase, Email // Brooch: silver, chrysoprase, enamel // Ketterer auction, Munich, October 1991, Lot no. 1028

MM 22 Brosche, Silber, Amethyst, Perle, Fensteremail // Brooch: silver, amethyst, pearl, plique à jour // Van Den Bosch, London

MM 23 Brosche, Silber, Amethyst, Granate, Email, Fensteremail // Brooch: silver, amethyst, garnets, enamel, plique à jour // Tadema Gallery, London

MM 24 Brosche, Silber, Aquamarin, Granate, Email, Fensteremail // Brooch: silver, aquamarine, garnets, enamel, plique à jour // Tadema Gallery, London

MM 25 Brosche, Silber vergoldet, Rubine, Email, Fensteremail // Brooch: silver-gilt, rubies, enamel, plique à jour // Tadema Gallery, London

MM 26 Brosche, Siber, Smaragd, Rubine, Diamanten, Email // Brooch: silver, emerald, rubies, diamonds, enamel // Tadema Gallery, London

MM 27

MM 28

MM 29

MM 27 Anhänger, Silber, Opal, Email, Fensteremail // Pendant: silver, opal, enamel, plique à jour // Tadema Gallery, London
MM 28 Brosche, Silber vergoldet, Email, Fensteremail // Brooch: silver-gilt, enamel, plique à jour // Tadema Gallery, London
MM 29 Anhänger, Silber, Glassteine, Perle, Email, Fensteremail // Pendant: silver, glass stones, pearl, enamel, plique à jour // Borsdorf Fine Art, Darmstadt

MM 30

MM 31

MM 32

MM 30 Brosche, Silber, Perle, Email, Fensteremail (zugeschrieben) // Brooch: silver, pearl, enamel, plique à jour (attributed) // Tadema Gallery, London

MM 31 Brosche, Silber vergoldet, Perle, Fensteremail // Brooch: silver-gilt, pearl, plique à jour // Van Den Bosch, London

MM 32 Brosche, Silber vergoldet, Turmalin, Perle, Fensteremail (zugeschrieben) // Brooch: silver-gilt, tourmaline, pearl, plique à jour (attributed) // Tadema Gallery, London

MM 33

MM 34

MM 35

MM 36

MM 33 Anhänger, Silber vergoldet, Perlen, Email, Fensteremail // Pendant: silver-gilt, pearls, enamel, plique à jour // Van Den Bosch, London
MM 34 Anhänger (Spiegelmedaillon), Silber vergoldet, Amethyste, Fensteremail (zugeschrieben) // Pendant (locket with mirror): silver-gilt, amethysts, plique à jour (attributed) // Tadema Gallery, London
MM 35 Brosche, Silber, Rubin, Fensteremail // Brooch: silver, ruby, plique à jour // Tadema Gallery, London
MM 36 Brosche, Silber vergoldet, Perle, Fensteremail // Brooch: silver-gilt, pearl, plique à jour // Antikschmuck-Mandala, Frankfurt am Main

MM 37

MM 38

MM 39

MM 40

MM 37 Anhänger (Spiegelmedaillon mit Puderdose), Silber, Diamanten, Rubine, Email (zugeschrieben) // Pendant (locket with mirror and compact): silver, diamonds, rubies, enamel (attributed) // Van Den Bosch, London

MM 38 Chatelaine mit Spiegelmedaillon, Parfumflakon und Puderdöschen, Silber, Chalzedone, Email // Châtelaine with locket with mirror, scent flacon and compact: silver, chalcedony, enamel // Tadema Gallery, London

MM 39 Anhänger mit Kette, Silber, Turmaline, Email // Pendant with chain: silver, tourmalines, enamel // Tadema Gallery, London

MM 40 Brosche, Silber, Email, Fenstemail // Brooch: silver, enamel, plique à jour // Tadema Gallery, London

MM 41

MM 41 Anhänger (Börse), Silber, Diamanten, Rubine (?), Fensteremail (zugeschrieben) // Pendant (purse): silver, diamonds, rubies(?), plique à jour (attributed) // Tadema Gallery, London

CM 1

CM 1 Halsschmuck, Gold, Glassteine, Perlen, Email // Necklace: gold, glass stones, pearls, enamel // Schmuckmuseum Pforzheim

C.W. Müller

Fabrikationsgebäude der Firma C. W. Müller, um 1900
// The C. W. Müller factory building, ca 1900

Von Christian Wilhelm Müller 1894 gegründet, entwickelt sich C. W. Müller zu einer Fabrik, die vorrangig, aber nicht ausschließlich, Doubléschmuck herstellt. Gelegentlich arbeitet C. W. Müller mit Georg Kleemann zusammen, was durch die Realisierung eines Anhängerentwurfes aus Kleemanns Buch belegt ist.[1] Nach dem Tode des Gründers übernehmen K. J. Keller und Ludwig Britsch die Firma, die in den 1920er Jahren ihre Produkte unter den geschützten Markennamen „Platinyd", „Platinite" und „Platinado" in Deutschland und als *Export nach allen Ländern* über den Großhandel vertreibt.

(1) Georg Kleemann, Moderner Schmuck, Pforzheim 1900; siehe Kapitel „Ein Künstler für die Industrie – Georg Kleemann" (S. 108)

// Founded in 1894 by Christian Wilhelm Müller, C. W. Müller grew into a manufacturer specialising, albeit not exclusively, in doublé jewellery. C. W. Müller also collaborated occasionally with Georg Kleemann, which is verified by the realisation of a pendant shown in Kleemann's book of drawings.[1] After the founder's death, K. J. Keller and Ludwig Britsch took over the firm, which marketed their products in the 1920s under the trademarks "Platinyd", "Platinite" and "Platinado" in Germany and wholesale as advertised as *export[s] to all countries.*

(1) Georg Kleemann, Moderner Schmuck, Pforzheim 1900; see the chapter "An artist for industry – Georg Kleemann" (p. 108)

CM2

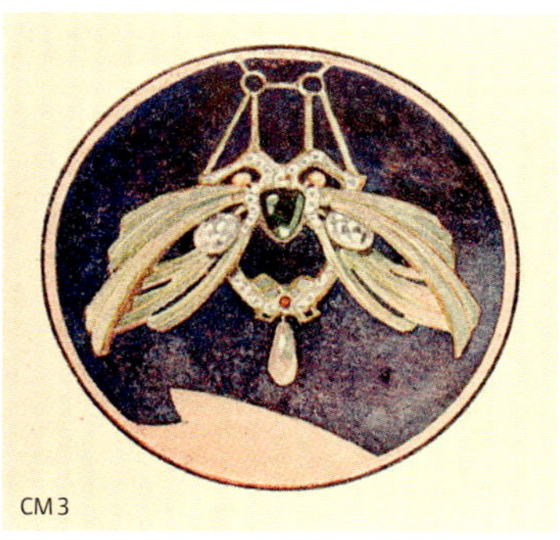

CM3

CM 2 Anhänger nach einem Entwurf von Georg Kleemann. Gold, Saphir, Glassteine, Perlen, Email // Pendant after a design by Georg Kleemann: gold, sapphire, glass stones, pearls, enamel // Schmuckmuseum Pforzheim

CM 3 Entwurf für einen Anhänger. Aus dem Buch Georg Kleemann, *Moderner Schmuck*, Pforzheim 1900 // Design for a pendant. From the book Georg Kleemann, *Moderner Schmuck*, Pforzheim 1900

CM 4 Anhänger, Gold, Achatplatte, Amethyst, Glassteine // Pendant: gold, agate panel, amethyst, glass stones // Schmuckmuseum Pforzheim
CM 5 Anhänger, Gold, Achatplatte, Sternrubin, Glassteine // Pendant: gold, agate panel, star ruby, glass stones // Schmuckmuseum Pforzheim

01

01 Brosche, Silber, Granat, Perle, Fensteremail // Brooch: silver, garnet, pearl, plique à jour // Borsdorf Fine Art, Darmstadt

A. Odenwald (1)

Andreas Odenwald, um 1910 // Andreas Odenwald, ca 1910

Die Firma wird von Andreas Odenwald und Julius Theodor Kiehnle im Jahre 1882 als Kiehnle & Odenwald gegründet. Odenwald trennt sich 1889 von Kiehnle und führt die Firma eigenständig weiter. Nach erfolgreichem Geschäftsverlauf mit internationalen Kontakten Erstellung eines eigenen Fabrikationsgebäudes. Im Jahre 1904 hat die Firma mehr als 100 Mitarbeiter. Um 1900 Herstellung von Silberschmuck mit Edelsteinen in vorwiegend strenger Formgebung. Vornehmlich Gürtelschließen und Broschen, die mit Ketten versehen auch als Anhänger angeboten werden. Ob A Odenwald mit Patriz Huber, Christian Ferdinand Morawe und/oder Joseph Maria Olbrich als Entwerfern zusammenarbeitete, ist nicht nachzuweisen. Viele der kurz nach 1900 entstandenen Schmuckstücke legen stilistisch eine Verbindung zur Künstlerkolonie Mathildenhöhe in Darmstadt nahe. A. Odenwald existiert noch und wird in der vierten Generation von Gerhart Odenwald geleitet.

(1) Siehe auch Kapitel „Do macht mer Fabrikande…" (S. 28)

// The firm was founded as Kiehnle & Odenwald in 1882 by Andreas Odenwald and Julius Theodor Kiehnle. Odenwald & Kiehnle separated in 1889 and Odenwald continued to run the firm on his own. After success and international ties, the firm had factory premises of its own built. In 1904 the workforce numbered more than 100. Around 1900 silver jewellery set with gemstones was made, most of it formally very astringent and mainly consisting of belt buckles and brooches, the latter also sold as pendants with chains attached. Collaboration of A. Odenwald with Patriz Huber, Christian Ferdinand Morawe and/or Joseph Maria Olbrich as designers cannot be verified. Stylistically, many of the pieces made shortly after 1900 suggest links with the Mathildenhöhe Artists' Colony in Darmstadt. A. Odenwald still exists and is headed in the fourth generation by Gerhart Odenwald.

(1) Also see the chapter "There we make industrialists …" (p. 28)

02

03

04

02 Hutnadel, Silber, Granat, Rückseite Chrysopras, Fensteremail // Hatpin: silver, garnet; reverse: chrysoprase, plique à jour // Ratz-Coradazzi Collection

03 Brosche, Silber, Granate // Brooch: silver, garnets // C. Lückerath Collection

04 Brosche, Silber, Granate // Brooch: silver, garnets // Ratz-Coradazzi Collection

06

05

07

08

09

05 Brosche, Silber, Glassteine, Email // Brooch: silver, glass stones, enamel // von Zezschwitz, Kunst und Design, München // Munich
06 Brosche, Silber, gefärbte Achate // Brooch: silver, stained agate // Gützlaf-Antiquitäten, Berlin
07 Brosche, Silber, Lapis Lazuli, Email // Brooch: silver, lapis lazuli, enamel // Ketterer auction, Munich, October 1991, Lot no. 1017
08 Brosche, Silber, Perle, Email (zugeschrieben) // Brooch: silver, pearl, enamel (attributed) // Quittenbaum Kunstauktionen, München // Munich
09 Brosche, Silber, Stahl, Fensteremail // Brooch: silver, steel, plique à jour // Gützlaf-Antiquitäten, Berlin

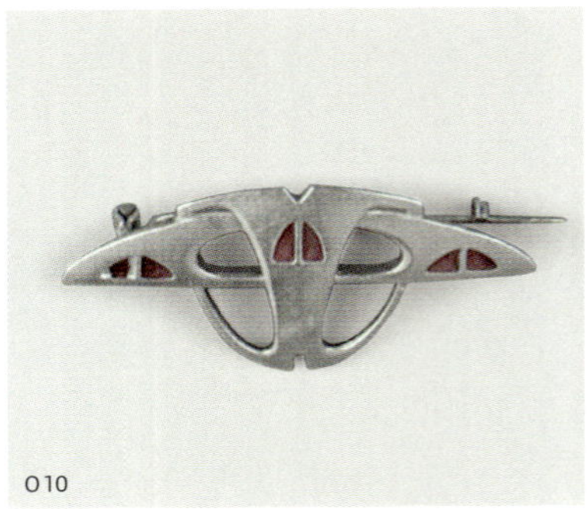
010

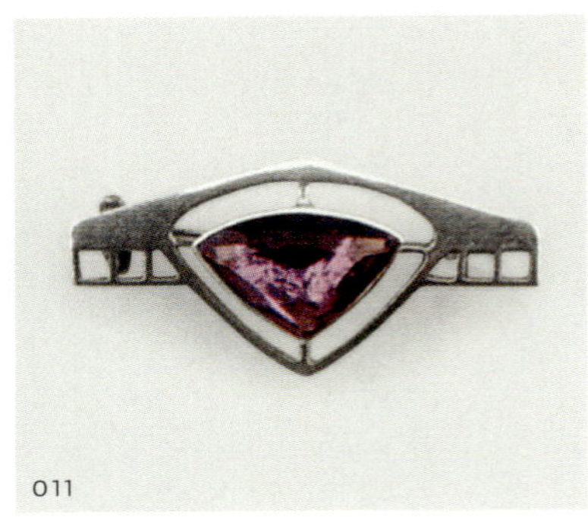
011

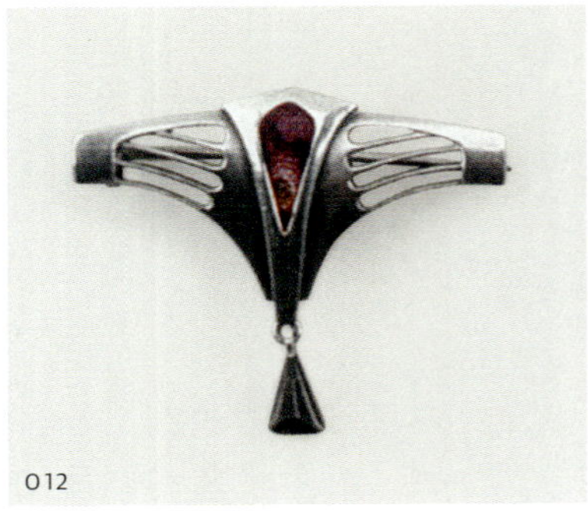
012

013

014

015

0 10 Brosche, Silber, Email // Brooch: silver, enamel // Quittenbaum Kunstauktionen, München // Munich
0 11 Brosche, Silber, Amethyst // Brooch: silver, amethyst // Ketterer auction, Munich, October 1991, Lot no. 1033
0 12 Brosche, Silber, Email // Brooch: silver, enamel // Ketterer auction, Munich, October 1991, Lot no. 1038
0 13 Brosche, Silber, Chrysopras // Brooch: silver, chrysoprase // Ratz-Coradazzi Collection
0 14 Brosche, Silber, Chrysoprase (zugeschrieben) // Brooch: silver, chrysoprase (attributed) // C. Lückerath Collection
0 15 Brosche, Silber, Chalzedone // Brooch: silver, chalcedony // Van Den Bosch, London

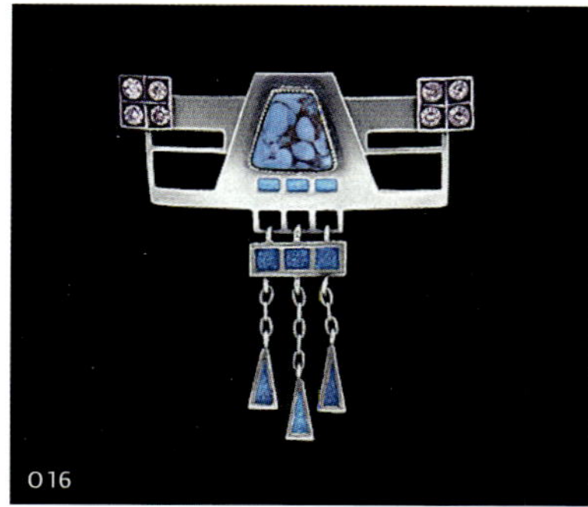
O16

O17

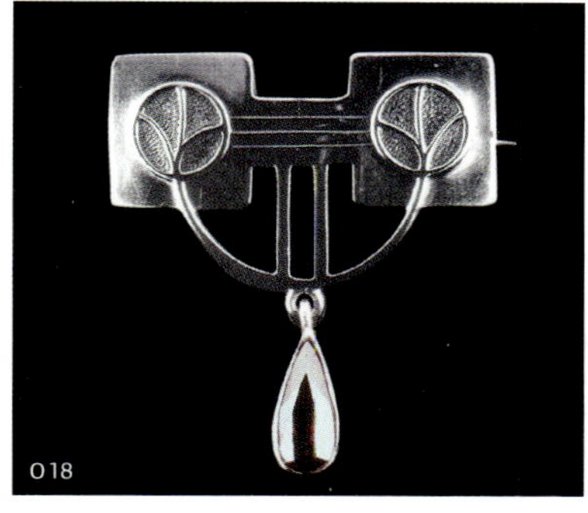
O18

O19

O 16 Brosche, Silber vergoldet, Türkis, Glassteine, Email // Brooch: silver-gilt, turquoise, glass stones, enamel // Van Den Bosch, London
O 17 Brosche, Silber, Glassteine. Entwurf Patriz Huber (zugeschrieben) // Brooch: silver, glass stones. Design: Patriz Huber (attributed) // Hessisches Landesmuseum, Darmstadt
O 18 Brosche, Silber, Granat // Brooch: silver, garnet // Borsdorf Fine Art, Darmstadt
O 19 Brosche, Silber, Chrysoprase // Brooch: silver, chrysoprase // Borsdorf Fine Art, Darmstadt

O 20

O 21

O 22

O 23

O 20 Brosche, Silber, Chalzedone // Brooch: silver, chalcedony // Tadema Gallery, London
O 21 Brosche, Silber, Hämatit // Brooch: silver, haematite // Tadema Gallery, London
O 22 Brosche, Silber, gefärbter Achat // Brooch: silver, stained agate // Borsdorf Fine Art, Darmstadt
O 23 Brosche, Silber, gefärbter Achat // Brooch: silver, stained agate // Borsdorf Fine Art, Darmstadt

O 24

O 25

O 26

O 27

O 24 Brosche, Silber, Chrysopras (?), Perlschale // Brooch: silver, chrysoprase (?), blister pearl // C. Lückerath Collection
O 25 Brosche, Silber, Chrysopras (?) (zugeschrieben) // Brooch: silver, chrysoprase (?) (attributed) // C. Lückerath Collection
O 26 Brosche, Silber, Hämatit, Entwurf Patriz Huber (zugeschrieben) // Brooch: silver, haematite. Design: Patriz Huber (attributed) // Gützlaf-Antiquitäten, Berlin
O 27 Brosche, Silber, Lapis Lazuli // Brooch: silver, lapis lazuli // Ketterer auction, Munich, October 1991, Lot no. 1016

O 28

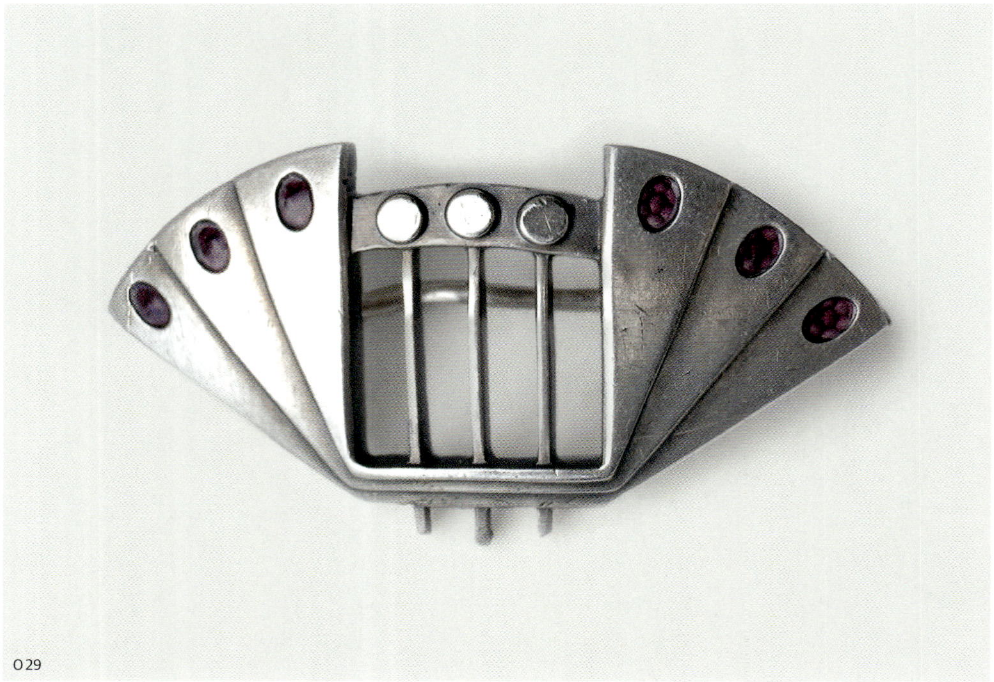
O 29

O 28 Brosche, Silber, Lapis Lazuli (zugeschrieben) // Brooch: silver, lapis lazuli (attributed) // C. Lückerath Collection
O 29 Brosche, Silber, Email // Brooch: silver, enamel // C. Lückerath Collection

O 30

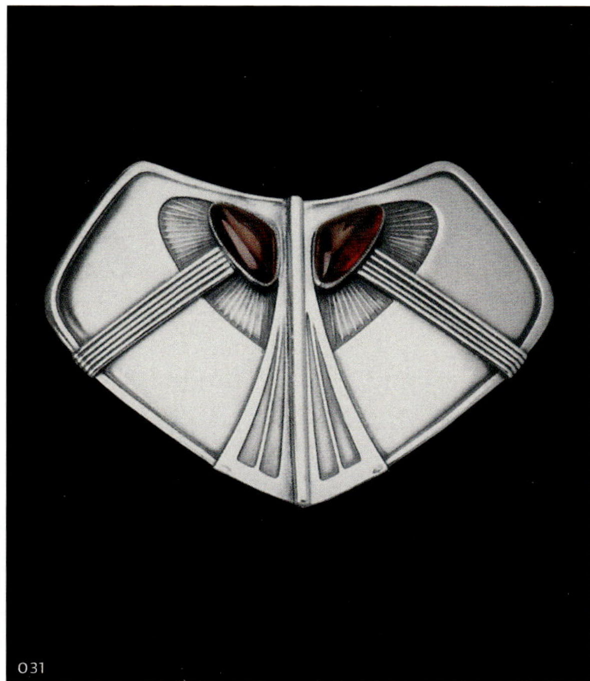
O 31

O 32

O 33

O 30 Gürtelschließe, Silber, Chrysoprase // Belt buckle: silver, chrysoprase // Formerly Kreuzer Collection
O 31 Gürtelschließe, Silber, Granate // Belt buckle, silver, garnets // Borsdorf Fine Art, Darmstadt
O 32 Anhänger, Silber, Chrysopras // Pendant: silver, chrysoprase // Ratz-Coradazzi Collection
O 33 Anhänger, Silber vergoldet, Chrysopras, Perle // Pendant: silver-gilt, chrysoprase, pearl // Quittenbaum Kunstauktionen, München // Munich

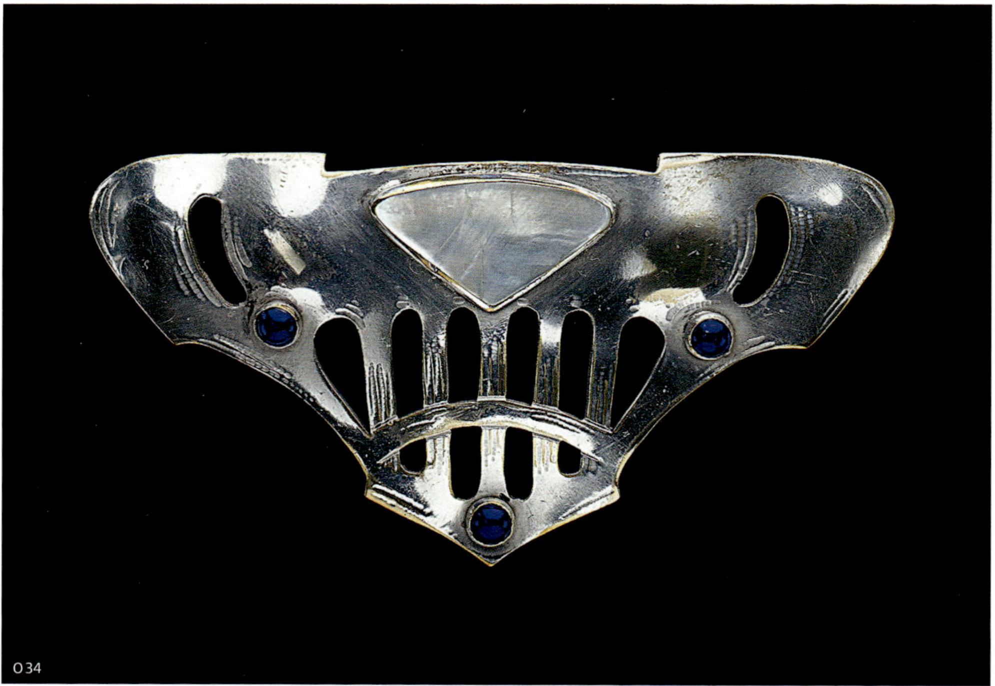

O 34

O 35

O 34 Gürtelschließe, Silber, Perlmutter, Glassteine (zugeschrieben) // Belt buckle: silver, mother-of-pearl, glass stones (attributed) // Formerly Kreuzer Collection

O 35 Gürtelschließe, Nickelsilber, Glassteine (zugeschrieben) // Belt buckle: nickel silver, glass stones (attributed) // Formerly Kreuzer Collection

O 36

O 37

O 36 Gürtelschließe, Silber, Perlschalen (zugeschrieben) // Belt buckle: silver, mabé pearls (attributed) // C. Lückerath Collection
O 37 Brosche, Silber // Brooch: silver // Ratz-Coradazzi Collection

RW 1 Halsschmuck, Doublé, Opale, Rubine, Perlen. Entwurf Georg Kleemann // Necklace: Doublé, opals, rubies, pearls. Design: Georg Kleemann // Schmuckmuseum Pforzheim

Rodi & Wienenberger (1)

Fabrikationsgebäude der Firma Rodi & Wienenberger, um 1908 // The Rodi & Wienenberger factory building, ca 1908

Die Firma wird von dem Kaufmann Eugen Rodi und dem Schmucktechniker Wilhelm Wienenberger im Jahre 1885 als Kleinbetrieb mit vier Mitarbeitern gegründet. Rodi & Wienenberger ist eine der ersten Pforzheimer Schmuckfirmen, die sich nahezu ausschließlich auf Doubléschmuck konzentrieren *(Bijouterie- und Kettenfabrik in Amerikaner Doublé)*. Rasche Erfolge führen zur Errichtung eines eigenen Fabrikgebäudes und 1899 zur Umwandlung in eine Aktiengesellschaft. Eugen Rodi scheidet bald danach aus der Firma aus. Georg Kleemann und Franz Boeres entwerfen Schmuckstücke für Rodi & Wienenberger. Die Firma hat um 1900 annähernd 800 Mitarbeiterinnen und Mitarbeiter, in den 1920er Jahren steigt die Zahl auf ungefähr 1.600. In den 1980er Jahren wird die Schmuckproduktion eingestellt.

(1) Festschrift zum 75-jährigen Bestehen von Rodi & Wienenberger: *Der Schönheit zu dienen*, Pforzheim 1960

// The firm was founded in 1885 as a small business employing a workforce of four by Eugen Rodi, a businessman, and Wilhelm Wienenberger, a jewellery technician. Rodi & Wienenberger is one of the first Pforzheim jewellery firms to concentrate almost exclusively on doublé jewellery *(Bijouterie Wares and Chain Factory for American Doublé)*. Rapid success led to the building of proprietary factory premises and, in 1899, to the conversion to a public company. Soon afterwards Eugen Rodi left the firm. Georg Kleemann and Franz Boeres designed jewellery for Rodi & Wienenberger. Around 1900 the firm employed a workforce of about 800 men and women; in the 1920s the workforce rose to approx. 1600. Production of jewellery ceased in the 1980s.

(1) Festschrift on the occasion of the 75th anniversary of Rodi & Wienenberger: *Der Schönheit zu dienen*, Pforzheim 1960

RW 2 Halsschmuck, Doublé, Opale, Rubine, Glassteine, Perle. Entwurf Georg Kleemann // Necklace: Doublé, opals, rubies, glass stones, pearl. Design: Georg Kleemann // Schmuckmuseum Pforzheim

RW 3 Halsschmuck, Doublé, Glassteine, Perle. Entwurf Georg Kleemann // Necklace: Doublé, glass stones, pearl. Design: Georg Kleemann // Schmuckmuseum Pforzheim

RW 4 Anhänger, Doublé, Glassteine. Entwurf Georg Kleemann // Pendant: Doublé, glass stones. Design: Georg Kleemann // Schmuckmuseum Pforzheim

RW 5 Anhänger, Doublé, Glassteine. Entwurf Georg Kleemann // Pendant: Doublé, glass stones. Design: Georg Kleemann // Schmuckmuseum Pforzheim

RW6

RW7

RW 6 Anhänger, Doublé, Glassteine // Pendant: Doublé, glass stones // Schmuckmuseum Pforzheim
RW 7 Anhänger, Doublé, Glassteine // Pendant: Doublé, glass stones // Schmuckmuseum Pforzheim

RW8

RW9

RW10

RW11

RW 8 Medaillon, Doublé, Glassteine // Locket: Doublé, glass stones // Schmuckmuseum Pforzheim
RW 9 Medaillon, Doublé, Glassteine // Locket: Doublé, glass stones // Schmuckmuseum Pforzheim
RW 10 Medaillon, Doublé, Glassteine // Locket: Doublé, glass stones // Schmuckmuseum Pforzheim
RW 11 Medaillon, Doublé, Glassteine // Locket: Doublé, glass stones // Schmuckmuseum Pforzheim

RW 12 Medaillon, Doublé, Glassteine // Locket: Doublé, glass stones // Schmuckmuseum Pforzheim

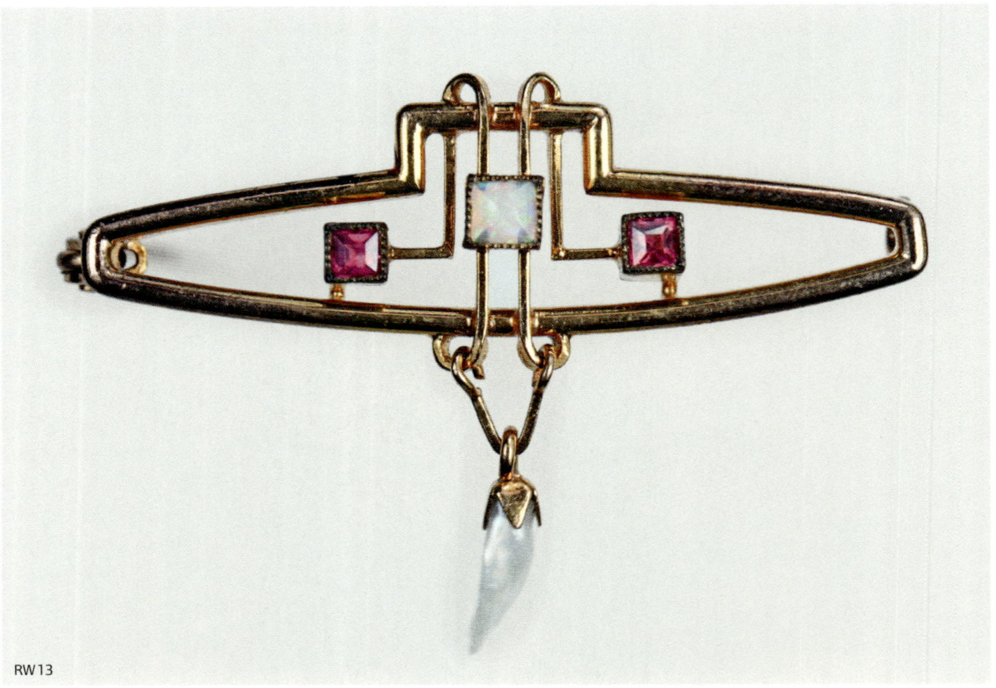
RW 13

RW 14

RW 15

RW 16

RW 13 Brosche, Doublé, Glassteine, Perle // Brooch: Doublé, glass stones, pearl // Schmuckmuseum Pforzheim
RW 14 Brosche, Doublé, Glassteine, Perlen // Brooch: Doublé, glass stones, pearls // Schmuckmuseum Pforzheim
RW 15 Brosche, Doublé, Glassteine // Brooch: Doublé, glass stones // Schmuckmuseum Pforzheim
RW 16 Nadel, Doublé, Glassteine // Pin: Doublé, glass stones // Schmuckmuseum Pforzheim

RW17

RW18

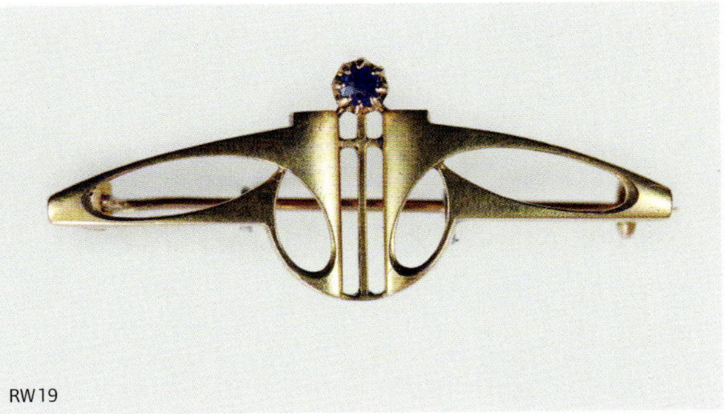
RW19

RW 17 Brosche, Doublé, Glassteine, Perle // Brooch: Doublé, glass stones, pearl // Schmuckmuseum Pforzheim
RW 18 Brosche, Doublé, Glassteine, Perlen // Brooch: Doublé, glass stones, pearls // Schmuckmuseum Pforzheim
RW 19 Brosche, Doublé, Glasstein // Brooch: Doublé, glass stone // Schmuckmuseum Pforzheim

RW20

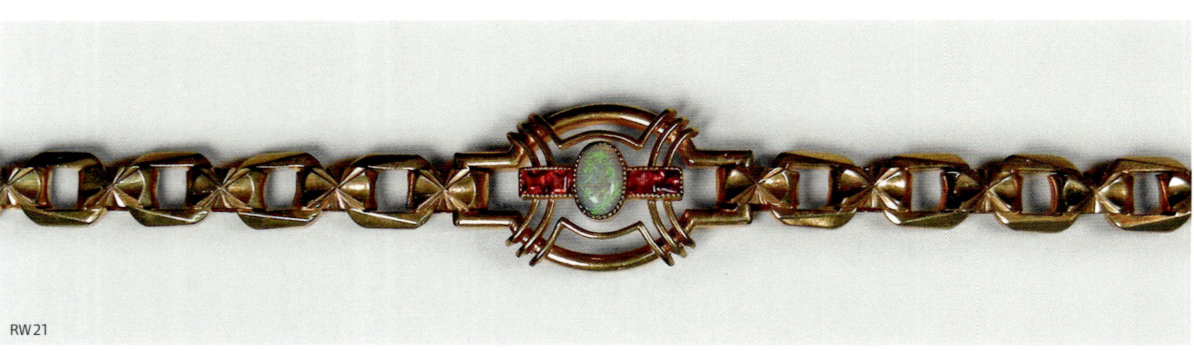

RW21

RW 20 Armreif, Doublé // Bangle: Doublé // Privatbesitz M. F. // Private collection M. F.
RW 21 Armband, Doublé, Glassteine // Bracelet: Doublé, glass stones // Schmuckmuseum Pforzheim

RW 22

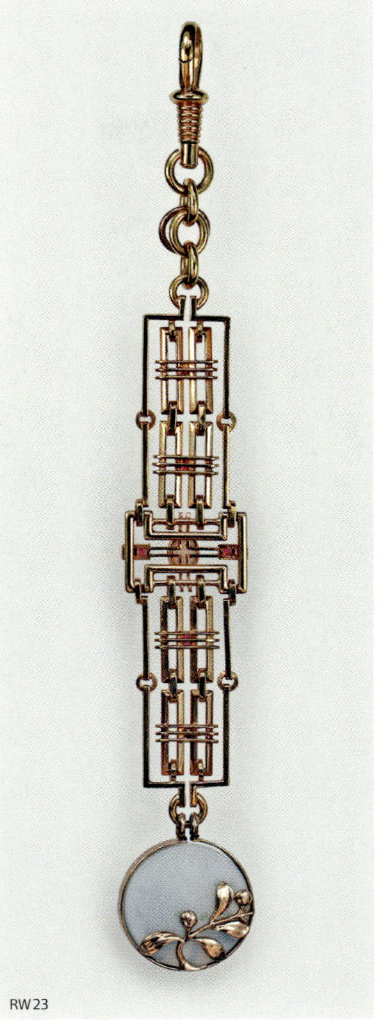
RW 23

RW 24

RW 22 Anhänger einer Herrenkette, Doublé, Glassteine // Fob for a gentleman's chain: Doublé, glass stones // Schmuckmuseum Pforzheim
RW 23 Chatelaine, Doublé, Achatscheibe, Glassteine // Châtelaine: Doublé, agate, glass stones // Schmuckmuseum Pforzheim
RW 24 Chatelaine, Doublé, Achatscheibe, Glassteine // Châtelaine: Doublé, agate, glass stones // Schmuckmuseum Pforzheim

S 1 Brosche, Silber, Türkis, Email // Brooch: silver, turquoise, enamel // Gützlaf-Antiquitäten, Berlin

Mathias Scheidel[(1)]

Der Kaufmann Mathias Scheidel gründet seine Firma im Jahre 1872. Er produziert anfänglich als Spezialität Thula-Artikel (Niello), um 1890 goldene Ketten und Medaillons. Sein erster Sohn Adolf stellt um 1900 Ketten, Armbänder, Broschen, Medaillons und Knöpfe, vorrangig aus Silber, her; der zweite Sohn Robert führt im selben Haus eine Ringfabrik. 1914 wird die Firma Mathias Scheidel als Silberbijouterie- und Kettenfabrik bezeichnet. Diese scheint, ebenso wie die Ringfabrik des Bruders, während des 1. Weltkriegs aufgelöst worden zu sein. Emil Scheidel (ein dritter Bruder?) betreibt als Kaufmann ein Einzelhandelsgeschäft für Gold- und Silberwaren ebenfalls in Pforzheim.

(1) Die der Firma Mathias Scheidel zugeordneten Schmuckstücke sind nicht gestempelt. Die Stücke im Schmuckmuseum Pforzheim wurden bei Emil Scheidel käuflich erworben, was nicht automatisch bedeutet, dass sie in der Firma Mathias Scheidel hergestellt worden sind.

// Mathias Scheidel, an entrepreneur, founded the firm in 1872. Initially he produced "Thula articles" (in niello) as his speciality but by around 1890 he was also making gold chains and medallions. Around 1900, his elder son, Adolf, was making chains, bracelets, brooches, medallions and buttons, mainly of silver; his younger son, Robert, ran a ring factory on the same premises. In 1914 the firm of Mathias Scheidel is described as a manufacturer of silver bijouterie wares and chains. Both this firm and the ring factory run by the brother seem to have been dissolved during the First World War. Emil Scheidel (a third brother?) was a businessman who ran a shop for gold and silver wares, also in Pforzheim.

(1) The pieces of jewellery attributed to the firm of Mathias Scheidel are not stamped. The pieces in the Pforzheim Jewellery Museum were bought from Emil Scheidel, which does not automatically mean they were made by the firm of Mathias Scheidel.

S2

S3

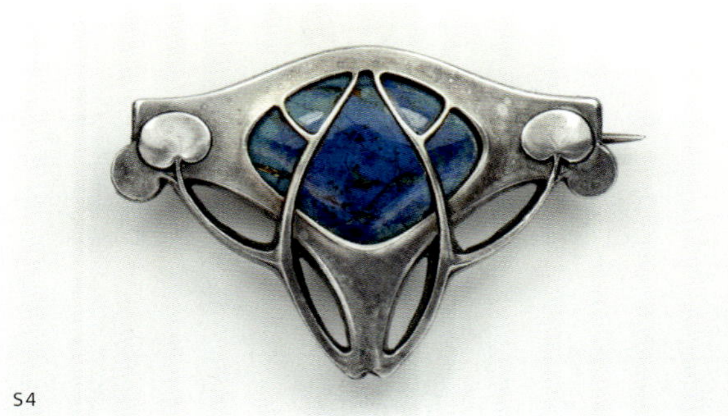
S4

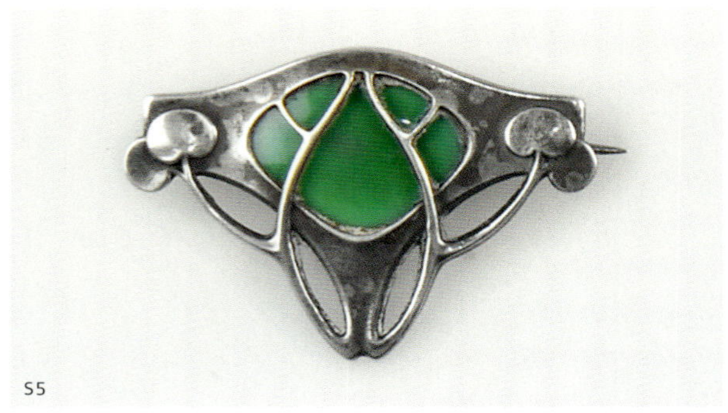
S5

S 2 Brosche, Silber, Perlschalen, Perle, Email // Brooch: silver, blister pearls, pearl, enamel // Schmuckmuseum Pforzheim
S 3 Anhänger, Silber, Lapis Lazuli // Pendant: silver, lapis lazuli // Auktionshaus Mehlis, Plauen
S 4 Brosche, Silber, Lapis Lazuli // Brooch: silver, lapis lazuli // Ratz-Coradazzi Collection
S 5 Brosche, Silber, Chrysopras // Brooch: silver, chrysoprase // von Zezschwitz, Kunst und Design, München // Munich

S6

S7

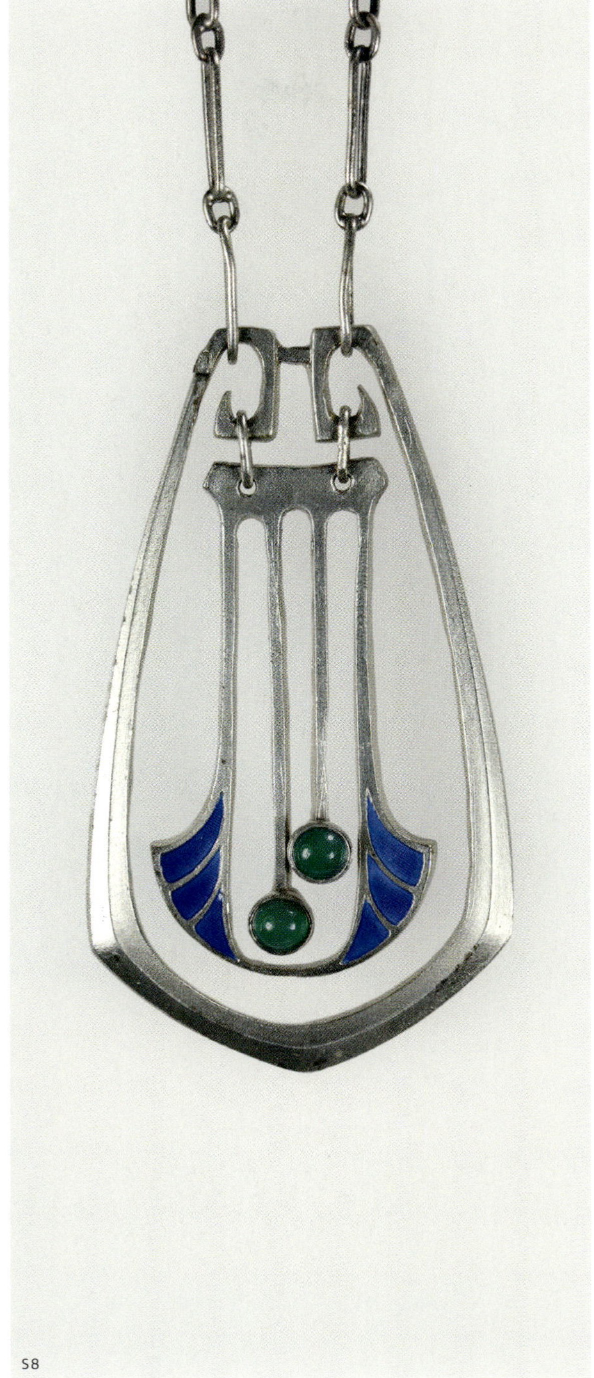
S8

S 6 Anhänger, Silber vergoldet, Türkis // Pendant: silver-gilt, turquoise // Schmuckmuseum Pforzheim
S 7 Brosche, Silber vergoldet, Lapis Lazuli, Email // Brooch: silver-gilt, lapis lazuli, enamel // Schmuckmuseum Pforzheim
S 8 Anhänger, Silber, gefärbte Achate, Email // Pendant: silver, stained agate, enamel // Schmuckmuseum Pforzheim

FS 1 Anhänger, Gold, Saphir, Perle, Email // Pendant: gold, sapphire, pearl, enamel // Schmuckmuseum Pforzheim

SP. Fr. Speidel

Friedrich Speidel, Doublé-Pionier und Begründer der Firma Fr. Speidel, um 1905 // Friedrich Speidel, Doublé pioneer and founder of Fr. Speidel, ca 1905

Fabrikationshalle der Firma Fr. Speidel, 1905 // The shop-floor: Fr. Speidel factory, 1905

Von Friedrich Speidel 1868 als Gold- und Silberkettenfabrik gegründet. Speidel gilt als einer der wichtigsten und erfolgreichsten Pioniere der Pforzheimer Doublé-Fabrikation. Die vorrangig auf Doubléketten spezialisierte Firma geht nach 1895 in die Hände von Fritz und Eugen Speidel über, die 1896 einen repräsentativen Fabrikneubau errichten und kurz danach in Nagold und Langensteinbach Filialen gründen. Zusammen mit Ludwig Eßlinger wird unter dem zweiten Firmennamen Fr. Speidel & Cie. noch vor 1898 die Herstellung von Goldschmuck aufgenommen. In den 1920er Jahren ist Fr. Speidel die wohl größte Schmuckwarenfabrik in Pforzheim.

// Founded in 1868 as a gold and silver chain factory by Friedrich Speidel. Speidel is regarded as one of the most important and successful pioneering Pforzheim manufacturers of doublé wares. Specialising mainly in doublé chains, the firm was taken over after 1895 by Fritz and Eugen Speidel, who had a large new factory building erected in 1896 and soon afterwards established branches in Nagold and Langensteinbach. They joined forces with Ludwig Eßlinger to establish a second firm, Fr. Speidel & Cie., even before 1898, to manufacture gold jewellery. Fr. Speidel was probably the biggest jewellery factory in Pforzheim in the 1920s.

FS 2

FS 3

FS 4

FS 2 Anhänger, Doublé, Glassteine, künstliche Perle // Pendant: Doublé, glass stones, artificial pearl // Schmuckmuseum Pforzheim
FS 3 Anhänger, Gold, Silber, Niello, Opal // Pendant: Gold, silver, niello, opal // Schmuckmuseum Pforzheim
FS 4 Medaillon, Doublé, Glassteine // Locket: Doublé, glass stones // Schmuckmuseum Pforzheim

FS 5 Kettenschieber, Doublé, Glassteine, Perlen // Chain slide: Doublé, glass stones, pearls // Ratz-Coradazzi Collection

FS 6 Kettenschieber, Doublé, Glassteine, künstliche Perlen (zugeschrieben) // Chain slide: Doublé, glass stones, artificial pearls (attributed) // Ratz-Coradazzi Collection

FS 7 Kettenschieber, Doublé, Glassteine, Email // Chain slide: Doublé, glass stones, enamel // Ratz-Coradazzi Collection

FS 8 Kettenschieber, Doublé, Glassteine // Chain slide: Doublé, glass stones // Schmuckmuseum Pforzheim
FS 9 Kettenschieber, Doublé, Glassteine // Chain slide: Doublé, glass stones // Schmuckmuseum Pforzheim
FS 10 Kettenschieber, Doublé, Glassteine // Chain slide: Doublé, glass stones // Schmuckmuseum Pforzheim
FS 11 Kettenschieber, Doublé, Glassteine // Chain slide: Doublé, glass stones // Schmuckmuseum Pforzheim

FS 12 Chatelaine, Doublé, Glassteine // Châtelaine: Doublé, glass stones // Schmuckmuseum Pforzheim
FS 13 Herrenkette mit Anhänger, Doublé, Lapis Lazuli // Gentleman's chain with fob: Doublé, lapis lazuli // Schmuckmuseum Pforzheim
FS 14 Herrenkette mit Anhänger, Doublé, Lapis Lazuli // Gentleman's chain with fob: Doublé, lapis lazuli // Schmuckmuseum Pforzheim

DW 1 Brosche, Platin, Gold, Diamanten, Perle // Brooch: platinum, gold, diamonds, pearl // Schmuckmuseum Pforzheim

D. F. Weber

Von Daniel Friedrich Weber 1869 gegründet, wird die Firma um 1900 von Albert Betzler und Josef Güthlein als Ringfabrik geführt, es werden jedoch auch Broschen, Anhänger und Ohrschmuck hergestellt. Die Firma D. F. Weber beteiligt sich an der Weltausstellung in Paris 1900 und wird mit einer Silbermedaille, auf der Deutschen Kunstausstellung Dresden im Jahre 1906 mit einer Goldmedaille, ausgezeichnet. Josef Güthleins Sohn Werner führt D. F. Weber bis 1980; in anderer Trägerschaft stellt D. F. Weber heute exklusive Brillen her.

// Founded in 1869 by Daniel Friedrich Weber, the firm was registered around 1900 by Albert Betzler and Josef Güthlein as a ring manufacturer although brooches, pendants and ear jewellery were also made. The firm of D. F. Weber participated in the 1900 Paris World Exposition, where it was awarded a silver medal and won a gold medal at the 1906 Deutsche Kunstausstellung in Dresden. Josef Güthlein's son Werner ran D. F. Weber until 1980; today, under different owners, D. F. Weber is a maker of exclusive eyewear.

DW 2 Brosche, Platin, Gold, Diamanten, Perle // Brooch: platinum, gold, diamonds, pearl // Schmuckmuseum Pforzheim

DW3

DW4

DW 3 Halsschmuck, Platin, Gold, Diamanten, Perle // Necklace: platinum, gold, diamonds, pearl // Privatbesitz // Private collection

DW 4 Halsschmuck, Platin, Gold, Diamanten, Rubin, künstliche Perle // Necklace: platinum, gold, diamonds, ruby, artificial pearl // Schmuckmuseum Pforzheim

W 1 Nadel, Gold, Diamanten, Email // Pin: gold, diamonds, enamel // Schmuckmuseum Pforzheim

Wild & Cie.

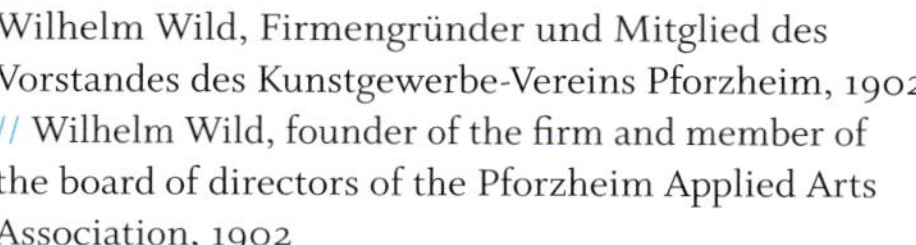

Wilhelm Wild, Firmengründer und Mitglied des Vorstandes des Kunstgewerbe-Vereins Pforzheim, 1902 // Wilhelm Wild, founder of the firm and member of the board of directors of the Pforzheim Applied Arts Association, 1902

Die Firma wird vor 1867 von Wilhelm Wild als Fabrik für feine Goldwaren gegründet. Der Kabinettmeister Franz Wagner tritt um 1881 in die Firma ein, die er als Wild & Cie. nach dem Ausscheiden Wilds im Jahre 1890 übernimmt. 1914 wird die Firma von Wagner und seinen Söhnen Alfred und Rudolf geleitet, im Jahre 1939 wird sie im Adressbuch letztmals genannt.

// The firm was founded before 1867 by Wilhelm Wild as a factory for fine gold wares. Franz Wagner, a jewellery technician, joined the firm in 1881, taking it over as Wild & Cie. after Wilhelm Wild left in 1890. The firm was run by Wagner and his sons, Alfred and Rudolf, in 1914. It is listed for the last time in the 1939 address book.

W 2 Brosche, Gold, Glasstein, Email // Brooch: gold, glass stone, enamel // Schmuckmuseum Pforzheim

W 3 Brosche, Gold, Glasstein, Email // Brooch: gold, glass stone, enamel // Schmuckmuseum Pforzheim

Z1

Z 1 Brosche, Gold, Rubin, Perlschale, Perlen // Brooch: gold, ruby, blister pearl, pearls // Schmuckmuseum Pforzheim

Ω F. Zerrenner[1]

Ferdinand Zerrenner, Mitinhaber der Firma F. Zerrenner, um 1902 // Ferdinand Zerrenner, a partner in the firm of F. Zerrenner, ca 1902

Georg Lerch, Mitinhaber der Firma F. Zerrenner. Mitglied des Vorstandes des Kunstgewerbe-Vereins Pforzheim, 1902 // Georg Lerch, a partner in F. Zerrenner. Member of the Board of Directors of the Kunstgewerbe-Verein Pforzheim, 1902

Karl Friedrich Zerrenner gründet im Jahre 1843 seine Firma. Zerrenner wird 1849 Oberbürgermeister der Stadt Pforzheim und ist Mitbegründer der Pforzheimer Handelskammer und der Sparkasse. Um 1900 wird die Firma von der Witwe des Kommerzienrates Ferdinand Zerrenner, ein Neffe des Firmengründers, sowie von Georg Lerch und Emil Zerrenner geführt. Spezialität laut Pforzheimer Adressbuch: *Armbänder, Broches, Boutons, Nadeln, Kämme, Knöpfe etc. in 750, 585 und 333 Gold.* F. Zerrenner arbeitet mit Georg Kleemann und vermutlich auch mit J. M. Olbrich zusammen; eine Kooperation mit Emil Riester ist auf Grund der Ähnlichkeiten vieler Zerrenner-Schmuckstücke mit Entwürfen Riesters von 1897/98 *(Moderner Schmuck und Ziergeräte nach Pflanzen- und Tierformen)* wahrscheinlich. Erfolgreiche Beteiligung an der Pforzheimer Gemeinschaftsausstellung auf der Exposition Universelle in Paris 1900; Auszeichnung mit einer Silbermedaille und mehrfache anerkennende Nennung mit Abbildungen in der *Revue de la bijouterie, joaillerie et orfèvrerie.*[2] Um 1905 weitgehende Loslösung vom Jugendstil und Hinwendung zu einem neoklassizistischen Stil in der Art des französischen Künstlers Léopold Gautrait. Die Firma F. Zerrenner wird im Jahre 2002, 159 Jahre nach der Gründung, liquidiert.

(1) Detaillierte Informationen und Stilanalysen in Ulrike von Hase, *Schmuck in Deutschland und Österreich*, S. 97 ff

(2) Siehe auch Kapitel „Pforzheim in Paris" (S. 88) und „Pariser Vorbild – Pforzheimer Nachahmung" (S. 98)

// Karl Friedrich Zerrenner founded his firm in 1843. Zerrenner became mayor of the city of Pforzheim in 1849 and was a co-founder of the Pforzheim Chamber of Commerce and the Sparkasse savings bank. Around 1900 the firm was being run by the widow of *Kommerzienrat* Ferdinand Zerrenner, a nephew of the founder, as well as Georg Lerch and Emil Zerrenner. According to the Pforzheim address book, it specialised in the following articles: *Bracelets, brooches, cufflinks, pins, combs, buttons, etc, in 750, 585 and 333 gold.* F. Zerrenner collaborated with Georg Kleemann and presumably also with J. M. Olbrich; collaboration with Emil Riester is suggested by the similarity between many Zerrenner pieces of jewellery and designs by Riester dating from 1897–98. Successful participation in the Pforzheim group show at the 1900 Paris Exposition Universelle: awarded a silver medal and several honourable mentions with objects shown in the *Revue de la bijouterie, joaillerie et orfèvrerie.*[2] By 1905 turned from Jugendstil towards the Neo-Classical style in the manner of the French artist Léopold Gautrait. The firm of F. Zerrenner was liquidated in 2002, 159 years after it was founded.

(1) Detailed information and stylistic analysis in: Ulrike von Hase, *Schmuck in Deutschland und Österreich*, p. 97 f

(2) Also see the chapters "Pforzheim in Paris" (p. 88) and "Paris the model – imitated in Pforzheim" (p. 98)

Z 2 Brosche, Gold, Gold, Diamant, Perlen, Email. Ausgestellt auf der Weltausstellung Paris, 1900 // Brooch: gold, diamond, pearls, enamel. Shown at the 1900 Paris World Exhibition // Schmuckmuseum Pforzheim

Z 3 Abbildung der Zerrenner-Brosche. In Revue de la bijouterie, joaillerie et orfèvrerie, Paris, 1900 // The Zerrenner brooch, pictured in Revue de la bijouterie, joaillerie et orfèvrerie, Paris, 1900

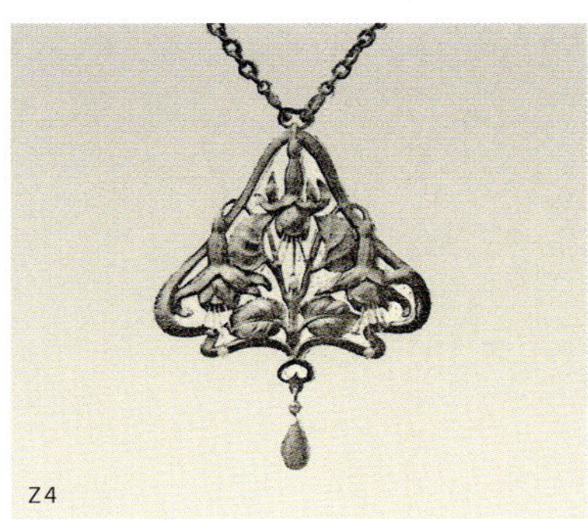
Z4

Z5

Z6

Z7

Z 4 Abbildung eines Zerrenner-Anhängers. In Revue de la bijouterie, joaillerie et orfèvrerie, Paris, 1900 // A Zerrenner pendant, pictured in Revue de la bijouterie, joaillerie et orfèvrerie, Paris, 1900
Z 5 Brosche, Gold, Perle // Brooch: gold, pearl // Schmuckmuseum Pforzheim
Z 6 Brosche, Gold, Perlen, Email // Brooch: gold, pearls, enamel // Schmuckmuseum Pforzheim
Z 7 Brosche, Gold, Perle, Email // Brooch: gold, pearl, enamel // Schmuckmuseum Pforzheim

Z8

Z9

Z10

Z11

Z 8 Brosche, Gold, Perlen, Email // Brooch: gold, pearls, enamel // Schmuckmuseum Pforzheim

Z 9 Brosche, Gold, Saphir, Perle, Fensteremail, Entwurf Georg Kleemann // Brooch: gold, sapphire, pearl, plique à jour. Design: Georg Kleemann // Schmuckmuseum Pforzheim

Z 10 Brosche, Gold, Perlen, Email // Brooch: gold, pearls, enamel // Schmuckmuseum Pforzheim

Z 11 Anhänger, Gold, Diamant, Perle, Email, Entwurf Georg Kleemann // Pendant: gold, diamond, pearl, enamel. Design: Georg Kleemann // Schmuckmuseum Pforzheim

Z 12

Z 13

Z 12 Anhänger, Gold, Perlen, Email // Pendant; gold, pearls, enamel // Schmuckmuseum Pforzheim
Z 13 Anhänger, Gold, Perlen // Pendant: gold, pearls // Schmuckmuseum Pforzheim

Z 14 Halsschmuck, Gold, Rubin, Perlen // Necklace: gold, ruby, pearls // Schmuckmuseum Pforzheim
Z 15 Anhänger, Gold, Diamant, Perlen, Email // Pendant; gold, diamond, pearls, enamel // Schmuckmuseum Pforzheim
Z 16 Hutnadel, Gold, Perle, Email. Ausgestellt auf der Weltausstellung Paris, 1900 // Hatpin: gold, pearl, enamel. Shown at the 1900 Paris World Exhibition // Schmuckmuseum Pforzheim

Z 17

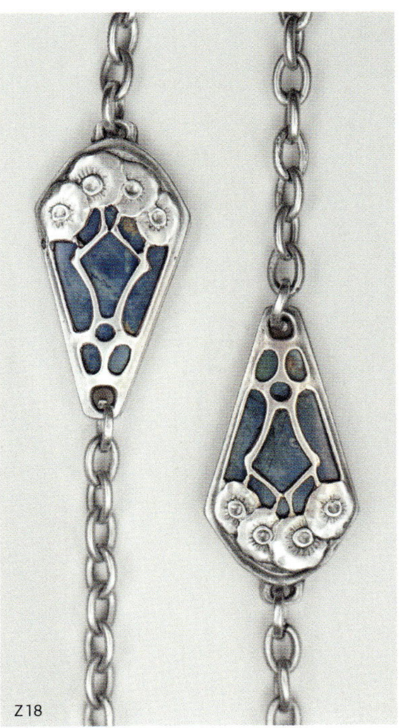
Z 18

Z 19

Z 17 Halsschmuck, Gold, Perlen, Email // Necklace: gold, pearls, enamel // Schmuckmuseum Pforzheim
Z 18 Zwei Glieder einer Kette, Silber, Email (zugeschrieben) // Two links from a chain: silver, enamel (attributed) // Ratz-Coradazzi Collection
Z 19 Gewandschließe, Silber, gefärbte Achate, Perlschale // Garment clasp: silver, stained agate, blister pearl // Schmuckmuseum Pforzheim

Z20

Z21

Z 20 Zierkamm, Gold, Perlen, Horn // Hair comb: gold, pearls, horn // Schmuckmuseum Pforzheim
Z 21 Zierkamm, Gold, Türkis, Perlen, Horn // Hair comb: gold, turquoise, pearls, horn // Schmuckmuseum Pforzheim

Z 22

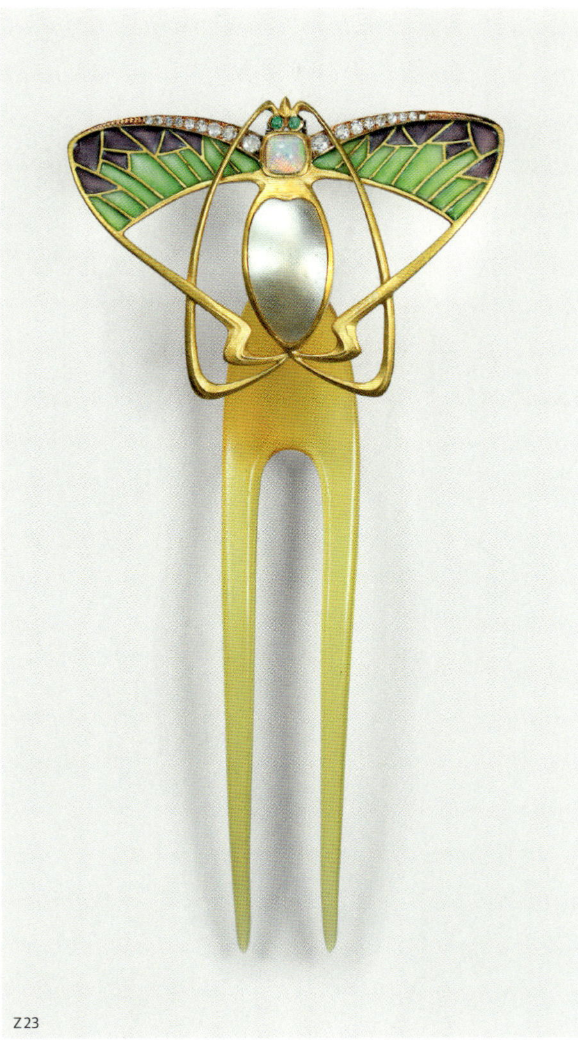
Z 23

Z 22 Zierkamm, Gold, Horn. Ausgestellt auf der Weltausstellung Paris, 1900 // Hair comb: gold, horn. Shown at the 1900 Paris World Exhibition // Schmuckmuseum Pforzheim

Z 23 Zierkamm, Gold, Opal, Smaragde, Glassteine, Perlschale, Fensteremail // Hair comb: gold, opal, emeralds, glass stones, blister pearl, plique à jour // Schmuckmuseum Pforzheim

Firmen-Stempel // Maker's marks

Theodor Fahrner

(Signatur-Stempel // Maker's mark Max Joseph Gradl (MIG) und // and Murrle, Bennett & Co., London)

(Signatur-Stempel // Maker's mark Patriz Huber (PH) und // and Murrle, Bennett & Co., London)

(Signatur-Stempel // Maker's mark Christian Ferdinand Morawe (FM))

Gebrüder Falk

Fiessler & Cie.

Karl Hermann (Hermann & Speck)

Kollmar & Jourdan

Lauer & Wiedmann

Levinger & Bissinger (Heinrich Levinger)

Martin Mayer

Victor Mayer

Meyle und Mayer

A. Odenwald

Fr. Speidel

F. Zerrenner

Namens-Register // Index of names

Fettgedruckte Ziffern bezeichnen Abbildungen. // Numbers in bold indicate illustrations.
All page numbers refer to the German text.

Ador, Jean Jacques (Johann Jakob) 14
Ador, Jean Pierre 14
Aucoc, Louis **124f**
Autran, Jean François 14

Baugrand, Paris **101**
Beaudouin, Antony 124
Beck, O. 53, **106**
Benckiser & Cie. 91
Berlepsch, Hans Eduard von **154**
Bernheim, M.A. **163**, **168ff**
Betzler, Albert 309
Bissinger, Karl **52f**, 99, **105**, 209, **211**
Boeres, Franz **66**, **164f**, 289
Braendle, Gustav 155
Brogden, John 26
Broß, Valentin 179

Castellani, Rom 26
Chanteclair, René 93f
Chatillon, Pierre 53
Christin, Amadée 14
Claus, W. 53, **106**
Cordier, Ernst 59, **137**
Cranach, Wilhelm Lucas von 115
Czeschka, Carl Otto 115

Daub, Andreas **31ff**, 45

Eckmann, Otto 137
Endell, August 137

Faas, Carl 134
Fahrner, Theodor 53, **61ff**, 91, **94f**, 108f, 126, **130**, **142f**, **144**, 148, **151**, **154ff**
Falk, Friedrich (Fritz) 91, 173f
Falk, Gebrüder 64f, 85, **106**, **172ff**
Falk, Heinrich 64, 173
Feucht, W. **59**
Feuillâtre, Eugène **106**
Fiessler & Cie., Louis 60, 91, **96**, **135**, **178ff**
Fiessler, Louis **96**
Fontenay, Paris 26
Fouquet, Georges 75, 83, 91, 98, 101
Friederich, Emil 179
Friedrich, Großherzog von Baden 149
Froment-Meurice, Paris 26
Füess, W. **53**
Fuhrmann, Gert 179
Fuhrmann, Julius 179

Gaillard, Lucien 98, 125
Gariod, Léon 121
Gautrait, Léopold 98, **121f**, **128**, 146, 317
Giuliano, London 26
Gradl, Max Joseph **95**, **156**, **158ff**, **162**, **164**, **166f**, **169**
Grasset, Eugène 75
Graul, Richard 146
Gschwindt, Luise **21**
Gulbenkian, Calouste 124, **126**
Güthlein, Josef 309

Haberstroh, Emil **101**
Habich, Ludwig 115, 126, **131**, 155
Hardt, Ferdinand 89
Hermann, Karl (Hermann & Speck) 108f, 137, **182ff**
Huber, Patriz 115, 155, **157**, **160f**, **163f**, **166f**, 277, **281**, **283**

Joho, Bert 155
Jourdan, Wilhelm 28, 33f, 197

Kammerer, Friedrich **43**, 45
Karl Friedrich, Markgraf von Baden **14f**, 56
Katz, Friedrich **171**
Kiehnle, August 91
Kiehnle, Julius Theodor 29, 277
Kleemann, Georg 37, **45**, 53, 60, 64, **66**, **70**, 89, **108ff**, **115**, **119**, 130f, **133**, 137f, **142ff**, 155, **157**, **203f**, **206f**, 223, **248ff**, **252ff**, **273f**, **288ff**, 317, **320**
Knoll & Pregizer 101
Knupfer, Ludwig **53f**, **160**
Koessler, Melchior Andreas 56
Kollmar & Jourdan 28, 33f, **36**, 45, **196ff**
Kollmar, Emil 28, **33ff**, 197
Kopp, E.W. 53
Kuppenheim, Louis 94, **97**

Lalique, René 75, **81**, 83, 91, **98f**, 101, **104f**, 124f, **126**
Lauer & Wiedmann 63, **99**, 108f, **111f**, **114**, **120**, **123ff**, 129, **130**, **133**, **141**, 143, **202ff**
Lauer, Hermann 120, 125, 130
Le Saché, Georges **124**
Ledresseur, F. **104**
Lerch, Georg 91, **317**
Levinger & Bissinger (Heinrich Levinger) 53, 85, 137, 147, **150**, **208ff**
Levinger, Emil 99, 209

Masriera, Lluis 125, **130**
Massin, Paris **83**
Mayer, Julius 259
Mayer, Martin **244ff**
Mayer, Victor **36ff**, 108f, **111ff**, 130, **248ff**, 259
Meyle & Mayer **106**, **258ff**
Morawe, Christian Ferdinand 115, **159**, **162f**, **168**, **170**, 277
Mucha, Alphonse 75, 101
Müller, Christian Wilhelm **272ff**
Müller, Friedrich Wilhelm 52
Müller, R. 53, **55**, **109**
Müller-Salem, Julius **62f**, 108, 143, **144**
Murrle, Bennett & Co., London **159**, **161ff**

Obrist, Hermann 137
Odenwald, Andreas **28f**, **276ff**
Olbrich, Joseph Maria 115, 155, 277, 317
Outle, Franz **20**, 23

Patek-Philippe, Genf 101, **102**
Philipps, London 26
Piel Frères, Paris 83, 125, **127**
Piram, Franz **137ff**
Preissler, Joseph 53, 103
Preponier, Paul 14
Prutscher, Otto 115, **214f**, **217**, **234ff**

Rau, Gustav **39ff**, **41**, 45
Riester, Emil **57ff**, 89, 101, 137, 155, 317
Rinzi, London 26
Rodi & Wienenberger **44ff**, **76**, 108f, **111**, **288ff**
Rodi, Eugen 289
Rončier, Jean **23**
Rouvenat, Paris **84**
Rücklin, Friedrich 68
Rücklin, Rudolf 42, 45, 49, 64, **68ff**, 88, 89, **91**, 98f, 137, 142f
Rühle, August 103, **107**

Saif, Karl 80
Sautter, Adolf 57, 137
Savard, Paris 42, **106**
Schaible, Wilhelm 179
Scheidel, Emil 299
Scheidel, Mathias **298ff**
Schmid, Adolf **64f**, **172f**
Schmitz, C.A. 52, 54f
Schuler, Wilhelm Heinrich **85**
Seeger, Georg 155
Siebert, Fr. 53
Silbereisen, Max 131, 203
Silbereisen, Wilhelm 112, 120, 125, 129ff, **135f**, **203**
Soellner, Hans **64f**

Speck, Albert 183
Speidel, Eugen 303
Speidel, Fr. **104**, **128**, **302ff**
Speidel, Friedrich 303
Speidel, Fritz 303
Stahl, E. 53
Steward, Augustus 94
Stöffler, Wilhelm 80, **88f**, 91
Swoboda, Max 203

Tourette, Étienne 105, **107**, 112, 137

Uebelhör, Karl **104**, **137f**
UnterEcker, Ernst 103

Vever, Henri 75, **81**, 83, 91, 94, 99, 121, 124, **127**
Viala, Jean 14, 19
Viala, Pierre **16**, 19
Viator 94

Waag, Alfred **49**, 90, 140
Weber, Daniel Friedrich **308ff**
Weiblen, Carl 89
Wiedmann, Heinrich 120, 125, 130
Wienenberger, Wilhelm 289
Wild & Cie. **312ff**
Wild, Wilhelm 313
Wimmer & Rieth **60**
Winkler, H. **146f**
Wissmann, Paul 89
Wittmann, Adolf 89
Wohlfahrt & Katz 28f
Wolber, Fritz **60f**, 63f, 89, 143, **144**, 155

Zahn, Otto 64, **66f**, 115f, **119**
Zerrenner, F. 60, **73**, **91f**, 94, 108f, **111**, **143**, **146f**, **149**, **316ff**
Zerrenner, Ferdinand **317**
Zerrenner, Karl Friedrich 317

Literatur (Auswahl) // Literature (selection)

Barten, Sigrid
René Lalique: Schmuck und Objets d'art, München 1977

Becht, Hans-Peter (Hg.)
Neue Beträge zur Stadtgeschichte, Pforzheimer Geschichtsblätter 9, Sigmaringen 1999

Birnie Dansker, Jo-Anne (Hg.)
Jugendstil Gürtelschließen (Slg. Kreuzer), Stuttgart 2000

Dry-von Zezschwitz, Beate / Dry, Graham
Deutsche und österreichische Schmuckarbeiten 1900–1960, München 1991

Duncan, Alastair
The Paris Salons 1895–1914, 2 Bände, Woodbridge 1994

Falk, Fritz
Schmuck-Kunst im Jugendstil, Stuttgart 1999

Falk, Fritz
Schmuck/Jewellery 1840–1940, Stuttgart 2004

Gerstner, Paul
Die Entwicklung der Pforzheimer Bijouterieindustrie 1767–1907, Tübingen 1908

von Hase, Ulrike
Schmuck in Deutschland und Österreich 1895–1914, München 1977 (2. Auflage 1985)

von Hase-Schmundt, Ulrike
Jugendstilschmuck, Die europäischen Zentren, München 1998

Kleemann, Georg
Moderner Schmuck, Pforzheim 1900

Leonhardt, Brigitte/Zühlsdorff, Dieter (Hg.)
Theodor Fahrner – Schmuck zwischen Avantgarde und Tradition, Stuttgart 1990

Maschke, Erich (Hg.)
Die Pforzheimer Schmuck- und Uhrenindustrie, Pforzheim 1967

Mohr-Mayer, Herbert
Victor Mayer, Leben und Werk eines Pforzheimer Schmuckfabrikanten, Heidelberg 2007

Pflüger, Johann Georg Friedrich
Geschichte der Stadt Pforzheim, Pforzheim 1862 (Reprint 1989)

Pieper, Wolfgang
Geschichte der Pforzheimer Schmuckindustrie, Gernsbach 1989

Roller, Johann Christian
Beschreibung der Stadt Pforzheim, Pforzheim 1811

Rücklin, Rudolf
Das Schmuckbuch, Leipzig 1901 (Reprint 1982/1988)

Rücklin, Rudolf
Die Pforzheimer Schmuckwarenindustrie, Stuttgart 1911

Schönfelder, Bettina
Von der Kunstgewerbeschule zur Hochschule für Gestaltung FH, Karlsruhe 2003

Vever, Henri
La Bijouterie Française en XIXe Siècle, 3 Bände, Paris 1906–1908 (englische Ausgabe: French Jewelry of the Nineteenth Century – in der Übersetzung von Katherine Purcell, London 2001)

Adressbücher der Stadt Pforzheim
1896–1910

Deutsche Goldschmiedezeitung,
Leipzig, Jahrgänge 1898–1908

Dictionnaire International de Bijou,
Paris 1998

Kunstgewerbeblatt für das Gold-, Silber- und Feinmetallgewerbe,
Fachzeitschrift des Kunstgewerbe-Vereins Pforzheim, Gewerbemuseums Schwäbisch Gmünd, Kunstgewerbevereins Hanau, Jahrgänge 1898–1908

Revue de la bijouterie, joaillerie et orfèvrerie, Paris, Jahrgänge 1900–1904

Velhagen & Klasings Monatshefte,
XIX. Jahrgang, Heft 4, Januar 1905